BAEDEKER

M
MADEIRA

»

Gott selbst hat Madeira als Ferienort geplant.

«

Bryce Nairn, britischer Konsul, 1949

baedeker.com

INHALT

DAS IST MADEIRA

- **8** Der Weg ist das Ziel
- **12** Süßes Gold
- **16** Blume des Ozeans
- **20** Unheimlich lecker
- **24** Stich für Stich

TOUREN

- **30** Unterwegs auf Madeira
- **33** Zu den bunten Felsen der Ostspitze
- **35** Ins bergige Herz Madeiras
- **37** Im sonnigen Westen
- **40** Wilde Nordküste
- **44** Küstenimpressionen im Norden (Wanderung)
- **45** Am Hang der Hochebene (Wanderung)
- **46** Im Lorbeerwald (Wanderung)

LEGENDE

Baedeker Wissen
● Textspecial, Infografik & 3D

Sternbewertungen
★★ Top-Reiseziele
★ Herausragende Reiseziele

ZIELE

50	★★ Calheta
53	★ Camacha
55	★★ Câmara de Lobos
58	● Rettung in Sicht? Nachwuchs bei den Mönchsrobben
62	Caniçal
64	★★ Caniço
67	★★ Curral das Freiras
69	★★ Funchal
94	Jardim do Mar
96	★★ Machico
98	● Die Entdeckung Madeiras
101	★★ Monte
105	★★ Paúl da Serra
106	● Madeiras Levadas
110	★★ Pico Ruivo · Pico do Arieiro
112	★ Ponta Delgada
114	★★ Ponta de São Lourenço
117	Ponta do Pargo
119	★ Ponta do Sol
121	★ Porto da Cruz
123	★★ Porto Moniz
126	★★ Porto Santo
132	★ Ribeira Brava
135	★★ Ribeiro Frio
136	★ Santa Cruz
137	★★ Santana
140	★ Santo da Serra
142	★ São Jorge
143	★★ São Vicente
146	Seixal

INHALT

■ HINTERGRUND

150 Die Insel und ihre Menschen
152 ● Aus Feuer geboren
156 ● Insel des ewigen Frühlings
158 ● Wann blüht was?
164 ● Madeira auf einen Blick
168 Geschichte
174 Kunst und Kultur
180 Interessante Menschen

■ ERLEBEN UND GENIESSEN

188 Bewegen und Entspannen
196 Essen und Trinken
200 ● Typische Gerichte
204 ● Madeirawein –
     Je älter, desto besser
206 Feiern
210 Shoppen
212 Übernachten

■ PRAKTISCHE INFORMATIONEN

220 Kurz & bündig
221 Anreise · Reiseplanung
224 Mit Behinderung unterwegs
224 Etikette
225 Gesundheit
226 Lesetipps
227 Reisezeit
228 Sprache
235 Telekommunikation · Post
236 Verkehr

■ ANHANG

240 Register
244 Bildnachweis
245 Verzeichnis der Karten und Grafiken
247 Impressum

PREISKATEGORIEN

Restaurants
Preiskategorien
für ein Hauptgericht
€€€€ über 20 €
€€€   14–20 €
€€   8–14 €
€   bis 8 €

Hotels
Preiskategorien
für ein Doppelzimmer (Hauptsaison)
€€€€ über 150 €
€€€   100–150 €
€€   50–100 €
€   bis 50 €

INHALT
INHALTSVERZEICHNIS

MAGISCHE MOMENTE

41	Ganz Madeira zu Füßen
52	Wale backbord
71	Perspektivenwechsel
84	Sundowner über den Dächern
90	Very british!
93	Wie Phönix aus der Asche
129	Ein Tag am Meer
192	Abtauchen
206	Gesund … und schmackhaft
209	Feuerwerk der Rekorde

Ein Sandstrand ist in der Inselgruppe von Madeira eine Seltenheit – umso mehr wird ein Strandspaziergang an der Praia do Porto Santo zum Magischen Moment.

ÜBERRASCHENDES

60	**6 × Einfach unbezahlbar**: Erlebnisse, die für Geld nicht zu bekommen sind
82	**6 × Unterschätzt**: Genau hinsehen, nicht dran vorbeigehen, einfach probieren!
108	**6 × Durchatmen**: Entspannen, wohlfühlen, runterkommen
145	**6 × Erstaunliches**: Überraschen Sie Ihre Reisebegleitung: Hätten Sie das gewusst?
207	**6 × Gute Laune**: Das hebt die Stimmung!

D
DAS IST...

Madeira

Die großen Themen
rund um die Blumeninsel im Atlantik.
Lassen Sie sich inspirieren!

Ganz an der Ostspitze von Madeira ragt die
Ponta de São Lourenço in den Atlantik hinein. ▶

DER WEG IST DAS ZIEL

Mehr Madeira geht nicht! Schnüren Sie die Wanderschuhe und machen Sie sich auf, die atemberaubend schöne Natur auf Schusters Rappen zu erkunden. Langeweile ist dabei ein Fremdwort: Folgen Sie uralten Pfaden, genießen Sie kühne Ausblicke und schattige Momente in Lorbeerwäldern, spüren Sie das kühle Nass von Wasserfällen und wagen Sie knifflige Gipfeltouren – und das alles auf engstem Raum…

◀ Manche Wanderungen folgen den Levadas, den Bewässerungskanälen.

DAS IST...
MADEIRA

BEIM Anflug auf die Atlantikinsel mögen noch erste Zweifel aufkommen. Zerklüftet und mit steilen Felswänden ragt Madeiras aus dem Ozean empor – und da soll man wirklich wandern können? Auch wenn man keine Bergziege ist? Tatsächlich wäre Madeira unter anderen Umständen nur etwas für echte Kletterer oder Abenteurer. Doch – dem Bewässerungssystem sei Dank – gibt es auf der Atlantikinsel **die großartigen Levadas** (▶ S. 106), die sich für wunderbare und weitestgehend ebene Wanderungen entlang der Hänge bestens eignen. Über Tausende von Kilometern erstreckt sich das landwirtschaftlich genutzte Wasserleitungssystem über die Insel, und parallel zum Wasser verlaufen schmale Wege für die »Levadeiros«, die Levada-Arbeiter, die die Kanäle säubern und in Schuss halten.

Traumhafte Levadas

Nicht alle dieser Wege sind zwar für Wanderer geeignet, manche sind zu steil, zu schmal oder führen durch zu niedrige Tunnel. Doch viele Levadas bieten einfach traumhafte Wanderbedingungen: Kilometerlang geht es mit nur geringem Höhenunterschied mal durch Ortschaften, mal durch tiefe Taleinschnitte, mal durch dichte Wälder. Oftmals haben Sie fantastische Aussichten, manchmal ist jedoch absolute Schwindelfreiheit und Trittsicherheit gefragt. Eines aber ist sicher: Levadawandern macht süchtig – gut, dass die Möglichkeiten so schnell nicht erschöpft sind.

Wer gerne ein paar Höhenmeter macht, wird auf Madeira ebenfalls fündig: Es gibt anspruchsvolle **Gipfeltouren und Gratwanderungen** im Hochgebirge, alte, steile Verbindungspfade entlang der Nordküste oder über die Berge sowie sorgsam angelegte Trekkingwege zu Highlights der Insel. Den Schwierigkeitsgrad wählen Sie, je nachdem, wie viel Kondition und Nervenkitzel Sie sich zutrauen. Aber auch alte Hasen sollten sich stets gut informieren: Ist der Weg aktuell begehbar, gab es Abbrüche oder Verschüttungen? Denn nichts ist riskanter als Selbstüberschätzung im unwegsamen Gelände. Doch keine Sorge, mit der richtigen Vorbereitung und der nötigen Vorsicht sind Ihnen auf den Wanderungen wundervolle Naturerlebnisse garantiert.

CHRISTA WEISS BESCHEID

Wo regnet es gerade nicht? Was blüht da am Wegesrand? Einfach Christa fragen und am besten mit ihr wandern. Christa Dornfeld lebt seit vielen Jahren auf der Insel und kennt die Wanderwege wie ihre Westentasche. Auch mehrtägige Inselüberquerungen oder Wander-Yoga-Wochen sind in ihrem Programm. Das Tolle ist: Sie und ihre Mitarbeiter(innen) kennen sämtliche Pflanzenarten und wissen, über welchem Teil der Insel gerade die Sonne lacht (Madeira Wandern mit Christa, Tel. 915 69 32 05, www.madeirawandern.com).

OBEN: Wahrlich ein »königlicher Wanderweg« – der Caminho Real bietet wundervolle Ausblicke.
UNTEN: Durch dichtes Grün folgt der Weg der Levada do Caldeirao Verde.

SÜSSES GOLD

Bernsteinfarben liegt er im Glas, bereits sein Bouquet von karamellisierten Dörrfrüchten verheißt eine Süße, die schon bald die Zunge umschmeicheln wird. Doch Madeirawein ist nicht nur einfach süß. Wer sich auf seinen langen Abgang einlässt, wird die unterschiedlichsten Nuancen des beliebten Dessertweins für sich entdecken.

◄ Ein Blick in die Schatzkammer der Madeira Wine Company in Funchal

OBEN: In manchen Lagen ist die Bewirtschaftung der Reben noch mühselige Handarbeit.
UNTEN: Viel Zeit und viel Wärme ist nötig, damit aus gewöhnlichem Wein ein »Madeira« wird.

DAS IST...
MADEIRA

DABEI deutete anfangs wenig auf diese außerordentliche Karriere des weltberühmten Madeiraweins hin. Denn eigentlich gehorchten die Madeirer vor allem der Not, als sie dazu übergingen, Weinreben in Monokulturen auf ihrer Insel anzubauen: Der große Zuckerrohrboom ebbte im späten 16. Jh. allmählich ab. Zucker ließ sich in den frisch entdeckten Ländern der Neuen Welt viel günstiger und einfacher anbauen als auf den steilen Terrassen Madeiras, für Wein hingegen waren diese Lagen perfekt. Nur hatte der Inselwein zunächst eine leicht säuerliche, durchaus gewöhnungsbedürftige Note. Nichtsdestotrotz transportierte man ihn in alle Teile des portugiesischen und englischen Kolonialreichs. Bei diesen **Schiffsreisen** entdeckten die Seefahrer Erstaunliches: Wenn die Fässer unterwegs der tropischen Hitze ausgesetzt waren und erst recht, wenn sie dem Wein noch ein Quantum Brandy zugesetzt hatten, um die alkoholische Gärung zu stoppen, wurde er süßlich und (endlich) süffig! Man nahm also an, dass erst das Schaukeln, die Zeit an Bord und vor allem die Überquerung des Äquators zu dieser Geschmacksveränderung führte. So luden die Schiffe nun regelmäßig Weinfässer, um das immer beliebter werdende Getränk mit diesem einzigartigen »gebrannten«, karamellähnlichen Aroma zu erhalten.

▎Zeit und Wärme

Heute weiß man, dass nicht das Schaukeln der Schiffe während der **»Torna viagem«** für die Qualitätssteigerung verantwortlich war, sondern vor allem die Erhitzung. Diese sogenannte Madeirisierung spielt bis heute die entscheidende Rolle, erzeugt sie doch jene typische Note, den einzigartigen Farbton und vor allem den unverwechselbaren Geschmack. Den schätzten einst vor allem die Engländer, die den Madeirawein in ihr gesamtes Empire und bis nach Nordamerika verschifften. So stieß man nach der Unterzeichnung der amerikanischen Verfassung am 17. September 1787 in Philadelphia fröhlich mit Madeirawein an.

Heute ist Madeirawein praktisch auf der ganzen Welt bekannt und beliebt.

DACH ODER KELLER?

Ganz viel Zeit und Wärme. Die braucht es, damit die Kellermeister das süße Gold zaubern können. Wobei sie eigentlich Dachbodenmeister heißen müssten – denn unter dem Dach der Adega werden die Fässer der Hitze ausgesetzt, damit aus den Rebsorten Boal, Malvasia, Sercial oder Verdelho in zwei Jahren ein traditioneller »Canteiro«-Wein entsteht. Wie es auch schneller geht, dann aber im Keller, erfahren Sie – neben vielen anderen Madeirawein-Geschichten – bei einer Führung durch Blandy's Wine Lodge in Funchal (Av. Arriaga, 28, Tel. 291 22 89 78). Selbstredend endet sie mit einer Probierrunde!

BLUME DES OZEANS

Es grünt und blüht, wohin Sie schauen! In den liebevoll gepflegten Vorgärten und Blumentöpfen der Insulaner wie auch in den Parks und Gärten. In der Markthalle duften exotische Schnittblumen um die Wette, entlang der felsigen Wanderwege setzen zarte Blümchen Farbtupfer. Wer Madeira zur richtigen Zeit besucht, erlebt ein einziges Blütenwunder.

Die violetten Madeira-Natternköpfe am Pico de Arieiro stehen in voller Blüte. ▶.

DAS IST...
MADEIRA

BROSCHÜREN über Madeira schwärmen gern vom »schwimmenden Garten im Atlantik«, von der »Blume des Ozeans«. Mitunter so sehr, dass die Urlauber aus dem Flugzeug steigen und überall Blütenteppiche erwarten. Ganz besonders, wenn Sie Madeira im späten Frühjahr besuchen, werden diese Erwartungen nicht enttäuscht: Auf den Boulevards von Funchal spenden Jacaranda-Bäume mit lila Blüten Schatten, Orchideen präsentieren ihre Exotik, Myriaden von Blüten zieren die Avenida Arriaga und in den Gärten öffnen sich Blüten aus aller Welt. Entlang vieler Straßen und Levadas lassen sich Schmucklilien bewundern, und selbst im Hochgebirge und auf der so kargen Ostspitze von São Lourenço leuchten Blüten gelb und violett.

Hier blüht fast alles

Das milde Klima sorgt dafür, dass viele subtropische und tropische Pflanzen sich auf der Atlantikinsel pudelwohl fühlen. Die Gärtner finden Bedingungen vor, von denen Sie in heimischen Gefilden nur träumen können. Egal, was sie anpflanzen – hier blüht fast alles! Mit entsprechender Pflege und Wässerung sprießt in den Gärten, den öffentlichen und privaten Parkanlagen fast ganzjährig eine üppige Flora, während es in der Wildnis freilich durchaus auf die Jahreszeit ankommt.

Dabei war die heutige Blumeninsel vor der Ankunft der Europäer im 15. Jh. vor allem eines: grün! Wälder bedeckten den Großteil der Insel, die diesem Umstand sogar ihren Namen verdankt: »Madeira« bedeutet auf Portugiesisch Holz. Von dem Urwald ist heute nicht mehr viel übrig, die ersten Siedler wählten Brandrodung als geeignetes Mittel, um die Insel urbar zu machen. Nichtsdestotrotz existieren auch heute noch um die **150 endemische Pflanzenarten**. Bei den meisten handelt es sich nicht um Blütenpflanzen – umso schöner, wenn Sie einmal eine endemische Pflanze zur Blütezeit erwischen: Besonders hübsch sind der Madeira-Storchenschnabel oder der Madeira-Natternkopf. Und sonst? Wird man sich kaum daran stören, dass die allgegenwärtige, aber aus Südafrika stammende Königinstrelitzie wie viele andere prächtige Blütenpflanzen nach Madeira importiert wurde. Und so schmückt sie unverdrossen mit ihrer paradiesvogelähnlichen Blüte nicht nur Wegesränder, Parkanlagen und Verkaufsstände, sondern auch unzählige Madeira-Souvenirs.

GRÜNER DAUMEN
Anderen bei der Arbeit zuschauen ist durchaus mal erlaubt. Setzen Sie sich auf dem Areal der Quinta do Palheiro mit einem Stück Kuchen auf die Terrasse des Teehauses und sehen Sie den Gärtnern zu, wie sie die prachtvollsten Gewächse zum Blühen bringen. (▶ S. 91)

OBEN: Schön, aber nicht heimisch: Königinstrelitzie in Funchals Jardim Botânico
UNTEN: Blütenpracht der etwas anderen Art bei der »Festa da Flor«

UNHEIM-LICH LECKER

Riesige Glubschaugen, scharfe Reißzähne, die aalartige Form – er sieht wirklich unheimlich aus, wie er da auf den Tischen in der Markthalle Funchals liegt. Da versteht man schon, weshalb viele sagen, man soll den »Peixe Espada Preto«, den Schwarzen Degenfisch, zunächst probieren und erst danach anschauen. Doch der Geschmack des Tiefseefischs ist überwältigend, zart und leicht.

Sie sehen zwar ganz und gar nicht so aus, aber – sie schmecken! ▶

Degenfisch mal anders, mit einer Kräuterkruste, Ananas-Milho und Nikita-Sauce, kredenzt vom Spitzenkoch Yves Gautier

ALLERDINGS bedarf es schon einigen Aufwands, ihn zu fangen. In Câmara de Lobos leben die meisten Espada-Fischer. Sie arbeiten nachts, wenn der ansonsten in den Tiefen des Meeres lebende Raubfisch bis auf 600 m Wassertiefe hinaufsteigt und die Männer die Tiere mit langen Angeln fangen können. Zufällig hatte ein Fischer aus dem Ort Mitte des 19. Jh.s diesen besonderen Fisch entdeckt: Er war eingeschlafen und hatte plötzlich mitten in der Nacht den angsteinflößenden, wenn auch toten Degenfisch an der Leine. Überhaupt hat bis heute niemand einen Schwarzen Degenfisch lebend gesehen – aufgrund des großen Druckunterschieds zwischen der Tiefsee und der Wasseroberfläche sterben die Tiere auf dem Weg nach oben. Vermutlich sind sie in Wahrheit auch nicht schwarz, sondern kupferfarben oder silbrig schimmernd, vielleicht sogar fluoreszierend. Doch mit dem Auftauchen färbt sich ihre schuppenlose Haut schwarz. Für die Zubereitung muss sie entfernt werden, meist übernehmen das Abrubbeln schon die Verkäufer.

Die großen Glubschaugen braucht der etwas über 1,5 m lange Degenfisch, der **in bis zu 1700 m Tiefe** lebt, um seine Beute in der dunklen Tiefsee aufzuspüren: Tintenfische, Quallen, Krebse, Garnelen und andere Fische kommunizieren hier durch Lichtzeichen miteinander, um Partner anzulocken. Das ist die Chance des Degenfischs, mit seinen scharfen Zähnen zuzuschlagen.

Selten oder nicht?

Nun werden sie also selbst gefangen. Wenn Sie sich anschauen, wie viele Fische tagtäglich in der Markthalle liegen, stellt sich die Frage: Ist es wirklich eine so häufig vorkommende Art? Im Durchschnitt werden um die 2000 Tonnen pro Jahr gefangen. Berichte von Überfischung machten die Runde, und dass die madeirischen Fischer schon bis zu den Kanaren fahren müssten, um noch Degenfisch zu finden. Wissenschaftler stellen aber fest, dass die traditionelle Langleinen-Fangtechnik der **Fischer aus Câmara de Lobos** immer noch bestandserhaltend ist. Problematisch sind da eher die Trawler im Nordatlantik, die mit ihren Grundschleppnetzen auch zahlreiche wandernde und junge Degenfische erwischen. Für Portugal beschloss der EU-Fischereirat für 2019 und 2020 eine Obergrenze von 2800 Tonnen, es scheint also tatsächlich erst einmal genügend Degenfisch zu geben. So können Inselbewohner und Urlauber hoffentlich noch lange das zarte Filet genießen.

HINGUCKEN ERLAUBT

Gleich vorweg: Im Vila do Peixe (Rua Dr. João Abel de Freitas, Tel. 291 09 99 09, www.vilado peixe.com) im Herzen von Câmara de Lobos kommt der Fisch nicht mit Zähnen und Augen auf den Tisch. Man sieht auf dem Teller ein harmloses gegrilltes Filet, z. B. mit Kräutern gewürzt und mit Kartoffeln und Milho Frito (gebackener Polenta) garniert – und eben nicht uninspiriert mit Banane und Maracujapanade, wie die meisten Restaurants den Fisch servieren …

STICH FÜR STICH

Sie sind im Weißen Haus oder in Palästen gekrönter Häupter genauso vertreten wie in vielen portugiesischen Haushalten, wo sie bis heute zur Aussteuer gehören: Feinste Madeira-Stickereien haben von der kleinen Atlantikinsel aus die Welt erobert. Nehmen Sie die edlen Stück unter die Lupe und Ihnen wird schnell klar: Ihre Herstellung ist eine hohe Kunst.

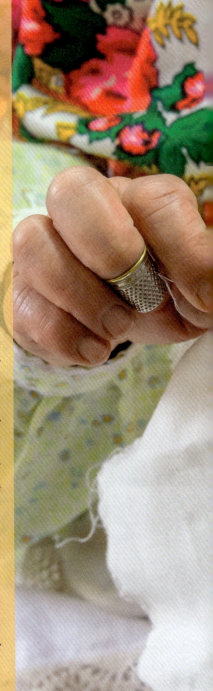

Geduld und Fingerfertigkeit kommt es an ▶

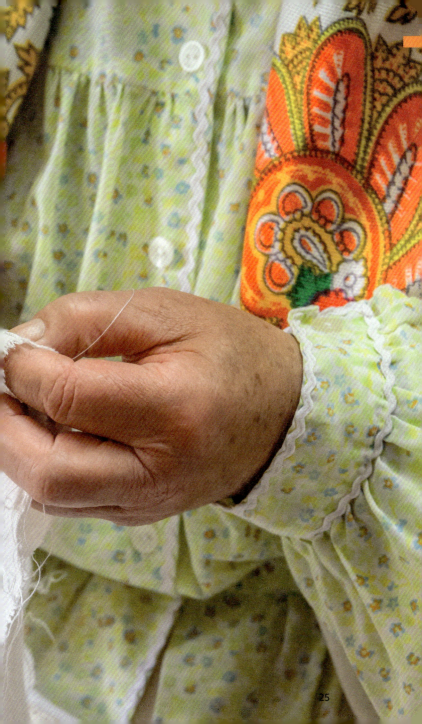

DAS IST...
MADEIRA

URSPRÜNGLICH wollten die madeirischen Frauen mit ihren Stickereien einfach ihr Heim verschönerten oder etwas Geld in die Haushaltskasse bringen. Es war ein Handwerk, das von der Mutter auf die Tochter überging. Oftmals vererbten die Mütter auch ihre Stickgeheimnisse und besondere Muster.
Erst um 1850 wurde der Grundstein für eine industrielle Herstellung von Stickereien gelegt: **Elizabeth (»Bella«) Phelps,** tatkräftiges Mitglied einer auf Madeira lebenden englischen Weinhändlerfamilie, war es zu verdanken, dass die filigranen Handarbeiten 1851 auf der Weltausstellung in London Aufsehen erregten. Sie erhielt zahlreiche Aufträge von der feinen englischen Gesellschaft und sorgte nun dafür, dass die Frauen auf die Nachfrage in der angemessenen Qualität reagieren konnten. Der Export der Madeira-Stickerei im größeren Stil hatte begonnen, und etliche Familien konnten sich dank des Talents und der Tatkraft der Frauen eine neue Existenz aufbauen – man mag sich ausmalen, wie bedeutsam diese Tätigkeit für das Selbstbewusstsein der Frauen Madeiras war! In den 1920er-Jahren waren etwa 70 000 Arbeitsplätze auf der Insel direkt und indirekt von der Stickerei abhängig.

Früher war es einfacher

Ursprünglich mussten die Motive – mit Vorliebe die traditionellen Blumenkorbmuster – mühsam mit der Hand vorgestickt werden. Erst die Einführung der »máquina de picotar« revolutionierte Ende des 19. Jh.s diesen Arbeitsschritt und ermöglichte es, dass man die Muster direkt auf den Stoff pausen konnte. Bald kam auch das Sticken mit blauem und braunem Garn auf, und die traditionell als Stickgrund verwendete Baumwolle wurde ergänzt durch Leinen, Organdy, Batist und Seide.
Rund **3000 »Bordadeiras«** gibt es heute noch auf Madeira. Wie früher arbeiten die Stickerinnen an den feinsten Stücken mehrere Tausend Stunden. Der Kurvenmesser zählt die Stiche, nach denen das Muster und somit die Bezahlung bemessen wird. Die Bordadeiras arbeiten in Heimarbeit, haben ein Recht auf Sozialversicherung und leisten oft einen wichtigen Beitrag zum Familieneinkommen – auch wenn es keine riesigen Summen sind, die von den teuer verkauften Stücken für die Herstellerinnen bleiben. Zumal die Nachfrage in den letzten Jahrzehnten rapide gesunken ist – die hohen Preise, die billige asiatische Konkurrenz und vielleicht der Ruf, es sei etwas altbacken, erschweren die Vermarktung.

LINKS: Typisches Madeira-Souvenir mit einfachem Stickmuster RECHTS: Kunstvoller ist die Madeira-Stickerei dieses festlichen Kleids.

EINE HEIDENARBEIT
Sie stechen und nähen, waschen und bügeln – und lassen sich bei ihrem Tagwerk gern über die Schulter schauen. Erleben Sie aus nächster Nähe, wie die Damen bei Patrício & Gouveia ihre Meisterwerke schaffen. Eine laute Fabrikhalle darf man sich unter Madeiras größtem Stickerei-Unternehmen in einem schönen alten Stadthaus in Funchal nicht vorstellen. Doch das macht es noch mal so schön (Rua Visconde Anadia 33/34, Mo.–Fr. 9–13 und 14–18 Uhr, www.patriciogouveia.pt).

T
TOUREN

Durchdacht, inspirierend, entspannt

Mit unseren Tourenvorschlägen
lernen Sie Madeiras beste Seiten kennen.

Kann schon mal passieren auf Madeira:
eine unverhoffte Wagenwäsche ▶

TOUREN
UNTERWEGS AUF MADEIRA

UNTERWEGS AUF MADEIRA

Erkunden Sie die Insel! So abwechslungsreich Funchal mit seinen Parks und Gärten, Museen und Promenaden ist, so entspannend Ihr Urlaubsdomizil in Caniço, Calheta oder einem anderen Ort der Insel sein mag – die faszinierende Naturvielfalt Madeiras erschließt sich Ihnen nur, wenn Sie die Küsten- und Bergstraßen entlangfahren, sei es mit dem Mietwagen, den Linienbussen oder bei einem organisierten Ausflug.

Zwei Gesichter Nord- oder Südküste? Das ist auf Madeira die zentrale Frage bei der Reiseplanung. Madeira hat trotz weitgehender Eingriffe in seine Infrastruktur durch Schnellstraßen, Brücken und Tunnel nach wie vor zwei Gesichter. Der lieblichere, dichter besiedelte und touristisch besser erschlossene **Süden** der Insel reicht von Machico bis kurz hinter Calheta und umfasst auch die höchsten Berge der Insel. Der »wildere« **Norden** zwischen Ponta do Pargo und der Landspitze Ponta de São Lourenço schließt den Lorbeerwald ein. Die meisten Urlauber werden sicher in **Funchal** und Umgebung Quartier beziehen. Hier ist die Auswahl an guten Hotels ebenso groß wie das kulturelle Angebot. Doch wer Erholung und Ruhe sucht, für Felsküsten schwärmt, die von Brandung umtost werden, und sich insbesondere auf Wanderungen freut, sollte auch einen Blick auf die Angebote an der Nordküste werfen.

Madeiras Süden Schmale Strandbuchten, eine quirlige Metropole, eine der höchsten Steilküsten Europas und herrliche Bergpanoramen – Madeiras Südhälfte bietet all das. Da das Klima hier viele Monate im Jahr moderat ist und die Sonne lange ihre Wärme über die Küstenhänge legt, herrscht entsprechender Betrieb auf den Straßen, in den Restaurants, an den Badestellen, ja sogar auf den Gipfeln von Pico Ruivo und Pico do Arieiro oder auf der Hochebene von Paúl da Serra. Denn auch Einheimische zieht es – vor allem an Wochenenden und in den langen Sommerferien – zu Picknickplätzen und Aussichtspunkten, zu Einkaufs- und diversen Freizeitmöglichkeiten.
Neue Straßen erschließen gerade im Süden Orte, die noch vor gar nicht allzu langer Zeit fast völlig von der Außenwelt abgeschnitten waren. **Levadawege** meist geringeren Schwierigkeitsgrads führen an üppigen Bauerngärten vorbei. Am Saum des Atlantiks liegen **gemütliche Fischerdörfchen**. Die Kaiser-Residenz Monte, Câmara de Lobos, wo schon Churchill malte, Curral das Freiras, die einstige Nonnenzuflucht in einem Bergkessel, das Kunst- und Ausstellungszentrum Mudas bei Calheta – an diesen »Musts« treffen Pauschal- und Indivi-

TOUREN
UNTERWEGS AUF MADEIRA

dualausflügler immer wieder aufeinander. Bars und Restaurants haben sich mit ihren Preisen entsprechend auf die Gäste eingestellt.

Seit jeher hat der Norden auch bei Einheimischen den Ruf eines rauen, abenteuerlichen Gesellen. Die schmale, dicht an den hohen Klippenwänden mäandernde Küstenstraße im Nordwesten war für Autofahrer eine echte Herausforderung; zumal, wenn noch ein Bus entgegenkam. Inzwischen weitgehend gesperrt und durch neue Trassen mit Tunnels ersetzt, ist der verkehrstechnisch gefährliche Aspekt des Nordwestens vorbei. Geblieben sind das **kühlere, oft stürmischere Wetter** und die ursprüngliche, noch immer von nur wenigen Menschen besiedelte Natur. Wer lange, mitunter recht fordernde **Wanderungen** liebt, wer Meeresschwimmbecken dem Kies- oder künstlichen Sandstrand vorzieht, wer es bei der Unterkunft iieber rustikal als fein mag, der ist richtig im Norden der Insel. Bis auf Ausnahmen wie das Bilderbuchdorf São Vicente und Santana mit seinen berühmten Strohhäuschen und dem Themenpark sowie Porto Moniz mit den natürlichen Lavapools und dem Aquário da Madeira gibt es im Nordteil der Insel nur wenige Attraktionen. Trumpf dieser Gegend sind die **weitgehend intakte, vielfältige Landschaft** mit steilen Terrassenfeldern und dem uralten Lorbeerwald, der imposante Küstenfels Penha de Águia, in dem Seeadler nisten, und die kleinen Häfen und gemütlichen Fischerdörfchen, von denen aus man einst Zuckerrohr verschiffte. Ein bedeutender Teil der Weinstöcke Madeiras steht im Norden, und die Dorffeste hier sind nach wie vor hauptsächlich Sache der Einheimischen.

Norden

Alpine Streckenführung zwischen dem Encumeada-Pass und Paúl da Serra

TOUREN
UNTERWEGS AUF MADEIRA

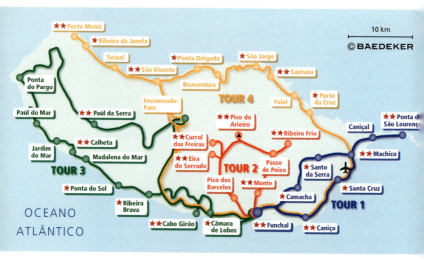

Badeurlaub	Wer mit dem Begriff Insel automatisch kilometerlangen Sandstrand verbindet, hat auf Madeira Pech und muss noch eine Insel weiter: **Porto Santo** bietet rund 9 km davon – selbst im Hochsommer, wenn die Portugiesen Ferien machen, ist noch mehr als ausreichend Platz am Strand. Auf Madeira hingegen findet man auf kleinem Raum spektakuläre Felsküsten, allenfalls Kieselstrände, zwei künstlich angelegte Sandstreifen oder Meeresschwimmbecken für Badebegeisterte.
Schiffsausflüge	Schiffsausflüge kann man direkt am Informations- und Ticketschalter an der Marina Funchal buchen. Halbtages-Segeltouren und kürzere Fahrten, beispielsweise mit der Jacht »Gavião«, bietet Gavião Madeira an. Bei den entspannten Fahrten mit dem Madeira Catamaran kann man Delfine und mit einigem Glück auch Wale beobachten. Weitere Auskünfte erhalten Sie an den Kiosken der Ausflugsschiffe und Katamarane in der Marina von Funchal.
Mietwagen oder Bus	Mit dem Mietwagen lässt sich Madeira gut auf eigene Faust und im selbst gewählten Tempo erkunden, insbesondere seitdem das Straßennetz durch Schnellstraßen und zahlreiche Tunnels erweitert wurde. Landschaftlich entschieden reizvoller sind – so noch vorhanden – die alten, oft engen und kurvenreichen Straßen, für die man allerdings erheblich mehr Zeit einplanen muss. Busse fahren fast alle Orte auf Madeira an, manche allerdings nur einmal am Tag. Die Erkundung der Insel per Bus erfordert daher eine sorgfältige Planung (▶ S. 238).

TOUREN
ZU DEN BUNTEN FELSEN DER OSTSPITZE

Zahlreiche Reisebüros und Reiseveranstalter in Funchal haben sich auf halb- oder ganztägige Inselrundfahrten auch mit Deutsch sprechenden Reiseleitern spezialisiert.

Organisierte Rundfahrten

Im Folgenden stellen wir Ihnen vier Inselrundfahrten vor. Sie starten und enden jeweils in Funchal, man kann alle Routen aber auch an einem beliebigen anderen Ort auf der Strecke beginnen und im Übrigen die meisten vorgeschlagenen Routen miteinander kombinieren.

Tourenvorschläge

Die Fahrten auf den vorgeschlagenen Touren führen zum Teil über schmale, steile, kurvige und serpentinenreiche Straßen und dauern dadurch lange. Nebenstrecken sind gelegentlich nicht asphaltiert, sondern gepflastert. Die eindrucksvollsten Strecken sind meist die alten Verbindungen – man sollte sie wählen, sofern man die Alternative hat. Wer von Funchal aus startet, sollte nicht vergessen, dass Madeira mehrere Klimazonen umfasst und es somit rasch zu **Wetterumschwüngen und Temperaturunterschieden** kommen kann. Mit anderen Worten: Man ist klug beraten, wenn man immer auch Regenjacke und Pullover einpackt! Die braucht man sowieso, wenn man unseren Wandervorschlägen ab S. 44 folgt.

ZU DEN BUNTEN FELSEN DER OSTSPITZE

Rundfahrt | **Start & Ziel:** Funchal | **Dauer:** 1 Tag | **Länge:** 80 km

Packen Sie Wanderschuhe und Badesachen ein! Auf dieser Tour durch die Hügellandschaft und die sehenswerten Ortschaften des Ostens gelangen Sie zur spektakulären Landzunge von São Lourenço, deren geologische Besonderheiten sich wunderbar auf einer Wanderung erkunden lassen. Danach erfrischen Sie sich bei einem Sprung in den Atlantik am Sandstrand von Machico.

Tour 1

Von ❶ ★★ **Funchal** geht es zunächst ein kleines Stück auf der Schnellstraße bis zur Ausfahrt Garajau und auf der Ausbaustrecke Caniço–Camacha gen Norden, durch den Tunnel von Eiras und den Tunel da Nogueira. Schöner ist es, von der Hauptstadt aus die alte Flughafenstraße zu wählen und sich dann die Estrada de Camacha bzw. die noch weitgehend von Hainen statt Häusern gesäumte Straße ER205 hinaufzuschlängeln. Schon vom Hauptplatz des von vielen Ausflugsbussen angesteuerten Korbflechter-Zentrums ❷ ★ **Camacha** bietet sich neben dem Café Relógio ein schöner Ausblick. Kur-

In die Höhen des Ostens

TOUREN
ZU DEN BUNTEN FELSEN DER OSTSPITZE

venreich geht es dann auf der ER110 weiter durch eine waldige Berglandschaft mit Weilern wie Curral Velho oder Ribeiro João Gonçalves, deren Namen auf die Beschaffenheit oder Besonderheit (»curral« = Stall; »ribeiro« = Bach) in der Umgebung verweisen. Menschen sieht man selten, auch gibt es wenig Verkehr.

Beliebte Ausflugsziele
Bei Achada do Barro geht es geradeaus weiter zum **Aussichtspunkt Portela,** wo ein Gasthaus, Taxis und fliegende Händler auf Ausflügler warten. Nach rechts zweigt die Straße ab zur beliebten Sommerfrische der britischen Kaufleute und Weinhändler des 19. und frühen 20. Jh.s, ❸ ★ **Santo da Serra.** In der luftigen Hügellandschaft wurde vor mehr als 80 Jahren der erste Golfplatz der Insel angelegt – von seinen Greens und der Terrasse des öffentlich zugänglichen Clubrestaurants bietet sich ein herrlicher Ausblick auf die Ostspitze der Insel. Vom Miradouro dos Ingleses blickten die Blandys (▶ S. 180) einst nordostwärts und hielten Ausschau nach ihren Handelsschiffen; heute ist der Garten ihrer Sommerresidenz, der Quinta do Santo da Serra (▶ S. 141), samt Ausguck für alle geöffnet. Auch einheimische Familien schätzen das grüne Areal mit kleinem Zoo als hübsche Picknickadresse.

TOUREN
INS BERGIGE HERZ MADEIRAS

In ca. 20 Minuten ist man über die ER112 und die Via Rápida (VR) 1 im einstigen Walfängerdorf ❹ **Caniçal,** wo das Walmuseum Einblicke in die Geschicke der gejagten Meeressäuger gibt, deren natürlicher Lebensraum sich hinter der weiten Bucht auftut. Wem nach Bewegung zumute ist, der parkt sein Auto an der Baia de Abra und wandert über die kahlen, im Frühjahr von einem zarten Blütenteppich überzogenen Kuppen der ❺ ★★ **Ponta de São Lourenço,** der Ostspitze der Insel, die in mehreren Felsblöcken im Meer ausläuft. Bizarre Felsen ragen dabei immer wieder ockerfarben, rostrot, grau und grünschwarz aus dem Türkis der Atlantikwogen auf.

Wale und bizarre Felsen

Zur Belohnung gibt es eine Badepause am goldgelben, künstlich aufgeschütteten Sandstrand des hübschen Küstenorts ❻ ★★ **Machico** und eine Stärkung in einem der Lokale der Altstadt oder an der neuen Promenade des früheren Fischerviertels Banda d'Além. Zum Schluss sollte man noch einen Blick in die Pfarrkirche Nossa Senhora da Conceição werfen, deren Grundsteinlegung bereits im 15. Jh. erfolgte.

Badestrand

Am Flughafen vorbei und nach einem Zwischenstopp in dem beschaulichen ❼ ★ **Santa Cruz** mit einer beachtenswerten Kirche aus dem 16. Jh. geht es auf der Schnellstraße Richtung ❽ ★★ **Caniço,** dessen küstennaher Ortsteil Caniço de Baixo eines der Touristenzentren der Insel ist. An der Ponta do Garajau lohnt sich ein letzter Halt: Hier thront, mit einem schönen Seitenblick auf die Bucht Funchals, seit den 1920er-Jahren eine mächtige Christusstatue auf der Klippe – die Augen auf die unendliche Weite des Ozeans gerichtet.

Über Caniço zurück nach Funchal

INS BERGIGE HERZ MADEIRAS

Rundfahrt | **Start & Ziel:** Funchal | **Dauer:** 1 Tag | **Länge:** 60 km

Diese kurvenreiche Tagestour bietet vor allem wundervolle Panoramablicke, lohnt sich also nur an Tagen mit schönem Wetter. Die Tour führt auf schwindelnde Höhen und atemberaubende Miradouros im zentralen Hochgebirge, hinunter in den Lorbeerwald von Ribeiro Frio und endet mit einem Abstecher zu der berühmten Wallfahrtskirche von Monte.

Tour 2

Man verlässt das Zentrum von ❶ ★★ **Funchal** in Richtung Santo António, dem am Hang gelegenen Ortsteil, in dem 1985 der mehr-

Ins Nonnental

35

TOUREN
INS BERGIGE HERZ MADEIRAS

malige Weltfußballer Cristiano Ronaldo geboren wurde. Der erste Halt ist am hübsch angelegten Aussichtspunkt des Vulkanhügels ❷ **Pico dos Barcelos.** Hier hat man den ersten von vielen phänomenalen Ausblicken auf dieser Tour. Nun geht es über die kurvenreiche ER107 und durch Tunnel in den tiefen Talkessel von ❸ ★★ **Curral das Freiras.** Nachdem man die hiesigen Kastanienspezialitäten probiert hat, sollte man sich das spektakuläre »Nonnental« aber auch noch von oben anschauen: Es geht zurück durch den Tunnel und dann nach rechts zum Aussichtspunkt ❹ ★★ **Eira do Serrado.** Ein Fußpfad führt von hier in etwa zehn Minuten hinauf auf die 1095 m ü. d. M. gelegene Plattform. Hier fällt die Steilwand fast 500 m hinunter ins tief unten liegende Tal – wirklich atemberaubend!

Aussichtsreich zum Gipfel

Doch es geht noch imposanter: Kurz bevor man wieder auf die ER107 stößt, biegt man nach links auf die ❺ ★★ **Panoramastraße zum Pico do Arieiro** ab. Sie wurde 2012 fertiggestellt, ist nur tagsüber geöffnet und zwingt so manches PS-schwächere Auto dazu, zeitweise im ersten Gang zu fahren. Doch die vielen Kurven lohnen sich: Die Aussichten von unterwegs und vor allem von den beiden Miradouros am kleinen Parkplatz entschädigen für alle Mühen. Schließlich gelangt man auf die Straße zum ❻ ★★ **Pico do Arieiro,** dem dritthöchsten Gipfel der Insel. Eine große Radarkuppel, ein Besucherzentrum mit Café und Ausstellungsraum und ein Gipfelstein versammeln sich an der Spitze. Auch hier gilt es, die sensationellen Weitblicke zu genießen.

Forellen und Lorbeerwald

Über die ebenfalls panoramareiche ER202 kommt man zum ❼ **Passo de Poiso,** einem der drei Pässe der Insel, die die Süd- mit der Nordseite verbinden. Am Pass fährt man noch nicht Richtung Funchal, sondern biegt auf die ER103 nach Norden ab: Nach wenigen Minuten ist das Örtchen ❽ ★ **Ribeiro Frio** erreicht. Hier werden in hübsch angelegten und vom »kalten Fluss« (»ribeiro frio«) gespeisten Becken Forellen gezüchtet. Ein etwa halbstündiger Wanderweg führt durch dichten Lorbeerwald zum **Aussichtspunkt Balcões:** Die Nordküste und der Adlerfels liegen einem zu Füßen. Über den gleichen Pfad spaziert man zurück, stärkt sich vielleicht noch im Café oder Restaurant von Ribeiro Frio und macht sich dann auf den Rückweg Richtung Süden.

Über die ER103 geht es zurück zum Poisopass und dann in vielen Kurven hinunter nach ❾ ★★ **Monte.** Hier lohnt sich noch ein längerer Stopp, gibt es doch in Monte, dem schon im 19. Jh. beliebten Luftkurort, zahlreiche Sehenswürdigkeiten. Die wichtigste ist die Wallfahrtskirche der »Nossa Senhora do Monte« mit dem Sarkophag Karls I. Der letzte österreichische Kaiser starb hier im Exil 1922 an einer Lungenentzündung. Monte steht aber auch für die berühmten Korbschlittenfahrer, die Sie zu rasanten Abfahrten einladen, und für den verwunschenen »Jardim Tropical«, der eindrucksvoll Kultur und Natur verbindet.

Zur Mutter Gottes und zum letzten Kaiser

IM SONNIGEN WESTEN

Rundfahrt | **Start & Ziel:** Funchal | **Dauer:** 1 Tag (früh aufbrechen!) | **Länge:** 140 km

Keine Region Madeiras zählt so viele Sonnenstunden wie die Südwestküste. Auf Ihren Erkundungen der von Bananenplantagen umgebenen Dörfer, der Westspitze Madeiras und der kargen Hochebene Paúl da Serra stehen die Chancen also gut, ordentlich Sonne tanken zu können.

Tour 3

Über die Estrada Monumental fährt man von ❶ ★★ **Funchal** in Richtung Westen nach ❷ ★ **Câmara de Lobos** mit seinem hübschen Fischerhafen, der schon einst Winston Churchill zu Pinsel und Farben greifen ließ. Weiter geht es durch den Weinort Estreito de Câmara de Lobos und zum Aussichtspunkt ❸ ★★ **Cabo Girão,** einem Kap an einer 580 m hohen Steilküste, die zu den höchsten in Europa zählt. In ❹ ★ **Ribeira Brava,** dem lebendigen Städtchen an der Mündung des gleichnamigen Flusses, lohnt sich ein Besuch der Pfarrkirche São Bento aus dem 16. Jh. mit einem hübschen blauweiß gefliesten Turmdach.

Fischerhafen und Aussichten

37

TOUREN
IM SONNIGEN WESTEN

Sonnige Bananenterrassen

An üppigen Bananenplantagen vorbei gelangt man nach ❺ ★ **Ponta do Sol** mit schöner Uferzeile und sehenswerter Kirche. Für die Weiterfahrt Richtung Westen sollte man unbedingt die alte ER101 entlang der Steilküste wählen – Autodusche inklusive! So erreicht man das recht ursprünglich wirkende ❻ **Madalena do Mar** mit niedrigen Fischerhäusern zwischen dichten Bananenterrassen.

Zuckerrohr und Badestrand

Der nächste Ort ist ❼ ★★ **Calheta,** einst der wichtigste Standort des Zuckerrohranbaus. Noch immer lohnt sich hier der Besuch der Zuckerfabrik. Doch vor allem dank des einzigen – wenn auch künstlich angelegten – Badestrands an der Südwestküste spielt Calheta eine

TOUREN
IM SONNIGEN WESTEN

wichtige Rolle im Tourismus. Auch kulturell hat der Ort etwas zu bieten: Eindrucksvoll balanciert auf einer Klippe das architektonisch interessante Kunst- und Kulturzentrum Mudas, von dessen Caféterrasse man wunderbar weit hinaus aufs Meer schauen kann.

Auf dem weiteren Weg westwärts biegt man in das malerische ❽ **Jardim do Mar** ab, das auf einem Plateau zwischen Meer und Steilküste liegt; die hiesige Brandung lockt vor allem Wellenreiter an. Durch einen Tunnel geht es weiter nach ❾ **Paúl do Mar.** Dieser noch sehr ursprüngliche und lang gestreckte Küstenort schmiegt sich zwischen den Atlantiksaum und schwindelerregend steil aufragende Felswände.

Vom rauen Atlantik geprägt

Hinter Paúl do Mar windet sich die ER223 hinauf nach Fajã da Ovelha und zur VE3. Nahe ❿ **Ponta do Pargo** markiert ein imposanter Leuchtturm den **westlichsten Punkt Madeiras.** Ebenfalls an der Küste lockt ein gemütliches Teehaus, in dem man bei Tee, Kaffee und Kuchen, aber auch bei deftigen Gerichten einen sensationellen Blick genießt; den bekommt man aber auch vom Aussichtspunkt daneben geboten.

Westlichster Punkt

Weiter geht es in Richtung Norden, allerdings verlässt man kurz hinter Achada da Cruz die ER101, um sich über die E105 in vielen Kurven hinauf zur Hochebene ⓫ ★★ **Paúl da Serra** zu schrauben. Man fährt vorbei am Wanderparkplatz von Rabaçal, wo mehrere schöne Levadawanderungen starten. Die Hochebene selbst liegt oft im Nebel und der starke Wind lässt keine hohe Vegetation zu, doch die karge Landschaft ist – gerade als Kontrast zum Hochgebirge – sehr beeindruckend. Die über einige Kilometer schnurgerade Straße führt in der Gegend der Bica da Cana an zahlreichen Windrädern vorbei und dann in vielen Kurven, durch einige Tunnels und mit etwas Glück bei grandioser Aussicht auf die Berglandschaft zum ⓬ **Encumeada-Pass,** von dem Sie bei gutem Wetter sowohl die Nord- als auch die Südseite Madeiras überblicken. Durch den Bergort Serra d'Agua geht es zurück zur Via Rápida und nach Funchal. Bei schlechtem Wetter, gesperrter Straße oder knappem Zeitbudget können Sie die Tour auch abkürzen und von der ER105 rechts auf die ER209 in Richtung Canhas und Südküste abbiegen.

Über die Hochebene zurück

TOUREN
WILDE NORDKÜSTE

WILDE NORDKÜSTE

Rundfahrt | **Start & Ziel:** Funchal | **Dauer:** 1 – 2 Tage | **Länge:** 160 km

Tour 4
Einmal von Ost nach West fahren Sie durch die raue und grüne Küstenregion des Inselnordens: Es warten unzählige Kurven, viele Täler, ein paar Tunnel – und dazwischen lauter nette Dörfer und viel Natur.

Nach Porto da Cruz
Der schnellste Weg an die Nordküste führt von ❶ ★★ **Funchal** über die Via Rápida (VR) 1 nach Machico und von dort über die gut ausgebaute VE 1 nach Porto da Cruz. Fährt man durch den »Tunel do Norte«, ist man bereits auf der Nordseite – und hat oftmals gleich ein anderes, meist raueres Wetter. In ❷ ★ **Porto da Cruz** lohnt sich ein kleiner Spaziergang rund um den markanten Felsen, der den »Strand« aus Kieselsteinen vom winzigen Hafen und Schwimmbad trennt. Es gibt ein paar nette Cafés mit Meerblick.

Strohbedeckte Häuschen
Über die alte ER101 geht es in Richtung Westen, vorbei am imposanten Adlerfelsen (Penha de Águia) und durch das vor allem von Obstanbau geprägte Örtchen ❸ **Faial.** Hier wählt man nicht die Tunnelstrecke, sondern die alte Straße nach Santana, die herrliche Aussichten über die Nordküste bietet. ❹ ★★ **Santana** ist bekannt für seine kleinen, strohgedeckten Casas de Colmo. Die traditionellen Häuschen sind rund um das Rathaus als Touristenattraktion hergerichtet worden.

Der unberührte Norden
Auf der noch nicht ausgebauten Strecke zwischen Santana und Ponta Delgada müssen tiefe Täler kurvenreich ausgefahren werden. Die Orte hier sind weniger touristisch und zeigen oftmals noch das ursprüngliche Madeira. In ❺ ★ **São Jorge** sollte man sich die barocke Dorfkirche anschauen und die Aussicht am Leuchtturm genießen. Der nicht minder eindrucksvolle »Miradouro As Cabanas« liegt kurz vor Arco de São Jorge. Die Straße entfernt sich von der Küste und beschreibt bei ❻ **Boaventura** einen weiten Bogen ins Inselinnere. Hier ist die Landschaft geprägt von Obstkulturen und Weidenpflanzungen für die Korbflechterei.
Das reizvoll auf einer Landzunge gelegene ❼ ★ **Ponta Delgada** zieht sich über mehrere verstreute Ortsteile. In Ponta Delgada gibt es eine Wallfahrtskirche und ein beliebtes Meerwasserschwimmbad, die Umgebung ist geprägt von Wein- und Zuckerrohrfeldern.

Steile Hänge im Nordwesten
Hinter dem hübschen Städtchen ❽ ★★ **São Vicente** mit sehenswerten Lavagrotten verändert die Landschaft ihr Gesicht: Die Küste wird steiler und noch rauer, die alte Küstenstraße leidet seit

TOUREN
WILDE NORDKÜSTE

Jahrzehnten sichtbar unter der Topografie. Viele Abschnitte sind verschüttet oder mussten wegen Steinschlaggefahr gesperrt werden. Eine neue Tunnelstrecke ersetzt die meist unpassierbare Küstenstraße. In ❾ **Seixal** kann man die VE2 jedoch verlassen und sich das für seinen Sercial-Wein bekannte Örtchen anschauen. Auch am Aussichtspunkt »Véu da Noiva« (Brautschleier) lohnt sich ein Stopp: Neben Souvenirs gibt es hier eine der in dieser Inselregion seltenen Möglichkeiten, die steile Küste mit ihren Wasserfällen zu bewundern.

Bei ❿ ★ **Ribeira da Janela,** wo der kleine gleichnamige Fluss am vorgelagerten »Fensterfelsen« ins Meer mündet – daher der Name (»janela« = Fenster) –, kann man die Tunnelstrecke ebenfalls links liegen lassen und das letzte Stück bis Porto Moniz über die alte Straße fahren. Der Weinort ⓫ ★★ **Porto Moniz** ist dank der hübschen

Wein und Lavapools

MIRAOURO-HOPPING IM NORDEN

Hinter jeder Kurve und nach jedem Tunnel tolle neue Aussichten – vor allem die steile, raue Nordküste ist gespickt mit spektakulären Aussichtspunkten. Zwischen Porto Moniz im Nordwesten und der Landzunge von São Lourenço im Osten gibt es alle paar Minuten die Möglichkeit, an einem Miradouro zu halten und eine neue, fantastische Perspektive zu genießen. Nehmen Sie sich also Zeit!

TOUREN
WILDE NORDKÜSTE

Lavapools bei Einheimischen ebenso beliebt wie bei Touristen – viele Einwohner Funchals verbringen sogar ihre Ferien hier im Nordwesten. Die Meerwasserbecken im Lavagestein, aber auch die zahlreichen Einkehrmöglichkeiten und das Aquarium in der ehemaligen Festung ziehen Besucher an.

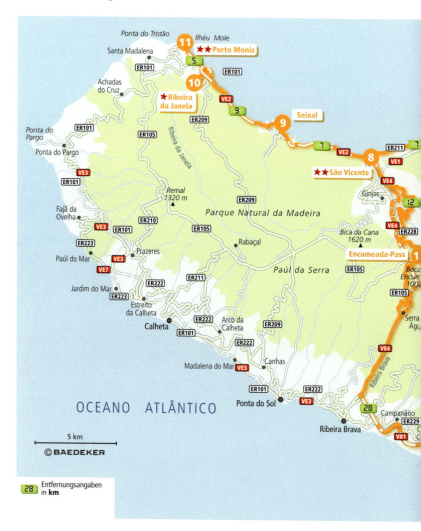

TOUREN
WILDE NORDKÜSTE

Wählt man auf dem Rückweg von der Nordküste konsequent die Tunnelstrecke und auch den Encumeada-Tunnel, fährt man in verblüffenden 50 Minuten vom äußersten Nordwesten zurück nach Funchal – was noch vor zwei Jahrzehnten undenkbar war, als es über kurvige schmale Straßen fast eine Tagesreise aus der Hauptstadt nach Porto

Ein Ziel, zwei Wege

TOUREN
KÜSTENIMPRESSIONEN IM NORDEN

Moniz war und der beliebte Badeort ein echtes, relativ weit entferntes Ferienziel für die Hauptstädter darstellte. Wenn man Zeit für die Rückfahrt hat, lohnt es sich aber, in São Vicente auf die Passstraße zum ⑫ **Encumeada-Pass** abzubiegen, von dem sich bei gutem Wetter spektakuläre Aussichten zur Nord- und zur Südseite bieten.

KÜSTENIMPRESSIONEN IM NORDEN

Wanderung | **Start:** Hotel Quinta do Furão, Santana | **Ziel:** São Jorge | **Dauer:** einfach ca. 2 Stunden | **Länge:** einfach ca. 7 km | **Tourprofil:** ca. 300 m Höhenunterschied (auf und ab) | **Ausrüstung:** Wanderschuhe, Windjacke, Sonnenschutz, evtl. Badesachen, Wasser

Wenn die Hochgebirgslandschaft wolkenverhangen als Wandergebiet ausscheidet, bieten »niedrige« Küstenwege gute Alternativen. Einen besonders schönen und gut erhaltenen Abschnitt finden Sie zwischen Santana und São Jorge: Entlang der rauen Nordküste geht es in vielen steilen Serpentinen auf und ab über alte Pflasterwege – hinunter zum Meer und wieder hinauf.

Sportliche Wanderung auf historischen Pflasterwegen

Stellen Sie Ihren Mietwagen am **Hotel Quinta do Furão** ab und spazieren Sie über das Hotelgelände, an der Bar vorbei zur Steilküste. Hier gibt es die erste spektakuläre Aussicht: die schroffe Küste in Richtung Osten bis zum Adlerfels und zur Ponta de São Lourenço im Hintergrund. Sie halten sich aber nun in die entgegengesetzte Richtung, immer an der Steilkante entlang. Links von Ihnen wächst Wein, rechts geht es – hinter der bewachsenen Böschung – 300 m hinab zum Meer. Nach etwa zehn Minuten endet der Pfad auf einer asphaltierten Straße, der Sie ein paar Meter folgen. Achten Sie auf die Abzweigung zum Pflasterweg, der in einem spitzen rechten Winkel von dieser Straße abbiegt! Nun geht es in vielen Serpentinen über alte Pflastersteine hinab, bis Sie den Talgrund des Flusses Ribeira de São Jorge erreichen. Hier gibt es ein Freibad mit Café und Toiletten. Nach einer kurzen Verschnaufpause überqueren Sie die Brücke und halten sich rechts in Richtung Kiesstrand.

Der Weg führt nun an ein paar verlassenen Steinhäusern vorbei; einen von links oben kommenden Pflasterweg ignorieren Sie – es geht zunächst noch weiter am Meer entlang. Vor Ihnen liegt an der weit ins Meer reichenden Felszunge, dem »Calhau«, die alte Bootsanlegestelle von São Jorge, deren Spitze nur über eine abenteuerliche Stegkon-

TOURN
AM GRÜNEN HANG DER HOCHEBENE

struktion zu erreichen ist. Kurz vor diesen alten Kaianlagen biegen Sie nach links ab, der Pflasterweg führt nun wieder in vielen Kehren hinauf, bis Sie eine Dorfstraße erreichen. Hier halten Sie sich links, bis Sie an einem Picknickplatz und dem sympathischen **Café Cabo Aéreo** angekommen sind. An dieser Stelle befand sich einst ein »fio«, ein Transportkabel, mit dem Waren zum Verschiffen hinunter zum Meer transportiert wurden. Nehmen Sie nun vom Picknickgelände aus die linke, steilere Straße nach oben, die am Friedhof von São Jorge vorbeiführt. Über die Dorfstraße gelangen Sie so zur beeindruckenden Barockkirche des Ortes.

Hier können Sie im urigen Restaurant Casa da Palha neue Energie tanken. Um zurück **zum Ausgangspunkt** zu gelangen, lassen Sie sich entweder hier im Café ein Taxi kommen oder Sie nehmen einen der Busse, die nach Santana fahren.

AM GRÜNEN HANG DER HOCHEBENE

Wanderung | Start und Ziel: Wanderparkplatz Rabaçal (ER105) | **Dauer:** hin & zurück ca. 2,5 Stunden | **Entfernung:** hin & zurück ca. 7 km | **Tourprofil:** ohne nennenswerte Höhenunterschiede, teilweise schmaler und steiniger Levadapfad, manchmal Schwindelfreiheit hilfreich, Rutschgefahr bei Nässe | **Ausrüstung:** Wanderschuhe, Sonnen- und Regenschutz, Wasser

Einen wunderbaren Eindruck vom Wanderparadies um Rabaçal am nördlichen Hang der Hochebene Paúl da Serra bekommen Sie auf dieser – bei schönem Wetter – einfachen Wanderung entlang der Levada do Alecrim. Dichter Lorbeerwald wechselt sich ab mit grandiosen Aussichten über das grüne Tal von Rabaçal und am Ende gibt's einen beeindruckenden Wasserfall zu bestaunen.

Vom Wanderparkplatz Rabaçal laufen Sie nicht den Asphaltweg zum Forsthaus, an dem die berühmten Wanderungen zum Risco-Wasserfall und zu den 25 Quellen beginnen, hinunter, sondern Sie bleiben in etwa auf der Höhe des Parkplatzes und wählen den Einstieg zur Levada do Alecrim. Er ist mit einem **Wanderschild** (»PR 6.2 – Madre da Levada do Alecrim«) markiert. Die 1953 angelegte Rosmarinlevada ist die höchste von heute vier Levadas im Rabaçal-Gebiet und hat den großen Vorteil, dass man nicht erst hinunter zum Forsthaus gehen oder mit Shuttlebus fahren muss, um mit der eigentlichen Wande-

Einfache Wanderung auf schmalem Levadaweg

rung zu beginnen. Nach etwa 15 Minuten überquert der Weg die namengebende Ribeira do Alecrim, deren Oberlauf sich im Zuge des Baus des riesigen Rückhaltebeckens am Pico da Urze deutlich verändert hat. Ungefähr zehn Minuten später rauscht Ihnen die Levada an einer schmalen Treppe rasant entgegen, hier geht es ein paar Meter bergauf.

Durch den Lorbeerwald zur Madre da Levada

Immer wieder sprudelt aus der Böschung rechts von Ihnen **Wasser** in die Levada. Vor allem in den regenreichen Monaten geht es feucht zu am Hang der Hochebene. Nach einer guten Stunde Wanderung erreichen Sie die Madre da Levada, schon von Weitem ist das Rauschen des Wassers zu hören. Im Tal der Ribeira do Lajedo speist ein Wasserfall die Levada do Alecrim: Wo die Levada beginnt, endet Ihr Weg und es geht zurück zum Ausgangspunkt.

Wer Lust auf eine **anspruchsvollere Tour** hat, kann etwa 15 Minuten nach der Umkehr den Weg rechts den Hang hinab in Richtung Lagoa do Vento, einem wunderschönen See mit noch imposanterem Wasserfall wählen. Bei Nässe ist dieser Abstieg sehr rutschig! Von dort aus gelangen Sie nach einem kurzen Wiederaufstieg durch den dichten Lorbeerwald zum Forsthaus von Rabaçal, wo Sie für das letzte Stück zurück zum Parkplatz den Shuttlebus nehmen können.

IM LORBEERWALD

Wanderung | **Start & Ziel:** Wanderparkplatz am Wasserwerk von Lamaceiros | **Dauer:** hin & zurück ca. 3,5 Stunden | **Länge:** hin & zurück ca. 13,5 km | **Tourprofil:** Es werden zwei Tunnel durchquert; bei Regen matschig und Steinschlaggefahr (besser bei schönem Wetter) | **Ausrüstung:** Wanderschuhe, Taschenlampe, Regenschutz

Tauchen Sie ein in den tiefgrünen und saftigen Lorbeerwald im Nordwesten Madeiras. Die gut zu gehende Levada da Ribeira da Janela führt Sie mitten hinein.

Einfache Wanderung auf schattigem Levadaweg

Ausgangspunkt ist der Wanderparkplatz am **Wasserwerk von Lamaceiros.** Hier finden Sie auch ein Café und Picknicktische. Bereits an der ER101 zwischen Porto Moniz und Santa sehen Sie Schilder, die Sie zur »Levada da Ribeira da Janela« weisen.

Die Levada führt anfangs an einem breiten Waldweg entlang, Sie gehen gegen die Fließrichtung. An einer Levada-Reinigungsstation können Sie sehen, wie viel Laub aus dem Wasser gefischt werden muss. Öffnet sich der dichte Wald, sehen Sie auf der gegenüberliegenden Talseite den Ort Ribeira da Janela. Es geht immer tiefer in das riesige

TOUREN
IM LORBEERWALD

Auch bei Nebel ein lohnendes Ziel: Herrlich verwunschen wirkt dann der Lorbeerwald bei Rabaçal.

Tal der Ribeira da Janela und in den **Lorbeerwald** hinein, die grün bewachsenen Felswände werden immer eindrucksvoller, die Farne immer größer.

Nach gut einer Stunde ist in einem engen Seitental der erste Tunnel erreicht. Auch wenn der Ausgang schon zu sehen ist: Eine Taschenlampe ist hilfreich. Nach etwa zehn Minuten sind Sie wieder draußen und stehen in einem atemberaubend schönen Seitental, in dem sich – vor allem im Winterhalbjahr – ein Wasserfall auf die Levada bzw. ein schützendes Wellblech ergießt. Kurz darauf schließt sich ein weiterer, kürzerer, aber gekrümmter Tunnel an. Nun gehen Sie noch ein paar wenige Kurven, bis Sie ein **Levada-Wärterhaus** erreichen. Von hier haben Sie einen herrlichen Ausblick in das obere Tal der Ribera da Janela bis hinauf nach Rabaçal.

Ein Weitergehen lohnt sich ab hier nicht mehr. Es gäbe noch eine Reihe weiterer Tunnel, doch am **Wasserhaus** ist eine gute Stelle zum Ausruhen und Umkehren. Zurück zum Parkplatz geht es nun auf demselben Wcg.

Z
ZIELE

Magisch, aufregend, einfach schön

Alle Reiseziele sind alphabetisch geordnet. Sie haben die Freiheit der Reiseplanung.

Prachtblüte im Botanischen Garten von Funchal ▶

ZIELE
CALHETA

★★ CALHETA

Höhe: 0 – 230 m ü. d. M. | **Einwohnerzahl:** 11 000

Ein bisschen verrückt ist es schon. Aber Hand aufs Herz: Er fühlt sich gut unter den Füßen an, der feine, gleichwohl importierte marokkanische Sand. Wenn dann noch – wie so oft – die Sonne scheint, könnte man fast vergessen, dass Madeira eigentlich kein richtiges Badeziel ist. Sollte es doch einmal regnen (aber nicht nur dann), wartet mit dem Museu de Arte Contemporânea eines der aufregendsten Museen von Madeira.

Badefreuden und Kunstgenuss

Weder Kosten noch Mühen hat man dafür gescheut. Rund 40 000 Kubikmeter heller Sand wurden eingeschifft, um die zwei vis-à-vis liegenden künstlichen Strände auf der Sonnenseite im Südwesten Madeiras aufzuschütten. So mag man seinen Augen nicht trauen, wenn man den Badebereich zum ersten Mal erblickt. Wie herrlich ist es erst, im Meerwasser – durch Molen vor den Atlantikwellen geschützt – ruhige Kreise zu ziehen, während im mondänen Jachthafen nebenan sanft die Segelmasten hin- und herwippen. Kaum mehr als einen Steinwurf entfernt thront abenteuerlich auf einer Klippe das Mudas – Museu de Arte Contemporânea da Madeira. Mit seiner zeitgenössischen Kunst spricht es gänzlich andere Sinne an.

Stolz thront das Kunst- und Kulturzentrum Mudas über der Küste von Calheta, unten locken am künstlichen Sandstrand unerwartete Badefreuden.

CALHETA

NEW ERA €€€
Bei einem Glas Wein oder Cocktail lassen Sie den Blick von der überdachten Terrasse über den Hafen schweifen. Serviert werden herrliche Grillspezialitäten und mediterrane Küche, bevorzugt aus saisonalen und regionalen Produkten. Ein Highlight sind die flambierten Fisch- oder Fleischgerichte, auch bei den Nachtischen gibt es heiße flambierte Kreationen. Besonders gelobt wird – zu Recht – das überaus freundliche Personal.
Avenida D. Manuel I, Porto Recreio, Loja 8, Calheta
Tel. 291 09 81 38

A POITA €€
Die Einheimischen stehen an der Theke, plaudern und trinken ihr Feierabendbier, hinten wird der fangfrische Fisch gegrillt – im A Poita kann es schon etwas rustikaler zugehen. Und auch wenn man es nicht glauben möchte, da das Lokal eher einer einfachen Snackbar gleicht: Hier können Sie hervorragenden Fisch essen!
Lombos, Madalena do Mar
Tel. 291 97 28 71

ATRIO ▶ S. 213

Strand und Jachthafen brachten den lang ersehnten Aufschwung nach Calheta, das nachweislich zu den ältesten Siedlungen auf Madeira zählt und bereits 1502 die Stadtrechte erhielt. João Gonçalves Zarco, der Entdecker Madeiras, soll hier große landwirtschaftliche Anbauflächen an seine Kinder vergeben haben. Später besaß Calheta einen eigenen Zollposten für Exportzucker. Mit dem Niedergang der madeirischen Zuckerindustrie verlor auch Calheta an Bedeutung.

Geschichte

❙ Wohin in Calheta?

Faszinierende Kunst in atemberaubender Lage
Das wichtigste Kunst- und Kulturzentrum der Insel balanciert kühn etwas oberhalb des Hauptorts Richtung Arco de Calheta auf einer zum Atlantik hin steil abfallenden Klippe. Gebaut wurde es in dieser fantastischen Lage 2004 vom madeirischen Architekten Paulo David, seit 2015 beherbergt es durch den Zusammenschluss der Casa das Mudas und des Museu de Arte Contemporânea der São-Tiago-Festung in Funchal **hochwertige Ausstellungen zeitgenössischer Kunst.** In dem modernen Bau aus lavagrauem Stein werden Werke portugiesischer Künstler ab etwa 1960 gezeigt. Nach dem Besuch des Museums genießen Sie einen Milchkaffee in der Cafeteria und die spektakuläre Aussicht hinunter zum Meer.
Estrada Simão Gonçalves da Câmara 37 | Di.– So. 10–17 Uhr | Eintritt: 4 €

Mudas

ZIELE
CALHETA

Arabisch anmutender Blickfang

Pfarrkirche

Die Pfarrkirche von Calheta, in ihren ältesten Teilen bereits um 1430 errichtet und 1639 grundlegend umgebaut, öffnet in der Regel jeden Tag außer am Montag ihre Tore. Im Inneren zieht die kunstvoll im Mudejarstil (▶ S. 174) gearbeitete **Holzdecke** die Blicke auf sich. Beachtung verdient auch ein von König Manuel I. gestiftetes Tabernakel aus Ebenholz mit Silbereinlegearbeiten.

Süße Geheimnisse

Zuckerfabrik

Neben der Kirche kann man ganzjährig und kostenlos eine alte Zuckerfabrik besichtigen. Während der etwa zweimonatigen Brennsai-

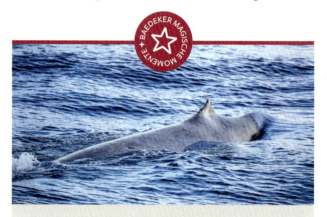

WALE BACKBORD

Es ist ein majestätisches Schauspiel. Scheinbar schwerelos gleitet ein mächtiger Pilotwal durch den Atlantik, taucht auf und schnappt Luft, bevor er seine Fluke in die Höhe streckt und wieder in den Tiefen des Meeres verschwindet. Nur wenige Momente später setzt ein Großer Tümmler zu einem seiner waghalsigen Sprünge an. Wenn die engagierten Naturschützer Claudia und Rafael Gomes mit ihrem liebevoll restaurierten Fischkutter »Ribeira Brava« zu einer Whale-Watching-Tour aufbrechen, stehen die Chancen sehr gut, Meeressäuger aus nächster Nähe bestaunen können zu (Lobosonda, Tel. 968 40 09 80, www.lobosonda.com).

son im April und Mai erklären die Mitarbeiter gerne auch die Herstellung des hochprozentigen Elixiers. Im kleinen Probierraum können Sie **Rum, Aguardente und Zuckersirup** probieren und erwerben. Auch eine kleine Bar gehört zu der Anlage.

Die zweite Zuckermühle am Strand ist nur noch eine Ruine, ihre alten Arbeitsgeräte sind in einer Art Freilichtmuseum zu sehen.

Rund um Calheta

Eine polnische Gründung?

Um den kleinen Ort Madalena do Mar rankt sich eine abenteuerliche **Legende,** soll er doch eine Gründung von Wladislaw III. von Polen aus dem Jahr 1457 sein. In der offiziellen Geschichtsschreibung heißt es zwar, Wladislaw sei in der Schlacht bei Warna 1444 gegen die Osmanen gefallen. Doch bis heute halten sich Berichte, er habe das Gemetzel überlebt und danach unter fremdem Namen gelebt. Sein Gelübde, eine Pilgerreise zu unternehmen, brachte ihn auch nach Madeira, wo er von João Gonçalves Zarco umfangreiche Latifundien, darunter den heutigen Ort Madalena do Mar, erhalten haben soll. Bei der Bevölkerung wurde der Fremdling seiner unbekannten Herkunft wegen Henrique Alemão (Heinrich der Deutsche) genannt. In der Krypta der kleinen Dorfkirche Santa Catarina ist er angeblich begraben.

Madalena do Mar

Madalenas **Badestelle** am westlichen Ortsende, kurz vor dem Tunnel, erhielt ein Lifting mit neuer Snack-Zeile und Sonnenzone.

★ CAMACHA

Höhe: ca. 715 m ü. d. M. | **Einwohnerzahl:** 7500

Der Name »Korbflechterei« trifft es eigentlich nur unzureichend, denn Körbe sind bei Weitem nicht die einzigen, mitunter verblüffenden Produkte, die in der höchstgelegenen Gemeinde Madeiras aus den hier allgegenwärtigen »vimes« – Weidenruten – entstehen. Schauen Sie den Korbflechtern über die Schulter, wenn sie das Rohmaterial gekonnt zu robusten Möbeln oder auch allerlei Deko-Kitsch verarbeiten.

Hier bekommen Sie einen Korb!

Die Korbwaren werden oft in mühseliger und wenig lukrativer Heimarbeit angefertigt. Viele Einwohner des Bergdörfchens haben in irgendeiner Weise mit diesem Gewerbe zu tun, das schon seit dem

CAMACHA

ABRIGO DO PASTOR €€
Ein Bergrestaurant wie aus dem Bilderbuch! Kaminfeuer, dunkle Balken und Basaltsteine sorgen für eine anheimelnde Atmosphäre, serviert werden deftige Gerichte wie geschmortes Kaninchen, Zicklein-Schmortopf oder die reichhaltige Weizensuppe. Das urige Lokal liegt etwa 5 km nordwestlich von Camacha an der ER110 und ist ein idealer Einkehrort nach einer Wandertour in den Bergen.
Di. geschl., Tel. 291 92 20 60
www.abrigodopastor.com

16. Jh. eine Rolle auf Madeira spielte, vor allem aber durch englische Kaufleute, die sich im 19. Jh. auf Madeira ansiedelten, erst so richtig angekurbelt wurde.

❘ Wohin in Camacha?

Kunsthandwerk hautnah

Café Relógio

Heute befinden sich im berühmten Café Relógio am Dorfplatz die Verkaufsräume der **größten Korbwarenkooperative von Madeira.** Ihre Produkte werden in alle Welt verschickt. Was aus Weidenruten alles entstehen kann, erleben Sie in der Schauwerkstatt. Hier wird noch jedes Stück traditionell von Hand gearbeitet und ist ein Unikat – neben den unterschiedlichsten Gebrauchsgegenständen ist ein ganzer Zoo aus geflochtenem Korb ausgestellt. Auch sonst wird Tradition hier großgeschrieben. Der auffällige Uhrenturm des Cafés, dessen Zeitmesser aus der Pfarrkirche des Liverpooler Stadtteils Walton stammt, schmückt seit 1896 das Anwesen. Es war früher der repräsentative Wohnsitz der britischen Familie Grabham.

Neben dem Café Relógio befindet sich ein wunderschöner **Aussichtspunkt,** von dem man in Richtung Südküste und Ilhas Desertas blicken kann.

Korbladen und Schauwerkstatt: tgl. 9–18 Uhr

Der älteste Fußballplatz Portugals

Largo da Achada

Recht unauffällig und schlicht sind die restlichen Häuser an Camachas Dorfplatz, dem Largo da Achada. In der Platzmitte erinnert eine Gedenktafel an ein Fußballspiel, das 1875 auf Madeira stattfand – es war das **erste Fußballspiel in Portugal** überhaupt. Dem Sohn der englischen Weinhändlerfamilie Hinton wird das Verdienst zugeschrieben, das Spiel initiiert und so die große Tradition des portugiesischen Fußballs begründet zu haben. Darauf sind die Madeirer ebenso stolz wie natürlich auf ihren mehrfachen Weltfußballer Cristiano Ronaldo.

ZIELE
CÂMARA DE LOBOS

Ein Casino als Dorfkapelle?
Die Einwohner Camachas bezeichnen ihre Kirche scherzhaft gerne als Casino. In der Tat sieht das 1997 geweihte Gotteshaus dem **Dornenkronenbaustil** Oscar Niemayers, der in den 1970er-Jahren das Casino von Funchal baute, entfernt ähnlich. Im modern gestalteten Innenraum sehen Sie sieben dunkle Holzbalken, die sich im Altar vereinen und das zeltartige Gebäude stützen. Sie symbolisieren die sieben Sakramente. Der Neubau der Kirche wurde nötig, weil die Dorfkapelle am Largo da Achada nicht nur zu klein, sondern auch baufällig wurde.

Pfarrkirche

Igreja Paroquial da Camacha, Sítio da Igreja | Di.-So. 9-17 Uhr

★★ CÂMARA DE LOBOS

Höhe: 0 - 205 m ü. d. M. | Einwohnerzahl: 34 000

Es liegt Salz in der Luft. Bunte Schiffchen, auf denen oft entgrätete Fische in der Sonne trocknen, sprenkeln die von schwarzen Lavazungen gesäumte Bucht, enge Gassen schlängeln sich um die Felsen der Altstadt, knorrige alte Fischer gehen ihrem Tagwerk nach oder träumen in urigen Kneipen von besseren Zeiten. Wer auf Madeira das Idyll eines Fischerdorfs sucht, findet es sicher am Hafen von Câmara de Lobos.

E7

Zwar sind die goldenen Zeiten von Câmara de Lobos, dem traditionellen Zentrum der einheimischen Fischerei, vorbei. Einst wurde vor allem der Schwarze Degenfisch (▶ S. 20) nachts aus Tiefen von mehr als 800 m geangelt – inzwischen aber geht der Fischfang langsam zurück bzw. wird zunehmend von größeren Flotten übernommen, deren Fischer nicht mehr aus Câmara de Lobos selbst stammen. Mit all den Schattenseiten, die ein solches Los mit sich bringt: Schon am Vormittag sitzen arbeitslose Männer in Tavernen statt in ihren Booten. Gleichwohl hat die Stadt ihren Ruf, sozialer Brennpunkt der Insel zu sein, teils schon wieder abgelegt – nicht zuletzt weil Touristen das bereits 1420 von João Gonçalves Zarco gegründete Örtchen für sich entdeckt haben. Lassen Sie also den Alltag des Fischerdorfs auf sich wirken, während Sie an einer Poncha (▶ S. 206) nippen, die in Câmara de Lobos besonders mundet.

Die Tiere, denen der Ort seinen Namen verdankt, werden Sie bedauerlicherweise kaum zu Gesicht bekommen. **Mönchsrobben** (port.: »lobos marinhos« = Meerwölfe) bevölkerten einst die hiesige Bucht und stehen heute in abgeschotteten Zonen unter Schutz (▶ Baedeker Wissen S. 58).

CÂMARA DE LOBOS

AS VIDES €€–€€€

Das versteckt liegende und recht verwinkelte Restaurant gehört zu den ältesten und authentischsten der Insel – hier werden seit 1950 im Familienbetrieb Rindfleischspieße gegrillt. Es liegt in einer kleinen Gasse hinter der Kirche von Estreito de Câmara de Lobos und ist nicht ganz einfach zu finden. Bevor Sie umherirren: Fragen Sie am besten die Einheimischen, denn hier kennt jeder dieses beliebte Lokal!
Rua da Achada 17
Estreito de Câmara de Lobos
Tel. 291 94 53 22

CORAL €€

Das moderne Gebäude steht direkt auf den Felsklippen an der neu gestalteten Uferfront von Câmara de Lobos. Von der großen Esplanade haben Sie einen fantastischen Blick auf den Atlantik – vor allem zum Sonnenuntergang der perfekte Spot! Serviert werden Fischgerichte aller Art. Besonders empfehlenswert sind die gegrillten fangfrischen Fische.
Praça da Autonomia
Câmara de Lobos
Tel. 291 09 82 84

Pestana Churchill Bay
▶ S. 214

▍Wohin in Câmara de Lobos?

Hübsch zum Schlendern

Altstadt Die sympathische Altstadt mit ihren verwinkelten Gassen und Plätzen zieht sich über einen Felsrücken, der als **Ilhéu** (Inselchen) bezeichnet wird. Unterhalb des Ilhéu-Felsens führt ein Promenadenweg am Meer entlang.

Wo sich schon Winston Churchill inspirieren ließ

Hafen Unten im Hafen liegen viele bunte Fischerboote, die einst auf der kleinen Werft noch in traditioneller Manier gebaut wurden. Auch der **Nachbau des Kolumbus-Schiffes Santa Maria** wurde hier Ende der 1990er-Jahre hergestellt; es fuhr zur Expo '98 nach Lissabon und ist heute eine beliebte Touristenattraktion. Das Schiff liegt im Hafen von Funchal und wird für Rundtouren genutzt. Den besten Blick über die Hafenbucht hat man von der Stelle oberhalb der Werft. Hier können Sie es Winston Churchill gleichtun und eine der schönsten Szenerien Madeiras genießen: Eine Gedenktafel erinnert daran, dass der berühmte englische Staatsmann im Winter 1949/50 hier saß und das Panorama gleich in mehreren Gemälden festhielt. Östlich der Hafenbucht entstanden der neue Badekomplex, die **Piscinas das Salinas**, und eine hübsche Promenade, die bis nach Funchal führt.

ZIELE
CÂMARA DE LOBOS

Klein, aber oho
Unten am Hafen steht die äußerlich recht unscheinbare Kapelle Nossa Senhora da Conceição. Sie wurde 1702 an der Stelle der ersten von Zarco auf der Insel errichteten Kapelle erbaut. Dass diese **Bruderschaftskapelle** eine wichtige Rolle für die Fischer des Ortes spielte, zeigen die Wandgemälde. Es sind Szenen des von den portugiesischen Seefahrern besonders verehrten Schutzpatrons São Pedro Telmo zu sehen. Aber auch der schöne Hochaltar mit reich vergoldeter Holzschnitzerei lohnt einen genaueren Blick.

Capela Nossa Senhora da Conceição

Barockverzierter Kirchen-Oldie
Im höher liegenden Westen der Altstadt steht beim nahezu kreisrunden Largo da República eines der ältesten Gotteshäuser der Insel. Die Pfarrkirche São Sebastião stammt in Teilen noch aus der Zeit um 1430, bekam allerdings im 18. Jh. ein neues barockes Gesicht mit prächtigem, teilweise vergoldetem Holzschnitzwerk. Die Wände sind geschmückt mit kunstvollen **Azulejo-Bildern.**

Igreja de São Sebastião

Drucksache
Einen Gegenpol zum traditionellen Fischeridyll bildet das moderne, architektonisch interessante und geschmackvoll gestaltete Museu de Imprensa Madeira, das sich der **Geschichte der Druckkunst** widmet und u. a. alte Druckmaschinen zeigt. In dem jungen Museum fand auch schon ein Literaturfestival statt.
Av. da Autonomia 3 | Mo.–Fr. 10–17 Uhr | Eintritt: 3 Euro

Museu de Imprensa Madeira

Ein bisschen gruselig wirkt es schon, wenn die Fische in der Sonne trocknen.

RETTUNG IN SICHT? NACHWUCHS BEI DEN MÖNCHSROBBEN

In einer Bucht von Madeira stießen die ersten Siedler 1419 auf Tausende von Mönchsrobben – portugiesisch »lobos marinhos« – und nannten diese Küste »Câmara do Lobos«. 600 Jahre später hat sich das Bild gründlich gewandelt.

Nicht nur auf dem Madeira-Archipel, sondern auf der ganzen Welt sind die Mönchsrobben vom Aussterben bedroht. Die Regionalregierung von Madeira ergriff 1988 Maßnahmen, um die letzten 6 bis 8 Mönchsrobben zu retten. Ende 2001 gab es erste erfreuliche Nachrichten von den Ilhas Desertas: Drei Mönchsrobbenbabys mit einem Gewicht zwischen 15 und 25 kg und einer Länge von 80 bis 90 cm wurden geboren. Dies lässt hoffen, dass wenigstens die mittlerweile gut **30-köpfige Population** von Madeira überleben wird.

Stark gefährdet

Insgesamt haben von der **Mittelmeer-Mönchsrobbe,** zu der auch die Population im angrenzenden Atlantik gezählt wird, nur gut 350 bis 450 Exemplare überlebt. Die größten Populationen leben an griechischen und türkischen Küstenabschnitten. Vor wenigen Jahrzehnten waren es noch etwa 5000 Tiere. Früher wurden die Säugetiere hauptsächlich wegen ihres Specks, ihres Fleisches und ihrer Haut getötet, die zu Leder verarbeitet wurde. Manche Produkte boten zweifelhafte Nutzen: Robbenleder-Schuhe sollten gegen Gicht helfen, die rechte Flosse einer Mönchsrobbe unterm Kopfkissen gegen Schlaflosigkeit und ein Zelt aus Robbenleder gegen Blitzschlag. Trotzdem war ihr Bestand nie ernsthaft gefährdet. Dafür sorgten erst die Umweltverschmutzung und die intensive Fischerei.

Lange betrachteten Fischer Robben als Konkurrenten, die die Fische wegfressen und die Netze zerstören. Die Robben sterben in den nicht für sie gedachten Fischernetzen und leiden durch die Überfischung an Nahrungsmangel, wie Funde von unterernährten und an Osteoporose verendeten Tieren im Mittelmeer beweisen.

Der »Mönch«

Die Mittelmeer-Mönchsrobbe ist eine **mittelgroße Robbe.** Erwachsene Tiere können bis zu 35 Jahre alt werden, ein Gewicht von bis zu 400 kg und eine Länge von bis zu 3 m erreichen.

Drei Erklärungen gibt es für ihren Namen: Die Oberseite der Tiere ist einfarbig braun, was an eine Mönchskutte erinnert. Die Männchen entwickeln eine ordentliche Fettschicht am Hals, ein wahres Doppelkinn; wenn sie sich aufrichten, bilden sich am Hals Hautfalten, die der Ordenstracht von Franziskanermönchen ähneln. Und schließlich unternehmen Mönchsrobben im Gegensatz zu vielen anderen Robbenarten keine Wanderungen, sondern leben am liebsten – wie mönchische Eremiten – an abgelegenen, **schwer zugänglichen Orten.** Ruhe und Zuflucht suchen sie gerne in Höhlen und Grotten.

Die Weltnaturschutzunion (IUCN) beziffert den Bestand der stark vom Aussterben bedrohten Mittelmeer-Mönchsrobben derzeit auf nur noch rund 350 bis 450 Tiere.

Problem Mensch

Die **fatale Ortstreue** der Mönchsrobben hat auch zur Folge, dass die Tiere durch menschliche Störungen besonders gefährdet sind. Durch die Verbauung der Küsten und den wachsenden Freizeitbetrieb am Wasser bleibt den Tieren inzwischen kaum noch ein ruhiger geschützter Platz, wo sie ihre Jungen aufziehen können. Wie Studien einwandfrei ergeben haben, führen schon zufällige Begegnungen mit Badenden, Surfern oder Sporttauchern schnell dazu, dass die Robben ihre Jungen allein zurücklassen und diese dann kläglich sterben – ebenfalls ein wesentlicher Grund für die Abnahme der Mönchsrobben-Bestände.

Schutzzonen

Um den weiteren Bestand der noch vorhandenen Tiere zu gewährleisten bzw. auszubauen, ließ die Regionalregierung Madeiras 1990 auf den **Ilhas Desertas** eine Schutzzone einrichten. Die Inseln dürfen nur von Wissenschaftlern mit Sondergenehmigung betreten werden; das Gelände wird zudem streng überwacht.
Damit sich die Mönchsrobben nicht in Netzen verfangen und dort elendiglich verenden, wurden in allen Küstenbereichen neue **Stellnetze verboten** und alte entfernt. Inzwischen leben auch vor der zur Ponta de São Lourenço gehörenden Insel Ihéu dos Desembarcadouros wieder Mönchsrobben.

BAEDEKER ÜBERRASCHENDES

6x
EINFACH UNBEZAHLBAR

Erlebnisse, die für Geld nicht zu bekommen sind

1.
SCHWINDELFREI
Die atemberaubende **Aussichtsplattform** am Cabo Girão, der sogenannte Skywalk, kostet bisher noch keinen Eintritt, obwohl es sich um eine der höchsten Steilklippen der Welt handelt. (▶ **Cabo Girão, S. 61**)

2.
FARBENFROH
In der Inselhauptstadt gibt es so manchen gut gepflegten Park mit bunter **Blütenpracht**. Besonders schön ist der »Gemeindegarten« im Herzen der Innenstadt. (▶ **Jardim Municipal, Funchal, S. 79**)

3.
HISTORISCH
Studierende führen (sogar auf Deutsch) durch die Gemäuer eines ehemaligen Jesuitenklosters – sie nehmen dafür keinen Eintritt, sondern **nur Spenden** für einen Studierendenfond. (▶ **Igreja do Colégio, Funchal, S. 85**)

4.
WEGWEISEND
Der Leuchtturm Ponta do Pargo weist nicht nur den Schiffen **gen Westen** den Weg, in seinem Inneren gibt es auch eine kleine kostenlose Fotoausstellung über die Leuchttürme Madeiras. (▶ **Ponta do Pargo, S. 117**)

5.
ZUCKERSÜSS
Die Zuckermühle in Porto da Cruz hat ihre Tore immer geöffnet, egal ob gerade Zuckerrohr gemahlen oder **Aguardente** (Zuckerrohrschnaps) gebrannt wird. (▶ **Porto da Cruz, S. 122**)

6.
DRAMATISCH
Im Sommer, wenn spielfreie Zeit ist, öffnet das neoklassizistische **Stadttheater** von Funchal für Besucherinnen und Besucher seine Türen. (▶ **Teatro Municipal, Funchal, S. 79**)

ZIELE
CÂMARA DE LOBOS

❙ Rund um Câmara de Lobos

Alles im Blick
Sehr lohnend ist der **Ausblick** über die Stadt und die Hafenbucht vom Pico das Torres (205 m ü. d. M.) nordöstlich oberhalb der Stadt. Doch seien Sie umsichtig, hier ist es schon öfters zu Überfällen durch einheimische Kleinkriminelle gekommen. — Pico das Torres

Wein, Wandern und mehr
Estreito de Câmara de Lobos liegt oberhalb von Câmara de Lobos auf ca. 500 m ü. d. M. und ist vor allem für seinen **ausgezeichneten Wein** bekannt. Er wird zur Lesezeit im Herbst mit einem mehrtägigen Weinfest gefeiert. Mit seinen Darbietungen und Weinproben ist es längst eine überregional bekannte Attraktion. Auch der Sonntagsmarkt im Ortszentrum lockt Madeirer teilweise von weit her an.
Von Estreito de Câmara de Lobos führt eine Seitenstraße 4 km nördlich nach **Jardim da Serra** (750 m ü. d. M.) und weiter zur Boca dos Namorados mit schöner Aussicht und guten Wandermöglichkeiten, z. B. hinunter ins Nonnental oder hinauf zum **Pico Grande**. — Estreito de Câmara de Lobos

 Fajã dos Padres

Kein Rummel, kein Stress, keine Eile
Madeiras jüngste **Seilbahn** führt hinunter in ein kleines Paradies: Die Fajã dos Padres ist ebenso wie die Fajã do Cabo Girão eine Schwemmfläche am Küstensaum, abgelegen und nur per Boot, steilem Abstieg oder eben per »Teleférico« zu erreichen. — Teleferico
Unten streifen Sie durch weinberankte Pergolas, vorbei an üppigen Feldern mit exotischen Früchten wie Pitangas oder Mangos, ein paar einsamen Ferienhäuschen und einem langen Kieselstrand. Über einen Betonsteg am sympathischen **Restaurant** gelangen Sie kinderleicht ins verlockend türkisfarbene Wasser. Schnorchel und Taucherbrille nicht vergessen – hier gibt es viele bunte Fische! Apropos Fisch: Den bekommen Sie auch im Restaurant serviert, ebenso wie einen köstlichen Käsekuchen mit Pitanga-Pürree.
Seilbahnstation Fajã dos Padres, Rua Padre António Dinis Henriques, Quinta Grande | tgl. 10-18 Uhr, im Sommer 10-19 Uhr | Hin- und Rückfahrt 10 € | www.fajadospadres.com

 Cabo Girão

Ein Glasboden für Mutige
Schon aus der Ferne wirkt das riesige Cabo Girão, westlich von Câmara de Lobos, fast ein wenig bedrohlich. Die ersten Seefahrer, die — Gläserner Ausblick

ZIELE
CANIÇAL

Madeira erkundeten, waren sich daher sicher: Hier, am »Kap der Umkehr«, muss die Welt zu Ende sein. Heute bietet die **fast 600 m hohe Klippe** eine phänomenale Aussicht. Aber nur wer sich auf die gläserne Plattform traut, genießt das ganze Panorama!
Etwa 4 km hinter Estreito de Câmara de Lobos zweigt eine Straße links ab zum spektakulären **Sky Walk.** Auf einer mehrere Zentimeter dicken Glasscheibe schweben Sie förmlich über Terrassenfeldern in 580 m Tiefe – Schwindelfreiheit vorausgesetzt! Auch die Aussicht in Richtung Câmara de Lobos und Funchal ist bei schönem Wetter atemberaubend. Kein Wunder, handelt es sich bei dieser Steilküste doch um eine der höchsten Europas.
In der Nähe des Cabo Girão verbindet eine ursprünglich als Transportmittel für die Bauern errichtete Seilbahn (5 €) den Ort Rancho mit den Feldern am Küstensaum. An der Seilbahnstation zur **Fajã do Cabo Girão** gibt es ein kleines Lokal mit Aussichtsterrasse.

CANIÇAL

Höhe: 0 – 50 m ü. d. M. | **Einwohnerzahl:** 4000

Tauchen Sie ein in die wundersame Welt der Wale! In dem einstigen Walfängerort wartet heute das sehenswerte Walmuseum mit spannenden Geschichten über das Leben der sanften Meeresriesen auf. Sie erfahren auch, wie in den Zeiten des Walfangs Jagd auf sie gemacht wurde.

Diese Zeiten sind noch gar nicht allzu lange her: Jahrzehntelang lebte das Dorf im Osten Madeiras von der Pottwaljagd und der Verarbeitung des Specks zu Öl und der Knochen zu Tiermehl. Doch dieser Wirtschaftszweig wurde immer unrentabler, synthetische Öle wurden günstiger, der Tierschutz wichtiger. So gab man den Walfang 1981 auf. Eine Freihandelszone mit Handelshafen und eine große Reparaturwerft sollten die Lücke füllen, ein Badekomplex entstand am westlichen Ende der Promenddade. Doch noch immer dreht sich vieles um die Wale – nun als Lebewesen, die es zu schützen gilt.

▌ Wohin in Caniçal?

Die Welt der Wale

Museu da Baleia
Seit 1990 erinnert das **Walmuseum** an die Vergangenheit des Ortes. Nach kleinen Anfängen im einstigen Walfängerbüro im Ortszentrum

ZIELE
CANIÇAL

Madeirisches Unikat: Nahe Caniçal rauscht die Brandung an den einzigen natürlichen Sandstrand der Hauptinsel heran.

ist die Sammlung nun in einem modernen Bau am Ortsrand beheimatet. Das Museum bringt Besuchern und Besucherinnen mithilfe von Audiogeräten, Filmen und interaktiven Exponaten die Welt der Wale näher und macht deutlich, welchen Stellenwert die Meeressäuger für das Leben der Insulaner im Lauf der Jahrhunderte hatten.
Rua Garcia Moniz 1 | Di.-So. 10.30-18 Uhr | Eintritt: 10 € | www.museudabaleia.org

Aussichtsreiche Marienkapelle
Östlich von Caniçal steht auf einem gut zu erklimmenden Vulkankegel die Capela da Senhora da Piedade. Sie ist an jedem dritten Wochenende im September Ziel einer eindrucksvollen Wasserprozession. Ein in der Kapelle aufbewahrtes **Marienbildnis** aus dem 16. Jh., entstanden wohl im Atelier eines flämischen Meisters, wird nach Caniçal getragen und in einer festlichen Bootsprozession entlang der Küste in die Kapelle zurückbegleitet.

Capela da Senhora da Piedade

ZIELE
CANIÇO

CANIÇAL

CABRESTANTE €–€€
Caniçal ist inselweit berühmt für seine hervorragenden, aber günstigen Fischrestaurants. Ausgesprochenen Luxus finden Sie hier nicht. Doch ins Cabrestante kommen die Einheimischen gerne, wenn sie einen besonderen Anlass haben oder es etwas »schicker« sein soll. Eine hausgemachte Limonade zum Tintenfischragout, dazu der Blick von der Terrasse über Hafen und Meer – wunderbar!

Rua da Pedra da Eira 18
Sítio do Serrado da Igreja
Tel. 291 60 50 22

MURALHA'S BAR €
Hier stehen die Leute an Sommerabenden Schlange, um die schmackhaften Petiscos zu verspeisen: Man teilt sich mit Freunden verschiedene Gerichte, »pickt« sich durch die Muscheln und Garnelen und wundert sich am Ende über die kleine Rechnung.
Sítio da Banda do Silva
Tel. 291 96 14 68

Sandige Rarität

Badestrand von Prainha — Am Fuß des Kapellenhügels wartet eine Besonderheit der Insel: Der bei Einheimischen sehr beliebte kleine Badestrand Prainha ist fast der **einzige natürliche Sandstrand Madeiras.**

★★ CANIÇO

Höhe: 25 – 350 m ü. d. M. | Einwohnerzahl: 24 000

In der Ferne zieht majestätisch ein Kreuzfahrtdampfer vorbei, majestätisch sind auch die Aussicht und die Christusstatue, zu deren Füßen Sie stehen, während Ihnen an der Ponta do Garajau der Wind das Haar zersaust. Nur eine Frage drängt sich auf: Original oder Kopie? Sie ist schnell beantwortet. Tatsächlich ist Caniços Cristo Rei einige Jährchen älter als der ungleich berühmtere Cristo Redentor von Rio de Janeiro.

Mauerblümchen mit Historie

Cristo Rei breitet schützend seine Arme über die zuletzt rapide gewachsene Gemeinde Caniço aus. Sie liegt wenige Kilometer östlich von Funchal zu beiden Seiten des gleichnamigen Flüsschens. So unscheinbar der Ort wirkt, so bedeutsam war er einst: Er trennte die beiden Verwaltungsbezirke, in die Madeira in den Anfängen der portugiesischen Besiedlung aufgeteilt war. Dadurch gab es in Caniço einst zwei Kirchenbezirke und selbstredend auch zwei Kirchen: am linken Flussufer die Heilig-Geist-Kirche, am rechten die des heiligen Antonius.

ZIELE
CANIÇO

▍ Wohin in Caniço?

Treffpunkt Dorfplatz
Davon zeugt heute noch die Pfarrkirche: Über deren Portal befindet sich der Hinweis, dass sie dem Heiligen Geist und dem heiligen Antonius geweiht ist. Sie steht an dem mit einem schönen **Mosaik** gepflasterten Dorfplatz, einem beliebten Treffpunkt der Einheimischen. Die beiden Kirchenbezirke wurden übrigens schon im 15. Jh. vereint, die baufällig gewordenen Kirchen riss man aber erst im 18. Jh. ab. Zu dieser Zeit entstand auch das neue Gotteshaus. Ebenfalls am Dorfplatz steht die **manuelinische Kapelle** Madre de Deus aus dem 16. Jahrhundert.

Pfarrkirche

Herrenhaus mit Gartenparadies
Am südlichen Dorfrand wurde die ehemalige Quinta Splendida mit viel Geschmack in ein Wellnesshotel umgebaut. In dem früheren Herrenhaus logiert heute ein mit zahlreichen Antiquitäten ausgestattetes **Feinschmeckerlokal.** Einen Augenschmaus bietet hingegen der prächtige, schön angelegte Park, der offiziell als botanischer Garten anerkannt ist.

Quinta Splendida

Was der Urlauberin Herz begehrt
Die Nähe zu Funchal und gut zugängliche Badestellen an der felsigen Küste haben dafür gesorgt, dass sich das einstige »Zwiebeldorf« Caniço zum **zweitwichtigsten Hotelstandort Madeiras** entwickelt hat.

Caniço de Baixo

CANIÇO

VISTA D'ANTÓNIO €€–€€€
Die Aussicht des Wirts António hoch oben über Caniço ist tatsächlich ziemlich gut, doch wenn Sie in diesem alteingesessenen Grillrestaurant sitzen und die hervorragenden Fleischspieße oder Rippchen genießen, ist selbst die Aussicht vergessen. António ist ein Spaßvogel – und ein Weinliebhaber: So eine erlesene Weinauswahl findet man auf Madeira nicht an jeder Ecke.
So geschl.,
Estrada Engenheiro
Abel Viera 77
Tel. 968 17 22 70

NOVA ONDA €
Sie sitzen auf der Terrasse an der Praia dos Reis Magos (zugegebenermaßen auf Plastikstühlen), schauen genüsslich aufs Meer hinaus, schlürfen Ihre Poncha und denken: Ach, geht's uns gut! Sie haben recht. Hier gibt es feine hausgemachte Kuchen, kleine Snacks und leckere Petiscos, und das Ganze auch noch zu für diese Lage untypisch günstigen Preisen. Gönnen Sie sich diesen Genuss.
Di. geschl.
Caminho Velho dos Reis
Magos 99, Caniço de Baixo,
Tel. 291 93 40 94

ZIELE
CANIÇO

Nicht ganz so groß, aber älter als der Cristo Rei von Rio ist der Christus von Caniço.

Das gilt vor allem für den Ortsteil Caniço de Baixo 3 km südlich des Dorfkerns. Hier haben sich seit den späten 1960er-Jahren mehrere Hotels angesiedelt, die besonders bei deutschen Urlaubern beliebt sind. Es gibt zahlreiche Einkehrmöglichkeiten und Meereszugänge.
Die in den Fels gebauten **Meeresbadeanlagen Rocamar und Galomar** mit Tauchmöglichkeit sind nicht nur Hotelgästen, sondern (gegen einen kleinen Eintrittspreis) auch der Öffentlichkeit zugänglich. Am Ostende des Ortes erstreckt sich der graue Kieselstrand von Reis Magos mit einer Uferpromenade und mehreren Hotelbauten.

Pionierin unter den Christusstatuen

Ponta do Garajau

Von Caniço de Baixo führt in Richtung Westen eine moderne Straße zur Ponta do Garajau und der 1927 errichteten Statue **Cristo Rei.** Rund 14 m ist sie hoch und damit vergleichsweise klein. Doch was heißt schon klein? Immerhin gilt sie als Pionierin unter den Christusstatuen weltweit – vier Jahre vor dem Cristo Redentor von Rio de Janeiro wurde sie eingeweiht, Lissabons Cristo Rei entstand erst in den späten 1950er-Jahren, viele weitere in den Neunzigern. So gesehen setzten also die Finanziers, ein madeirisches Anwaltsehepaar, und die französischen Künstler Georges Serraz und Pierre Charles Lenoir Maßstäbe. Wer sich Funchal vom Meer aus nähert, wird von den ausgestreckten Armen der Betonfigur empfangen.
Aber nicht nur vom Meer aus können Sie die Vorderseite der Statue anschauen: Gehen Sie die Stufen und den Weg, vorbei an einem alten Walausguck, zur kleinen Aussichtsplattform am tiefer gelegenen Felsvorsprung hinunter. Hier bietet sich auch gleich noch ein toller Blick

ZIELE
CURRAL DAS FREIRAS

auf die Bucht von Funchal. Vom Parkplatz des Cristo Rei fährt eine **Seilbahn** hinunter zum Strand von Garajau, Sie können aber auch den Serpentinenweg hinunterschlendern. Der Kiesstrand wird im Sommer von Rettungsschwimmern bewacht, es gibt ein Café und außerdem beste Tauch- und Schnorchelbedingungen.

Geschütztes Taucherparadies
Der Meeresabschnitt vor der Ponta do Garajau – zwischen Ponta da Oliveira (östlich) und São Gonçalo (westlich) – steht als **»Reserva Natural Parcial do Garajau«** unter Naturschutz. In diesem beliebten Tauchrevier halten sich gerne Zackenbarsche auf. Wer einmal einen eleganten Manta durchs Wasser gleiten sehen möchte, sollte vor allem im Spätsommer hier abtauchen.

Meeresnationalpark

★★ CURRAL DAS FREIRAS

Höhe: 300 – 1100 m ü. d. M. | **Einwohnerzahl:** 2000

Um die Nase weht ein frischer Wind – kein Wunder, der Felsvorsprung Eira do Serrado liegt über 1000 m hoch. Schnell die Jacke zu und weiter zur Aussichtsplattform! Hier blickt man staunend hinauf zu den Bergspitzen, die den fast kreisrunden Talkessel, das sogenannte Nonnental, säumen. Noch atemberaubender ist die Aussicht hinunter ins Tal: Dort, 500 m tiefer, liegt das Dörfchen, in dem sich Autos ameisengleich durch schmale Gassen bewegen.

Warum sprechen hier alle vom Nonnental? Hier gibt es doch noch nicht mal ein Kloster! Den portugiesischen Namen Curral das Freiras (»Stall der Nonnen«) erhielt das abgelegene Tal schon im 16. Jh.: Die Nonnen des Klarissenklosters Santa Clara in Funchal bewirtschafteten die fruchtbaren Felder des Tals fast seit Beginn der Besiedlung Madeiras. Die erste Äbtissin des Ordens war die Enkelin des Inselentdeckers Zarco, diese Ländereien erhielt sie zur landwirtschaftlichen Nutzung. Am Tag des Überfalls auf Funchal durch französische Korsaren 1566 flohen die Nonnen mit ihrem Hab und Gut in das Tal, sie versteckten sich in Ställen und Schuppen, bis die Wüterei in der Stadt ein Ende hatte. Seitdem nannten die Inselbewohner das kesselförmige Tal »Stall der Nonnen«. Den Verfassern der englisch- und deutschsprachigen Reiseprospekte klang dies aber wohl zu wenig

Im Tal der Nonnen

CURRAL DAS FREIRAS

FESTA DA CASTANHA
Spezialität von Curral das Freiras sind Kastanien. Die Festa das Castanhas, bei der alles Mögliche rund um die Kastanie geboten wird, findet alljährlich am 1. November statt.

PARADA DOS EUCALIPTOS €
So einfach und schnörkellos der Gastraum ist, so köstlich sind die Fleischspieße. Sie werden im Holzfeuer »vom Feuer geküsst«, wie die herzliche Wirtin erklärt, bevor sie mit knusprigem Milho Frito und saftigem Bolo de Caco serviert werden. Wenn das Wetter es zulässt, versuchen Sie, einen der beiden Tische vor dem Restaurant zu ergattern.

Estrada da Eira do Serrado 258
Tel. 291 77 68 88, Mo. geschl.

SABORES DO CURRAL €
Von der Dachterrasse schweift der Blick die steilen Berghänge entlang. Gerade überlegen Sie, eine Wanderung im Nonnental zu unternehmen, da wird die köstliche Kastaniensuppe serviert. Dann wäre da noch diese Vitrine mit den vielen süßen und cremigen Sünden. Die Wanderung muss noch ein wenig warten ... Tipp: Sonntags gibt es für unschlagbare 7 € ein üppiges Mittagsbuffet.
Mo. geschl., Caminho da Pedra
Tel. 291 71 22 57

ESTALAGEM EIRA DO SERRADO ▶ S. 214

---

eindrucksvoll – und so machten sie daraus kurzerhand »Nun's Valley« bzw. Nonnental.
Geologisch konnte man sich die fast kreisrunde, kesselartige Form des Tals lange nicht anders erklären, als dass es der Krater eines erloschenes Vulkans sei. Inzwischen weiß man: Das kleine Flüsschen, das heute ganz unscheinbar durch die Landschaft fließt, formte über Jahrtausende das beeindruckende Tal. Im Lauf der Zeit spülte es das weiche Tuffgestein aus, stehen blieben die harten Basaltgesteine der senkrecht aufragenden Felswände.

Wanderparadies mit traumhaften Aussichten

Eira do Serrado

Heute ist es einfach, das Tal zu erreichen. Von Funchal aus führt eine **gut ausgebaute Bergstraße** bis zur Abzweigung zum Aussichtspunkt Eira do Serrado, ab dort erleichtert ein Tunnel die Zufahrt ins Dorf. Auch Linienbusse verbinden Funchal mit Curral das Freiras. Unter welcher Lebensgefahr man das Tal vorher erreichte, erahnen Sie erst, wenn Sie vom Eira do Serrado die abenteuerliche Bergstraße aus den 1950er-Jahren betrachten. Vor allem die häufigen Steinschläge haben immer wieder für Unfälle gesorgt. Heute ist die Straße – bzw. das, was von ihr übrig ist – zu Recht gesperrt.

ZIELE
FUNCHAL

Vor dem Bau der Bergstraße ging es nur zu Fuß ins Dorf: Teile des alten, mühsam gepflasterten Verbindungswegs sind heute **wunderbare Wanderrouten,** so etwa der Serpentinenpfad von Eira do Serrado nach Curral das Freiras (ca. 1,5 Std.). Wer es anspruchsvoll mag, kann von der Boca dos Namorados in Richtung Pico Grande und hinunter ins Dorf marschieren, ein anderer Weg führt über die Höhen der Berge bis nach Boaventura an der Nordseite der Insel, Wegbeschreibungen gibt es unter visitmadeira.pt.

Kirche und Kastanien

Wanderer brauchen Energie. Da trifft es sich gut, dass auch in Curral das Freiras Cafés fürs leibliche Wohl sorgen. Sie servieren allerlei Suppen, Kuchen, Liköre und Gerichte mit Esskastanien, die hier im Tal zur **wichtigsten Anbaufrucht** zählen.

Ortszentrum

Werfen Sie auch einen Blick auf den Friedhof unterhalb der im 19. Jh. errichteten Kirche **Nossa Senhora do Livramento:** Die Grabstellen sind mit trommelartigen Blechbüchsen verziert, in denen künstliche Blumen und Fotos der Verstorbenen zu sehen sind.

★★ FUNCHAL

Höhe: 0 – 550 m ü. d. M. | **Einwohnerzahl:** 104 000

Die Inselhauptstadt gilt als sauberste Stadt Portugals und ist zugleich eine der schönsten. Vor allem aber ist sie ein wundervolles Schlenderparadies. Was könnte es also in Funchal Schöneres geben, als – gerne auch ziellos – durch hübsche subtropische Stadtgärten und bunte Altstadtgassen zu flanieren, entlang der herausgeputzten Uferpromenade, durch lebhafte Einkaufsstraßen und durch die quirlige Markthalle. Wundern Sie sich nicht, wenn Sie sich gleich so pudelwohl fühlen, dass Sie noch oft wiederkommen möchten.

Ein Grund hierfür ist sicher auch die ungewöhnlich schöne Lage Funchals an der Südküste der Insel. Wie die Ränge eines antiken Theaters ziehen ihre Häuser und Straßen an den Hängen eines bis zu 1200 m hohen Gebirgszugs hinauf. Etwa die Hälfte der Madeirer wohnt in dem pulsierenden Zentrum der Insel, hier gibt es Jobs in der Verwaltung der Autonomieregion, an der Uni, in Schulen, Krankenhäusern, Banken und Geschäften – und natürlich im Tourismus, der sich nicht nur auf die Hotelzone im Westen der Stadt konzentriert, sondern auch viele Arbeitsplätze in Restaurants, Pensionen,

Pulsierendes Inselzentrum

Museen, Kneipen und dem gut besuchten Kreuzfahrtterminal im Zentrum geschaffen hat.
Wie alle Madeirer lieben es auch die Hauptstädter, Feste zu feiern, ob nun Silvester, Kapellenfeste oder Kulturfestivals aller Art. Zum **Blumenfest** im Mai wird die Innenstadt über und über mit Blumen verziert, in der Weihnachtszeit mit bunter Straßenbeleuchtung. Ein wunderschönes neoklassizistisches Theater und die einzigen Kinos der Insel befinden sich in der Hauptstadt, ebenso eines der berühmtesten Casinos des Landes.

»Fenchelhain«

Geschichte   Funchal bedeutet so viel wie Fenchelhain: Als die Inselentdecker diese Bucht erkundeten, fanden sie wohl vor allem **wilden Fenchel** vor, den sie per Brandrodung entfernten. Der Name blieb, auch wenn Sie Fenchel heute nur noch hier und da am Straßenrand oder im Botanischen Garten sehen.
Inselentdecker Zarco regierte den Westteil Madeiras zunächst von Câmara de Lobos aus, befand dann aber die Bucht von Funchal für geeigneter. 1497 hob König Manuel I. die Zweiteilung der Insel auf und erhob Funchal zur alleinigen Hauptstadt, 1508 erhielt es die vollen Stadtrechte. Die Geschichte Funchals ist großenteils die Geschichte Madeiras: Die Stadt profitierte vom Zuckerboom und war Hauptumschlagplatz für den Madeirawein – das **Stadtwappen** zeigt denn auch fünf Zuckerhüte und Weintrauben.

Zwischen Avenida do Mar und Avenida Arriaga

Funchals Tor zur Welt

Marina und Uferpromenade   Funchal ist eng verbunden mit dem Meer – und der Garant dieser Verbundenheit ist seit Jahrhunderten sein Hafen. Einst ankerten hier Handels- und Passagierschiffe nach Europa, Indien und in die Neue Welt, heute sind es vor allem stattliche Yachten und Sportboote, die Sie beim Schlendern durch die Marina bewundern können. Ausflugsschiffe zur Walbeobachtung, der Nachbau des Kolumbusschiffs »Santa Maria« und die Katamarane für Küstentouren legen am **Cais da Cidade** an, einer mit Blumenrabatten geschmückten Seebrücke. Von deren Spitze aus schweift der Blick auf die Hänge von Funchal und die große Hafenmole, die inzwischen fast ausschließlich Kreuzfahrtschiffe in Beschlag nehmen. Ein weiteres Kreuzfahrtterminal ist neben der neu angelegten **Praça do Povo** entstanden.
Praktisch die gesamte Uferfront östlich des Cais da Cidade wurde umgestaltet. Aus der Not machte man eine Tugend, nachdem bei Unwettern am 20. Februar 2010 über 1 km³ »Neuland« von den Flüssen ins Meer geschoben wurde. Nachdem nun jahrelang emsig ge-

ZIELE
FUNCHAL

baggert und gebaut wurde, können Sie heute wunderbar entlang der **neuen Seepromenade** parallel zur Avenida do Mar spazieren.

Herrschaftlich an der Avenida do Mar
Denn hier erhebt sich mit der Fortaleza de São Lourenço nicht nur das **erste Fort Madeiras,** das im 16. Jh. anstelle einer einfachen Wallanlage errichtet und seither mehrfach umgebaut wurde, sondern zugleich die Residenz des Ministers der Republik, der Portugal auf Madeira vertritt. Ehrfurchtgebietend ist denn auch die mächtige Seefront aus dem 18. Jh.: Sie zeigt am Ostturm nicht nur das portugiesische Wappen mit dem Kreuz des Christusritterordens, sondern auch zwei Armillarsphären. Diese nautischen Geräte symbolisieren Portugals Zeitalter der Entdeckungen.

Palácio de São Lourenço

PERSPEKTIVENWECHSEL
Gewiss, die schroffen Küsten und Berge sind auch imposant, wenn Sie auf ihnen stehen. Doch vom Wasser aus sehen Sie die Insel nochmal aus einer anderen Perspektive, wirken die riesigen Steilklippen noch riesiger: Mit den Katamaranen von VMT Madeira (Marina do Funchal, Tel. 291 22 49 00, http://vmtmadeira.com) segeln Sie z. B. zum Cabo Girão oder zu den Ilhas Desertas. Besonders romantisch ist der Sunset Trip, bei dem Sie zum Sonnenuntergang entspannt in den Netzen des Katamarans liegen.

FUNCHAL

POSTO DE TURISMO
Avenida Arriaga 16
Tel. 291 21 19 02
www.visitfunchal.pt

Autofahren ist vor allem in den Hauptverkehrszeiten kein Vergnügen und Parkplätze sind rar. Besonders von Funchals Hotelzone aus ist es besser, mit dem Hotelbus oder dem orangefarbenen Stadtbus (günstiges 7-Tage-Ticket) in die Stadt zu fahren und das Zentrum zu Fuß zu erkunden. Die meisten Busse halten unten am Hafen entlang der Avenida do Mar, ein guter Ausgangspunkt für einen Rundgang. Gutes Schuhwerk ist wegen des gelegentlich holprigen und rutschigen Kopfsteinpflasters ratsam. In einem offenen Doppeldecker wird man zu jeder halben Stunde (März bis Okt.) oder alle anderthalb Stunden (Nov.–Feb.) durch Funchal gefahren und auf Deutsch oder Englisch informiert; Abfahrt ist in der Avenida do Mar beim Hafen.

In der Altstadt von Funchal finden sich zahlreiche Geschäfte, von internationalen Ketten bis zu Kramläden. Nördlich der Kathedrale verläuft die Shoppingmeile Rua do Aljube, die zum 1883 gegründeten Kaufhaus Bazar do Povo führt. Die Rua Dr. Fernão Ornelas westlich der Markthalle ist auch eine wichtige Einkaufsstraße. Dazu kommen diverse Shopping-Center, z. B. das La Vie unweit der Praça do Infante, die Arcadas São Francisco, die Galerias de São Lourenço am Jardim Municipal oder das Forum Madeira am westlichen Rand des Hotelviertels. Madeiras größtes Einkaufszentrum ist das Madeira Shopping im Nordwesten Funchals.

Im Mai wird mit der »Festa da Flor«, einem fantastischen Blumenfest, der Frühling begrüßt.
Im Juni bietet das Festival do Atlântico klassische Konzerte, Ballett und Folkloreveranstaltungen und vier Feuerwerke an den vier Junisamstagen.

Am Wochenende wird im Vespas Club (Avenida Sá Carneiro) bis zum Morgen getanzt, ebenso im Dubai Club (Rua do Favila) und im Casino-Nachtclub Copacabana. Beliebt sind die Kneipen und Bars in der Zona Velha. Die Altstadt von Funchal hat sich in den letzten Jahren zur erstklassigen Ausgehszene gemausert.

MERCEARIA DONA MÉCIA
Das lauschige Vintage-Café sieht wie ein kleiner Kaufmannsladen aus und versteckt sich in einem Innenhof nahe dem Shopping-Center La Vie. In den winzigen Schränkchen gibt es Konservendosen aller Art. Die selbstgemachten Cupcakes, Brownies oder herzhaften Tartes passen hervorragend zum Kaffee, Tee oder sogar zur typischen Poncha.
So. geschl., Rua dos Aranhas 26
Tel. 291 22 15 59

CAFÉ DO TEATRO
Die elegante Café-Bar neben dem Stadttheater verwandelt sich am Abend in einen Club. Tagsüber sitzen Sie im lauschigen Innenhof oder auf der Esplanade der Avenida Arriaga.
Avenida Arriaga
Tel. 924 43 79 51

ZIELE
FUNCHAL

❶ IL GALLO D'ORO €€€€
Zwei Michelin-Sterne funkeln über dem »Goldenen Hahn«, Benoît Sinthon war der erste Michelin-Sterndekorierte Chef der Insel. Die aufwendigen Gerichte (mediterran, Inselprodukte sowie Gutes aus aller Welt) versetzen Gourmets trotz der hohen Preise ins Schwärmen.
Nur abends, So. geschl.
Estrada Monumental 147
The Cliff Bay, Tel. 291 70 77 00

❷ ARMAZÉM DO SAL €€€–€€€€
Das 200 Jahre alte Gebäude ist heute ein hervorragendes Restaurant, das innovative Überraschungen bereithält. In dem urgemütlichen Gastraum gibt es z. B. Degenfisch mit Lima-Risotto und Banenenchutney oder Schweinebauchkonfit mit Belugalinsen und Pinienkernen.
So. mittags geschl., Rua da Alfândega 135, Tel. 291 24 12 85
www.armazemdosal.com

❸ RESTAURANTE DO FORTE €€€
Für besondere Anlässe ist das edle Restaurant in der São-Tiago-Festung die erste Wahl: Der Blick über die Bucht von Funchal ist atemberaubend, die kreativen Gerichte sind einfach köstlich. Auf Wunsch können Sie sich mit einem Rolls Royce von 1959 abholen lassen. Dieses »Golden Package« kostet inkl. Aperitif auf der Terrasse, Drei-Gänge-Menü und Weinauswahl 85 € p. P.
Rua Portão de São Tiago
Tel. 291 21 55 80
https://forte.restaurant

❹ TABERNA MADEIRA €€–€€€
In einer ruhigen Seitengasse der Zona Velha. Hier wird traditionelle Küche mit geschmacksintensiven Neuinterpretationen ergänzt. Ein Hit ist das Thunfischsteak mit Erbsencreme oder der Oktopus nach Art des Hauses. Zum Durchprobieren gibt es Petiscos (portugiesische Tapas).
So. mittags geschl., Travessa João Caetano 16, Tel. 291 22 17 89
www.tabernamadeira.net

❺ COMBATENTES €€
Das gepflegte kleine Stadtrestaurant am Jardim Municipal serviert gute regionale und internationale Küche. Die Kellner sind Ihnen gerne behilflich, auch bei der richtigen Wahl aus dem hervorragenden Weinsortiment.
So. geschl., Rua Ivens 1
Tel. 291 22 13 88

❻ LAREIRA PORTUGUESA €€–€€€
Sie sind im Hotelviertel von Funchal untergebracht und suchen ein gutes Restaurant? Voilà! Das Lareira Portuguesa verköstigt Sie mit herrlichen Meeresfrüchtekreationen, aber auch mit großartigen Steaks und Filetstücken.
Travessa Doutor Valente 7
Tel. 291 76 29 11, www.marisqueiralareiraportuguesa.pt

❼ O PORTÃO €€
Das schlichte Restaurant ist eines der wenigen in der Zona Velha ohne Schlepper. Nicht minder angenehm ist der gute Service. Die Gerichte sind bodenständig und schmackhaft – und das zu einem fairen Preis.
So. mittags u. Mo. geschl.
Rua Portão de São Tiago
Tel. 291 22 11 25

❽ O TASCO €€
Ein paar Schritte abseits des Altstadttrubels liegt dieses gemütliche Restaurant. An einer Tafel können Sie lesen, welche Petiscos (Tapas) es heute gibt. Schön ist es auch am Nachmittag zu Kaffee und Kuchen.

ZIELE
FUNCHAL

1. Il Gallo d'Oro
2. Armazém do Sal
3. Restaurante da Forte
4. Taberna Madeira
5. Combatentes
6. Lareira Portuguesa
7. O Portão
8. O Tasco
9. A Bica
10. Well.com

ZIELE
FUNCHAL

1 Museu Universo de Memórias
2 Museu Frederico de Freitas
3 Museu Municipal
4 Museu de Fotografia da Madeira
5 Câmara Municipal
6 Museu de Arte Sacra
7 Madeira Wine Company
8 Teatro Municipal
9 Alfândega Velha
10 Praça Colombo
11 Museu Cidade do Açucar
12 IVBAM
13 Madeira Story Centre

FUNCHAL

250 m

© BAEDEKER

❶ Quinta Jardins do Lago
❷ Castanheiro
❸ Residencial Mariazinha

ZIELE
FUNCHAL

Manchmal dient die hübsche Natursteinwand für Gemäldeausstellungen.
Mo. geschl., Rua Bela de São Tiago 137, Tel. 291 62 33 74

❾ A BICA €–€€
Hinter dem unscheinbaren Eingang neben der Markthalle verbirgt sich ein gutes, günstiges, auch bei Einheimischen beliebtes Kellerlokal. Mittags füllt sich der mit alten Funchal-Fotos dekorierte Speisesaal. Es gibt typischen Madeira-Klassiker, aber auch unbekanntere einheimische Gerichte.
So. geschl., Rua do Hospital Velho 17, Tel. 291 22 13 46

❿ WELL.COM €
Für den kleinen Hunger: saftige Burger mit Bolo do Caco, kunstvoll belegte Bruscetta, sündhafte Desserts und Kuchen und der beste Kaffee von Funchal – und dazwischen Poesie, Kultur und Musik!
So geschl.
Rua do Esmeraldo 10
Tel. 291 61 90 85

❶ QUINTA JARDINS DO LAGO ▶ S. 214

❷ CASTANHEIRO ▶ S. 214

❸ RESIDENCIAL MARIAZINHA ▶ S. 215

Sé (Kathedrale)

Schlichte Schale, wertvoller Kern
Voller Geschichte steckt die Kathedrale, die 1514 als erste portugiesische Kathedrale in Übersee überhaupt eingeweiht wurde. Der erste Eindruck mag ihrer großen Bedeutung noch nicht völlig gerecht werden. Das schlichte Äußere ist bestimmt vom Kontrast aus weißem Wandputz und dunklem Basalt, über dem gotischen Hauptportal prangt eine schmuckvolle Rosette, ganz oben sieht man das Kreuz des Christusritterordens, dessen Großmeister König Manuel I. war – dieses Kreuz ziert im Übrigen heute auch die **Flagge von Madeira.**
Ganz anders der Innenraum, der stille Ehrfurcht gebietet und zugleich eine Vorstellung davon vermittelt, wie lukrativ einst der Zuckerhandel war. Einen Moment benötigen Ihre Augen, um sich an die Dunkelheit im Inneren zu gewöhnen. Dann aber erschließt sich die ganze **Pracht** der dreischiffigen Basilika. Doch wohin zuerst schauen? Auf die aus einheimischem Gehölz kunstvoll geschnitzte Decke im Mudejarstil? Auf den Hauptaltar und die acht Seitenaltäre, die wie das Chorgestühl im 16. Jh. aus Flandern kamen? Alte Bekannte entdeckt man jedenfalls an den Schlusssteinen im Chorgewölbe, wo abermals Christusritterkreuz, portugiesisches Wappen und Armillarsphäre vertreten sind.
Mo.–Fr. 9–12 u. 16–17.30, Sa. 16.15–17.30, So 10–11 u. 16.15–17 Uhr

Auf den Spuren des weißen Goldes

Museu Cidade do Açúcar

Durch die Rua da Sé, in der Sie die schönsten Blicke auf die Tuffstein-Balustrade und den Turm der Kathedrale haben, gelangen Sie auf den Kolumbusplatz, der zu Ehren der 500-Jahr-Feier von Funchal aufwendig saniert wurde und heute in leuchtenden Gelbtönen erstrahlt. In

ZIELE
FUNCHAL

OBEN: Der Turm der Sé ragt aus dem Gassengewirr der Altstadt Funchals hervor und hilft so bei der Orientierung.

UNTEN: Vor der Besichtigung noch rasch ein kleiner Imbiss?

Unter Jacarandabäumen schlendert man auf der Avenida Arriaga.

der Mitte der Praça Colombo ist das Wappen Funchals als Pflastermosaik zu sehen: Die **Zuckerhüte im Wappen** zeugen von der Bedeutung dieser einst so wichtigen Monokultur des 15./16. Jh.s für die Stadt.

Einen spannenden Einblick in die Geschichte des Zuckerhandels und die große Bedeutung des weißen Goldes für die erste Blütezeit von Madeira bietet der kosenlose Besuch des **Museu Cidade do Açucar.** Zu sehen sind zudem Grabungsfunde wie Keramikformen für Zuckerhüte. An der Stelle des Museums stand einst das Haus von João Esmeraldo, eigentlich Jean d'Esmenault, einem flämischen Zuckerhändler. Er beteiligte sich ab dem späten 15. Jh. rege am madeirisch-flämischen Zuckerhandel. Von seinem palastartigen Wohnhaus, das im 19. Jh. abgerissen wurde, sind nur noch Fundamente übrig. Auch wenn Kolumbus 1498 wohl nur wenige Tage hier war, um mit Esmeraldo zu handeln, wurde der Platz nach ihm benannt. So eine Name schmückt halt. Der Platz markiert heute das Zentrum der historischen »Zuckerstadt«.

Praça Colombo 5 | Mo.–Fr. 9.30–17.30 Uhr

Prachtvolle Promenade

Avenida Arriaga An der stimmungsvollen, teilweise verkehrsberuhigten Straße stehen Jacarandabäume mit filigran wirkenden Blättern, die im Frühjahr und Frühsommer ihre blauviolette Blütenpracht entfalten. Sie beginnt vor der Kathedrale und verläuft parallel zur Avenida do Mar. An der Kreuzung mit der Avenida Zarco prangt ein von Francisco Franco erschaffenes **Denkmal** (1934) zu Ehren des Inselentdeckers João Gonçalves Zarco (Abb. ▶ S. 99).

An ihrem westlichen Ende mündet die Avenida Arriaga in die **Rotunda do Infante,** benannt nach Heinrich dem Seefahrer, auf dessen Geheiß João Gonçalves Zarco 1419 Madeira erkundete. Das von Francisco Franco geschaffene Denkmal wurde 1947 aufgestellt.

Kann man Wein atmen hören?
In der Madeira Wine Company, der bedeutendsten Weinkellerei Madeiras, können Sie dieser Frage bei **Führungen** durch das Gebäude (auch auf Deutsch, Gruppen mit Voranmeldung) nachgehen. Auf jeden Fall erfahren Sie detailliert, wie aus Traubensaft der berühmte Likörwein der Insel entsteht. Krönender Abschluss ist die Möglichkeit, in einer der beiden eleganten Probierstuben standesgemäß Wein zu verkosten und natürlich auch zu kaufen. Das angeschlossene kleine **Museum** zeigt Briefe und Dokumente sowie alte Werkzeuge zur Weinherstellung.

Madeira Wine Company

Die Madeira Wine Company liegt gegenüber der Fortaleza de São Lourenço **neben der Touristeninformation** und logiert in den Gemäuern des ehemaligen Franziskanerklosters.
Mo.-Fr. 10-18.30, Sa. 10-13 Uhr | Führungen auf Deutsch: 5,90 €, Mo.-Fr. 10.45, 14.45 und 15.45, Sa. 10.45 Uhr, online oder vorbuchen unter Tel. 291 22 89 78 | www.madeirawinecompany.com

Tropische Blütenpracht
Wer nach dem Besuch der Madeira Wine Company wieder einen klaren Kopf benötigt, kann nebenan in den kleinen Stadtgarten gehen, der 1878 im einstigen Klostergarten mit tropischen Pflanzenbestand angelegt wurde. Welche Skurrilitäten Mutter Natur hervorbringen kann, sehen Sie im östlichen Bereich des Gartens. Der aus Westafrika stammende »**Leberwurstbaum**« (Kigelia africana) trägt bis zu 50 cm lange Früchte, die tatsächlich an überdimensionale Leberwürste erinnern. In Afrika werden sie zur Herstellung von Heilmitteln verwendet, u. a. zur Behandlung von Ruhr, Rheuma und Syphilis.

Jardim Municipal

Das steinerne Wappen des Klosterordens entdecken Sie im südöstlichen Teil der Gartenanlage, die Statue von Franz von Assisi wurde dort 1982 zu dessen 800. Geburtstag aufgestellt. Ein idyllisches Fotomotiv ist der Ententeich mit der Skulptur zweier spielender Jungen, dem zwei interessante Gebäude gegenüberstehen: zum einen das Café Ritz mit einer Hausfassade aus blau-weißen Fliesenbilder mit inseltypischen Motiven, zum anderen das 1888 erbaute **Teatro Municipal** (Stadttheater), in dem neben Theater- und Filmvorführungen regelmäßig Kunstausstellungen und Konzerte stattfinden.

ZIELE
FUNCHAL

Östlicher Innenstadtbereich

Ein Fest für alle Sinne

Mercado dos Lavradores

Überbordend ist die Farbenvielfalt der exotischen Früchte. Die unterschiedlichsten Düfte liegen in der Luft, künden von Atlantikspezialitäten wie Degen- und Thunfisch, von Gewürzen und Kräutern, von Orchideen, Azaleen und Glyzinien. Untermalt wird dies alles vom Stimmengewirr der Händler und Käufer, die ihr Tagwerk gern mit einer Tasse Bica unterbrechen. Der Besuch des Mercado dos Lavradores, des **»Marktes der Bauern«,** gehört zweifelsohne zu den intensivsten Erlebnissen in Funchal.

Die Marktstände im Innern des 1940 eröffneten Art-déco-Gebäudes gruppieren sich auf zwei Ebenen um einen weiten Hof, dessen Wände – wie auch den Haupteingang – blau-weiße Azulejo-Bilder zieren. Auf der unteren Ebene sind am Freitag- und Samstagmorgen die **lokalen Produzenten** zugange. In der ersten Etage wartet Obst, das Sie oft auch probieren dürfen, das aber zu saftigen Preisen verkauft wird. Den Fischmarkt finden Sie im östlichen Gebäudeteil.

Am 23. Dezember herrscht eine ganz besondere Stimmung um den Mercado dos Lavradores: Schon am Nachmittag sind alle Straßen rundum gesperrt; es werden Stände und Buden aufgebaut und in der Markthalle selbst wird die Fischabteilung komplett ausgeräumt. Dort treffen sich zur **Noite do Mercado** Tausende, um gemeinsam Weihnachtslieder zu singen und bis tief in die Nacht zu feiern.

Mo.–Do. 8–19, Fr. 7–20 und Sa. 7–14 Uhr

Wie es Licht wurde auf Madeira

Museu da Electricidade Casa da Luz

Gehen Sie von der Markthalle in Richtung Meer, dann passieren Sie die **Praça da Autonomia** mit einem Denkmal zur Erinnerung an die Nelkenrevolution 1974, in deren Folge Madeira Autonomie erlangte. Am östlichen Ende befindet sich im einstigen Heizkraftwerk das interessant gestaltete Museu da Electricidade Casa de Luz, in dem man einen guten Einblick in die Entwicklung der Elektrizität auf Madeira erhält. Sehr anschaulich ist ein Modell der Insel, auf dem Lämpchen verdeutlichen, wie die Beleuchtung zwischen 1897 und 1997 zunahm.

Di.–Sa. 10–18 Uhr | Eintritt: 2,70 €

Trendviertel in alten Gassen

Zona Velha (Altstadt)

Südöstlich an die Markthalle schließt sich die Altstadt (Zona Velha) von Funchal an, ein **ehemaliges Fischer- und Handwerkerviertel,** dessen kleine Läden und schmale Gassen in den letzten Jahren mithilfe öffentlicher Gelder einen fantastischen Wandel zu einem angesagten Ausgehviertel erfahren haben. Zahlreiche Restaurants, Cafés, Kneipen und Kultureinrichtungen locken Besucher und Einheimische gleichermaßen an. Ein besonderes Highlight ist das Projekt der **»Portas Abertas«:** In der Rua Santa Maria haben madeirische

ZIELE
FUNCHAL

Einkaufen wie im Paradies – in der Markthalle von Funchal türmen sich an den Ständen frischestes Obst und Gemüse.

Künstler die alten Holztüren kreativ bemalt und umgestaltet – dabei ist eine wahre Kunstgalerie entstanden! Am Südrand der Altstadt liegt die moderne **Talstation des Teleférico,** der Seilbahn, mit der man hinauf nach ▶ Monte fährt.

Eine spannende Zeitreise!
So könnte das Motto in diesem **interaktiven Museum** neben der Seilbahnstation lauten. Es schickt Sie auf eine Zeitreise zu den Anfängen Madeiras, von der vulkanischen Entstehung der Insel bis zu den Schlüsselereignissen in der Geschichte des Archipels. Besonderheiten der Flora und die spannenden Legenden der Vergangenheit kommen ebenfalls nicht zu kurz. Es gibt viele mehrsprachige Infotafeln und Sie dürfen auch mal riechen, lauschen und fühlen!

Wenn Sie nach dem Museumsbesuch hungrig geworden sind, gibt es auch etwas zu schmecken: Im 3. Stock haben Sie von der Dachterrasse einen schönen Blick über die Altstadt und zur Seilbahn, außerdem werden Sie von den freundlichen Kellnern bestens beraten und bedient. Im **Museumsladen** im Erdgeschoss finden Sie geschmackvolle Souvenirs.

Madeira Story Centre

Rua D. Carlos I 7-29 | tgl. 9-19 Uhr (Restaurant bis spät am Abend) | Eintritt: 5 €

BAEDEKER ÜBERRASCHENDES

6x UNTERSCHÄTZT

Genau hinsehen, nicht dran vorbeigehen, einfach probieren!

1.
MELANCHOLISCH
In der Zona Velha haben sich einige erstaunlich gute **Fado-Lokale** etabliert, manchmal fängt auch plötzlich die Wirtin an, inbrünstig den »portugiesischen Blues« zu singen.
(▶ **Zona Velha, Funchal, S. 80**)

2.
ALPIN
Die Levadas fordern Sie nicht? Dann meistern Sie doch eine der anspruchsvolleren Touren Madeiras, z. B. auf den Pico Grande – **Kletterpartie** inklusive!
(▶ **Pico Grande, S. 61**)

3.
SÜFFIG
Lange Zeit hatte nur der Madeirawein einen guten Ruf, über den madeirischen Tischwein rümpften Weinkenner eher die Nase. Inzwischen entstehen richtig **gute Rotweine,** zum Beispiel bei Terras de Avô in Seixal.
(▶ **Seixal, S. 146**)

4.
SPANNEND
Was diese kleine Insel schon alles erlebt hat, erfahren Sie spielerisch im **Madeira Story Centre** und im **Parque Temático da Madeira** in Santana.
(▶ **Funchal, S. 81 & Santana, S. 138**)

5.
FANGFRISCH
In Ribeiro Frio werden **Forellen** gezüchtet – und nebenan im Restaurant kriegt man sie auch gleich frisch zubereitet serviert.
(▶ **Ribeiro Frio, S. 135**)

6.
EDEL
Gästehäuser in alten Land- und Sommersitzen besitzen bis heute eine edle Atmosphäre. Ein Urlaub in einer der vielen **Quintas** gehört zu den schönsten Übernachtungsmöglichkeiten auf Madeira.
(▶ **S. 212**)

ZIELE
FUNCHAL

Fotogene Hafenfestung

Am **östlichen Ende der Zona Velha** (Altstadt) beschützt die gelb getünchte Fortaleza de São Tiago die kleine Hafenbucht des einstigen Fischerviertels. Die Anlage wurde ab 1614 erbaut und 1767 erheblich erweitert. Neben einer kleinen Militärausstellung war hier lange Zeit das Museu de Arte Contemporânea (Museum für zeitgenössische Kunst) untergebracht, das nun in die Casa das Mudas in Calheta umgezogen ist und umbenannt wurde (▶ S. 51). Mittelfristig soll ein archäologisches Museum in die frei gewordenen Räume einziehen.

Fortaleza de São Tiago

Barockes Kirchenjuwel

Ein kleines Stück hinter der Fortaleza de São Tiago steht die Igreja do Socorro (Erlöserkirche) oder auch Santa Maria Mayor, die Pfarrkirche der Altstadt. Ursprünglich wurde sie im 16. Jh. errichtet und dem heiligen Jakobus dem Jüngeren, dem **Schutzpatron von Funchal,** geweiht, der laut Überlieferung die Stadt 1538 vor der Pest errettete. Das Erdbeben im Jahr 1748 hat die Kirche allerdings weitgehend zerstört. Das heutige Bauwerk aus dem 18. Jh. ist reichlich mit barockem Bildwerk und Schnitzereien ausgestattet und der Muttergottes geweiht. An jedem 1. Mai findet eine Prozession zu Ehren des heiligen Jakobus statt.

Wer die Sightseeing-Tour für eine Erfrischung unterbrechen möchte, kann die **Felsbadeanlage Barreirinha** unterhalb der Igreja do Socorro ansteuern. Sie lockt mit Pools, Wasserrutsche, Liegeflächen, Bar und Restaurant.

Igreja do Socorro

200 Jahre Handwerkskunst

Weiter nördlich, an der Rua Visconde Anadia, im sogenannten »Viertel zwischen den Flüssen«, hat das IVBAM (Instituto do Vinho, do Bordado e do Artesanato da Madeira), das madeirische Institut für Wein, Stickerei und Kunsthandwerk, das Stickereimuseum eingerichtet. Ausgestellt sind wertvolle Stickereien aus dem 19. Jh. und der Jugendstilzeit – Taufkleider und Kleider von Kindern wohlhabender madeirischer Familien –, aber auch einige aktuelle Arbeiten (▶ S. 24).

Rua Visconde Anadia 44 | Mo.–Fr. 9.30–12.30 und 14–17.30 Uhr | Eintritt: 2 €

Stickereimuseum

Zwei Brüder, eine Leidenschaft – die Kunst

Das gratis zugängliche Museu Henrique e Francisco Franco zeigt **ausgewählte Arbeiten** der beiden Franco-Brüder. Francisco begann seine Bildhauerlaufbahn im Umkreis von Rodin in Paris und geriet später in die Kritik wegen seiner Nähe zur Salazar-Diktatur. Sein Bruder Henrique arbeitete als Maler.

Rua João de Deus 13 | Mo.–Fr. 9.30–18 Uhr

Museu Henrique e Francisco Franco

Nördlich der Avenida Arriaga

Rund um den Rathausplatz

★ Praça do Município

Würde und Bedeutung sind der Praça do Município, nördlich der Kathedrale, deutlich anzusehen: Ein schlichter Brunnen markiert das Zentrum des dekorativ gepflasterten Rathausplatzes, um den sich ein architektonisch geschlossenes Ensemble barocker Häuser gruppiert. An der Ostseite des Platzes steht das Rathaus (Câmara Municipal); 1758 als Herrensitz der damals reichsten Familie Madeiras, der Grafen de Carvalhal, errichtet, bestimmte man es Ende des 19. Jh.s zum Sitz der Stadtverwaltung. Die Eingangshalle ist mit **barocken Fliesenbildern** geschmückt, der Innenhof mit der Skulptur »Leda und

SUNDOWNER ÜBER DEN DÄCHERN

Stilvoller lässt sich der Sonnenuntergang in Funchal nicht genießen! Mit einem Cocktail in der Hand schweift Ihr Blick über die gesamte Innenstadt und die Bucht. Die Rooftop-Bar des eleganten Design-Hotels The Vine (Rua das Aranhas, 27 A, http://hotelthevine.com) macht es möglich. Nicht ohne Grund nennt sie sich »360ºSky & Poolside Bar«. Doch sehen Sie sich vor: Es ist allzu verlockend, die erste Happy Hour (17.30 – 18.30 Uhr) gleich bis zur zweiten (22.30 – 23.30 Uhr) zu verlängern!

ZIELE
FUNCHAL

Zeus als Schwan«. Der Turm diente u. a. als Ausguck, um ankommende Handelsschiffe zu sichten.

An der Nordwestseite steht die **Igreja do Colégio,** die Kirche des ehemaligen Jesuitenkollegs aus dem 17. Jahrhundert. Der bemerkenswerte Kirchenraum ist reich mit vergoldeten Schnitzereien und Fliesengemälden verziert. Einst Bildungsstätte des Ordens für Söhne reicher Madeirer, ist das ehemalige Kolleg mittlerweile Sitz der Universität von Madeira. Von der Rua dos Ferreiros aus können Sie einen Blick in den Innenhof erhaschen. Die Studierenenvereinigung AAUMA bietet **kostenlose Kurzführungen** an, bei der Sie – sogar auf Deutsch – einen Einblick in die spannende Geschichte des Kolleggebäudes bekommen.

Mo.-Fr. 10-18 Uhr | Infos im Lädchen Gaudeamos im rechten Eingangsbereich | http://colegiodosjesuitas.pt

Flämische Kunst mitten im Atlantik

Wie kommt es, dass Funchal **eine der wertvollsten Sammlungen** flämischer Gemälde des 15. und 16. Jh.s besitzt? Das Geheimnis liegt – wie so oft auf Madeira – im Zuckerrohr: Flämische Händler zahlten nicht selten mit Gemälden für das weiße Gold. Die madeirischen Zuckerhändler vererbten die Meisterstücke dann gerne an ihre Kirchengemeinden, aus denen sie 1955 in das Museu de Arte Sacra überführt wurden, das Museum für sakrale Kunst im ehemaligen Bischofspalast aus dem 17. Jahrhundert. So können Sie heute die besonderen Werke, u. a. von Joos van Cleve und Dirk Bouts, bewundern.

Museu de Arte Sacra

Hartnäckig hält sich eine Legende um ein Gemälde, das Joachim und Anna, die Eltern von Maria zeigen soll: Angeblich stellt es in Wirklichkeit **König Wladislaw von Polen,** auf Madeira besser bekannt als Heinrich der Deutsche, und seine Frau dar. Nicht selten sind auch auf anderen Gemälden die Auftraggeber zu sehen, wie sie ihren Lieblingsheiligen um Erlösung anflehen. Beachtung verdienen zudem kostbare Stücke aus dem Kirchenschatz der Kathedrale, u. a. ein fein gearbeitetes manuelinisches Prozessionskreuz aus vergoldetem Silber.

Rua do Bispo 21 | Mo.-Fr. 10-17, Sa. 10-13 Uhr | Eintritt: 5 € | www.masf.pt

Ein Bild sagt mehr als tausend Worte

Frisch renoviert, glänzt das 1865 eröffnete Fotoatelier heute als Museum für Fotografie. Bereits **ab 1848** lichtete Vicente Gomes da Silva Einheimische und Inselbesucher ab – darunter auch so illustre Urlauberinnen wie Kaiserin Elisabeth (Sissi) oder die Witwe des portugiesischen Königs Pedro IV. Vicente Junior bekam 1901 das letzte portugiesische Königspaar Dom Carlos I. und Dona Amélia vor die Kamera – insgesamt gingen nach der Schließung des Ateliers 1979 rund 400 000 Negative, zahlreiche Kameras und Hintergrunddekorationen in den Besitz der Regionalregierung über. Zusammen mit anderen Kollektionen hat das Archiv des Museums heute rund 1,5 Mio. Bilder

Museu de Fotografia da Madeira – Atelier Vicentes

– etwa 250 davon sind zu sehen. Eine **spannende Zeitreise** ins Madeira des 19. Jh.s und durch die Geschichte der Fotografie!
Rua da Carreira 43 | Di.-Sa. 10-17 Uhr | Eintritt: 3 Euro

Kirchenkunst und naturkundliches Panoptikum

Kirche und Palast São Pedro

Das Kirchenschiff der Igreja de São Pedro ist nahezu vollständig mit **Fliesen** aus dem 17. Jh. ausgekleidet. Sie wetteifern mit dem vergoldeten Altar um die Aufmerksamkeit der Besucher.
Gegenüber der Kirche ist im **Palácio de São Pedro** aus dem 18. Jh., einst Stadtresidenz der Grafen de Carvalhal, das naturkundliche Museum untergebracht. Die Aquarien im Erdgeschoss zeigen die Unterwasserfauna und -flora rund um Madeira, das Obergeschoss beherbergt eine umfangreiche Sammlung von Tierpräparaten.
Museu: Rua da Mouraria 31 | Di.-So. 10-18 Uhr | Eintritt: 3,91 €

Facettenreiche Kunstsammlung

Casa-Museu Frederico de Freitas

Der wohlhabende Anwalt Dr. Frederico de Freitas erwarb in den 1940er-Jahren den ehemaligen Herrensitz der Grafen von Calçada aus dem 17. Jh. und vermachte ihn nach seinem Tod 1978 der Stadt. Zum Erbe gehörten auch die umfangreichen Kunst- und Kunstgewerbesammlungen, die er zusammengetragen hatte. Das Haus ist **originalgetreu** im Stil verschiedener Zeiten eingerichtet und zeigt Möbel, Gemälde und Gebrauchsgegenstände. Die **Casa dos Azulejos** nebenan beherbergt die beeindruckende Fliesensammlung des Mäzens.
Calçada de Santa Clara 7 | Di.-Sa. 10-17.30 Uhr | Eintritt: 3 €

Kloster mit langer Geschichte

Convento de Santa Clara

Wenige Schritte bergauf liegt das Convento Santa Clara. Der Enkel des Inselentdeckers Zarco ließ es Ende des 15. Jh.s als Kloster für die Klarissinnen errichten. In der Folge gewannen die Klosterfrauen großen Einfluss, zum Kloster gehörte – nicht zuletzt dank zahlreicher **Schenkungen** – ein weitläufiger Grundbesitz. Einen Teil ihres Vermögens verdankten die Nonnen auch dem **Weinhandel.** Als 1566 französische Korsaren in Funchal einfielen und das Kloster plünderten, flüchteten die Nonnen ins Tal von ▶ Curral das Freiras. Nach dem Tod der letzten Klarissin 1890 übernahmen Franziskanerinnen das Kloster, die hier u. a. eine Kindertagesstätte betreiben. Um- und Erweiterungsbauten aus dem 17. Jh. prägen heute noch das Gesicht der Anlage. Vom ursprünglichen Bau sind das gotische Portal der Klosterkirche und der Kreuzgang mit einem Flügelaltar aus dem 16. Jh. erhalten geblieben.
Der Kirchenraum ist vollständig mit **blau-weiß-gelben Fliesen** des 16. und 17. Jh.s ausgekleidet. Wer sich für die Inselgeschichte näher interessiert, kann im Chor die Grabmäler Zarcos und einiger Familienangehöriger besichtigen. Im hinteren Teil des Kirchenschiffs mit kunstvoll bemalter Kassettendecke befindet sich das im manuelinischen Stil

gehaltene Grabmal von Zarcos Schwiegersohn Mendes de Vasconcelos. Besucher werden durch die Anlage geführt (bitte klingeln!).
Calçada de Santa Clara 15 | Mo.-Sa. 10-12 u. 15-17 Uhr | Eintritt: 2 €

So lebte Madeiras High Society
Eines der schönsten Anwesen der Stadt ist die Quinta das Cruzes. Kein Wunder, soll sie doch keinem Geringeren als dem Inselentdecker João Gonçalves Zarco als Wohnsitz gedient haben. Vom Originalgebäude ist allerdings nicht mehr viel zu sehen: 1748 wurde es bei einem Erdbeben zerstört und danach wiederaufgebaut. Trotzdem bekommen Sie hier eine Vorstellung von den Lebensverhältnissen wohlhabender Madeirer vom 16. bis zum 19. Jahrhundert. Das **kulturgeschichtliche Museum** zeigt Zuckerkistenmöbel, feine Azulejos, Porzellan, Silber und zeitgenössische Gemälde mit Szenen des Insellebens. Da lohnen sich die hier veranstalteten Konzerte schon allein wegen des herrlichen Ambientes.

Quinta das Cruzes

Das ehemalige Wohnhaus ist von einem Park mit prächtigem alten Baumbestand umgeben. Er bildet die stilvolle Kulisse für Steinmetzarbeiten des 15. bis 19. Jh.s aus allen Teilen der Insel, darunter der einstige Pranger von Funchal und zwei manuelinische Fensterbögen. Blumenliebhaber sollten einen Abstecher zur kleinen **Orchideensammlung** im oberen Teil des Gartens unternehmen.
Museum: Calçada do Pico 1 | Di.-So. 10-12.30 und 14-17.30 Uhr | Eintritt: 3 €, Garten frei | http://mqc.gov-madeira.pt

Anekdotenreiches Kuriositätenkabinett
Das private, kunterbunte »Universum der Erinnerungen« wird nicht nur Liebhabern von Flohmärkten gefallen: Die 14 Räume sind bis unter die elegant hohen Decken mit allerlei Antiquitäten und Nippes gefüllt, zusammengetragen von dem Journalist und ehemaligen Leiter des Fremdenverkehrsamtes João Carlos Abreu. Allein die unzähligen **Krawatten** in der Sala das Gravatas sind den Abstecher wert. Garniert wird das Ganze mit spannenden Geschichten und Anekdoten, erzählt von den Mitarbeitern bei der Führung von Raum zu Raum. Nach dem Besuch lädt der schattige Garten zur Einkehr ein.
Calçada do Pico 2 | Mo.-Fr. 10-17 Uhr | Eintritt: 3,50 €

Museu Universo de Memórias

Über den Dächern von Funchal
Wer gut zu Fuß ist, geht hinauf zur Fortaleza do Pico und genießt den hervorragenden Blick über Funchal. Im 20. Jh. nutzte die portugiesische Marine die alten Gemäuer. Sie installierte so viele Antennen, dass der Berg »Pico Rádio« genannt wurde. Der **fotogene Innenhof** lockt mit einem sympathischen Café und zwei Ausstellungsräumen. Auch hinter der Burg, an der Rua dos Frias, gibt es einen schönen Aussichtspunkt und ein familienfreundliches Café.
Rua do Castelo | tgl. 10-18.30 Uhr, Eintritt frei

Fortaleza do Pico

ZIELE
FUNCHAL

Kleine Oase der Ruhe

British Cemetry

Wer eine Auszeit vom Hauptstadttrubel wünscht, ist im westlich der Rua da Carreira gelegenen **Britischen Friedhof** richtig. Zwischen üppigem Grün finden Sie u. a. das Familiengrab der Kaufmannsfamilie Blandy sowie die Gräber des Hotelgründers William Reid und des deutschen Pathologen **Paul Langerhans** (▶ S. 182). Der Friedhof geht auf die kurze englische Besetzung Madeiras von 1807 bis 1814 zurück – bis dahin waren die Bestattung von Nichtkatholiken und die Ausübung nichtkatholischer Religionen auf der Insel verboten.

Rua da Carreira 235 | Mo.-Fr. 10-13 Uhr

Westlich der Rotunda do Infante

Grüne Oase über dem Hafen

Parque de Santa Catarina

Atmen Sie tief durch und genießen Sie den Parque de Santa Catarina. Der Stadtpark westlich der Rotunda do Infante wurde Mitte des 20. Jh.s mit Rabatten, Volieren und einem Schwanenteich angelegt. Die Zeit wird unwichtig im Café und auf der Aussichtsterrasse mit wunderbarem Blick auf den Hafen. Die schlichte kleine **Capela de Santa Catarina** stammt aus dem 17. Jh., das Denkmal daneben zeigt einen in Gedanken versunkenen Christoph Kolumbus. Auch zwei Skulpturen von Francisco Franco sind zu sehen: die Bronzestatue »Sämann« und – Richtung Hafen – ein Denkmal für die beiden portugiesischen Piloten, die 1921 erstmals von Lissabon nach Madeira flogen.

Hafen und Stadt auf einen Blick

Molhe da Pontinha

An der Hafenmole Pontinha des Parque de Santa Catarina flanieren Sie an den großen Kreuzfahrtdampfern vorbei, die hier anlegen. Und hier startet auch die **Fähre nach Porto Santo.**
Im obersten Stock des festungsähnlichen Gebäudes auf der Hafenmole ist die Innenarchitektin und Designerin Nini Andrade Silva mit ihrem **»Design Centre«** eingezogen. Es umfasst ein Museum mit Designermöbeln, ein aussichtsreiches Restaurant und eine stilvolle Bar.

Design Centre: tgl. 10-23 Uhr | Eintritt: frei | www.ninidesigncentre.com

Fußballer-Schrein

Museu CR7

Man muss kein großer Fan des ehrgeizigen Starfußballers **Cristiano Ronaldo** aus Funchal sein, um von der riesigen Trophäensammlung in diesem Museum am Hafen von Funchal beeindruckt zu sein. Was mehr begeistert – die »Goldenen Bälle« als Auszeichnung für den besten Fußballer der Welt, die Hochglanzfotos oder die interaktiven Spielereien –, ist dem Betrachter selbst überlassen. Ein nicht zu über-

ZIELE
FUNCHAL

sehendes Symbol seines Egos steht vor dem Museum: die nicht ganz unumstrittene, 3,40 m hohe Bronzestatue des gut bestückten Wunderknaben. Das Museum ist übrigens im Ergeschoss des CR7-Hotels untergebracht.
Av. Sá Carneiro/ Praça do Mar 27 | Mo.-Sa. 10-18 Uhr | Eintritt: 5 € | www.museucr7.com

Stattliches Anwesen für staatstragende Menschen

Die rosafarbene Quinta Vigia (früher Quinta das Angústias) an der Westseite des Parque de Santa Catarina ist heute offizieller **Wohnsitz des Regionalpräsidenten** und kann nicht besichtigt werden. Das schöne Areal der Quinta mit einer Aussichtsterrasse hingegen ist – sofern keine Staatsgäste zu Besuch sind – öffentlich zugänglich. Die ursprüngliche Quinta Vigia stand auf dem Nachbargrundstück, musste aber dem Casino und dem Pestana Casino Park Hotel weichen. Darin wohnte einst auch die Kaiserin von Österreich und Königin von Ungarn, Elisabeth (▶ S. 180), der neben dem Hotel zur Avenida do Infante hin ein Bronzedenkmal gesetzt wurde.

Quinta Vigia

Niemeyers Tempel des Glücksspiels

Selbst ohne Affinität zu Roulette und Black Jack sollten Sie einen kurzen Abstecher zum Casino von Funchal unternehmen. Entworfen hat es der **brasilianische Stararchitekt** Oscar Niemeyer, der 2012 in Rio de Janeiro im biblischen Alter von 104 Jahren starb. Er galt als ein

Casino

Hinschauen, auch wenn man kein Geld dort liegenlassen will: Das Casino trägt unverkennbar Oscar Niemeyers Handschrift.

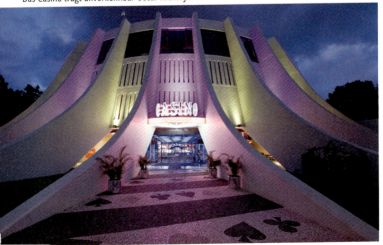

Wegbereiter der modernen Architektur; seine ungewöhnlichen Werke zeichnen sich oft durch großzügige, weit geschwungene Formen aus. Das aus Beton errichtete Casino ähnelt der ebenfalls von Niemayer entworfenen Kathedrale von Brasília und soll einer Dornenkrone nachempfunden sein. Auch das daneben stehende Hotel stammt von ihm.

Avenida do Infante | So.–Do. 15–3, Fr. und Sa. 16–4 Uhr | www.casinodamadeira.com

»Very british!«

Reid's Palace

Von der »Times« auf dem Frühstückstisch übers Bridge-Zimmer bis zur **ehernen Institution des Nachmittagstees** – alles im luxuriösen und traditionsreichen Hotel Reid's ist durch und durch britisch. Obendrein besitzt das Ende des 19. Jh.s von William Reid erbaute rosafarbene Hotel eine der schönsten Lagen der Stadt: Es thront auf

VERY BRITISH!

Ein bisschen Luxus darf's im Urlaub schon mal sein. In Funchal gibt es dafür wohl keine bessere Adresse als das altehrwürdige Reid's. Beim gepflegten Five o'Clock Tea (tgl. 15–17.30 Uhr, 36 €/Pers.) servieren uniformierte Kellner ofenfrische Scones und süße Törtchen, während Sie von der Terrasse auf den zauberhaften Garten blicken. Natürlich nur mit entsprechendem Dresscode und Reservierung!

einer Felsspitze unmittelbar an der Küste weiter stadtauswärts und wird von einem 50 000 m² großen, traumhaft schönen Park mit üppigem tropischem Bewuchs umgeben. Allein sechs verschiedene Arten von Passionsblumen hegen und pflegen die Hotelgärtner. Die mächtigen Kapokbäume stammen noch aus der Gründungzeit der Nobelherberge.
Estrada Monumental 139 | Tel. 291 71 71 71 | Gartenführungen Mi. und So. 15.30 Uhr (15) | www.belmond.com/reids-palace-madeira

Touristischer Hotspot für Flaneure
Zugegeben, Ruhe und Idylle werden Sie hier eher vergeblich suchen. Westlich des Reid's Hotels beginnt entlang der Estrada Monumental das moderne Hotelviertel von Funchal mit unzähligen touristischen Einrichtungen und Bettenburgen. Wer sich davon nicht abschrecken lässt, wird zwischen der frisch renovierten Badeanlage Lido und der **Praia Formosa** über eine abwechslungsreiche Uferpromenade flanieren. Der Passeio Público Marítimo führt an schönen Buchten und Felsformation, kleinen Parks und Gärten sowie mehreren Badeanlagen vorbei, bis durch einen schmalen Tunnel an der Doca do Cavacas der lange Kiesstrand der Praia Formosa erreicht wird. Man könnte von hier sogar bis Câmara de Lobos weiterschlendern.

Lido und Uferpromenade

Rund um Funchal

Üppiges Garten- und Aussichtsreich
Etwa 4 km nordöstlich des Stadtkerns liegt in prächtiger Aussichtslage der **Botanische Garten.** Das Anwesen gehörte bis 1936 der englischen Hoteliersfamilie Reid und ist seit 1952 im Besitz der Stadt Funchal. Der parkartige Garten mit drei hübschen Aussichtspunkten zeigt endemische und eingeführte Pflanzen, Palmen, Orchideen, Bromelien, Sukkulenten und Nutzpflanzen. Im ehemaligen Herrenhaus ist ein kleines, altmodisches naturhistorisches Museum eingerichtet, das außer einer einfachen, aber recht informativen Ausstellung zu Madeiras Pflanzenwelt Tier- und Pflanzenpräparate sowie auf der Insel gefundene Fossilien präsentiert.
tgl. 9–18, Mai–Sept. bis 19 Uhr | Eintritt: 6 €

Jardim Botânico

Eldorado für Blumenliebhaber
Ein bisschen größenwahnsinnig war er vielleicht schon, der **Graf von Carvalhal.** Er gehörte Ende des 18. Jh.s zu den reichsten Personen Madeiras, mit Vorliebe reiste er nach Paris, um sich dort unter die feine Gesellschaft zu mischen. Dort lernte er den Genuss von Froschschenkeln zu schätzen – prompt führte er die Amphibien auch auf Madeira ein, wo sie sich von seinem Gartenteich aus über die ganze Insel verteilten. Apropos Gartenteich: Natürlich ließ sich der Graf

Quinta do Palheiro (Blandy's Garden)

ZIELE
FUNCHAL

auch von französischen Landschaftsgärten inspirieren, und so entstand oberhalb von Funchal auf dem weitläufigen Areal seiner Jagdgründe eine der schönsten Parkanlagen Madeiras.

Französische Gartenarchitekten gestalteten das 12 ha große Gelände der Quinta do Palheiro 1790. Manche der riesigen Bäume, z. B. die beeindruckenden Araukarien, wurden damals gepflanzt, ebenso wie die ersten Exemplare der fantastischen Kameliensammlung. Später ließ einer der Neffen des Grafen das Anwesen im Stil englischer Parkanlagen erweitern – es entstand eine außergewöhnlich harmonische Verbindung von **englischer und französischer Gartenbaukunst.**

Als die Nachfahren des Grafen im späten 19. Jh. verarmten, erwarb die englische Weinhändlerfamilie Blandy den Besitz. Sie baute im oberen Teil des Anwesens ein neues Wohnhaus – eine der prächtigsten Landvillen Madeiras und noch immer im Besitz der Blandys. Die Schönheit und Exotik des Gartens ist vor allem der angeheirateten **Mildred Blandy** zu verdanken. Die Südafrikanerin widmete sich ab den 1930er-Jahren mit viel Energie den Blumen im Park. Sie war es, die die prächtigen Proteen pflanzte, aus dem ehemaligen Kricketfeld den herrlichen »Sunken Garden« (Versunkenen Garten) zauberte und die Anlage schließlich der Öffentlichkeit zugänglich machte.

Heute können Sie farbenfrohe Blumen und Ranken, Magnolien aller Art, einen hübschen Rosengarten und die sorgsam geschnittenen

Buchsbaum-Pfauen bewundern. Sie lustwandeln durch Kamelienalleen und unter riesigen Bäumen aus der Zeit der Grafenfamilie. Und wenn Sie eine Stärkung brauchen: Im gläsernen **Teehaus** am unteren Ende des Parks gibt es köstliche hausgemachte Kuchen, die Sie auch auf der Terrasse mit Blick auf den Palheiro-Golfplatz genießen können. Nebenan steht noch immer das alte, aber inzwischen renovierte Herrenhaus des Grafen. In diesem ist heute ein kleines, aber feines **Hotel** untergebracht. Wer in in luxuriöser und gediegener Atmosphäre übernachten möchte, sollte hier buchen.
tgl. 9–17.30 Uhr | Eintritt: 11 € | www.palheironatureestate.com

WIE PHÖNIX AUS DER ASCHE

Seien Sie gewarnt! Der Besuch des Jardim Orquídea (Beco do Jacinto 1, Santo António, nur nach Anmeldung, Tel. 916 77 02 51) kann durchaus betrüblich stimmen, denn auch der Orchideengarten der österreichischen Züchterfamilie Pregetter wurde Opfer des Waldbrands von 2016. Umso berührender ist es, wie sich die Betreiber dem Wiederaufbau ihres jahrzehntealten Schaugartens widmen und hingebungsvoll die geretteten Pflanzen pflegen und vermehren. Allein schon dieses Engagement verdient Ihren Besuch.

ZIELE
JARDIM DO MAR

JARDIM DO MAR

Höhe: 0 – 175 m ü. d. M. | **Einwohnerzahl:** 200

B5

Abgelegen und idyllisch klebt das kleine Fischerdorf auf einem kleinen fruchtbaren Plateau zwischen wildem Meer und steiler Felswand. Eher Individual- als Busreisende kurven bis in die letzten Winkel der Südwestküste – umso schöner ist es, bei ordentlicher Brandung ungestört entlang der Uferpromenade zu spazieren und den Wellenreitern bei ihrer Surfakrobatik zuzuschauen.

Fischerdorf mit Flair

Ausgangspunkt eines Spaziergangs ist der zentrale Platz nahe der Dorfkirche Nossa Senhora do Rosário. Sie wurde mit Geldern von Emigranten des Dorfs gebaut, wobei die verbliebenen Dorfbewohner tatkräftig mithalfen. Die aufgemalte Rosette soll der Rosette von Notre-Dame in Paris nachempfunden sein. Ein Sträßchen führt hinab zum Meer, vorbei am schön gelegenen Friedhof und der Ruine einer Zuckerrohrfabrik zum »portinho«, dem Mini-Hafen. Im Sommer springen an der Hafenrampe die Badenixen ins Wasser – hier ist die beste Badestelle des Dorfs. Am entgegengesetzten Ende der Promenade tummeln sich bei entsprechendem »Swell« die Surfer, die Jardim do Mar wegen seiner anspruchsvollen Wellen lieben. Nichts für Anfänger, doch allein das Zuschauen macht Spaß!

❙ Rund um Jardim do Mar

Ein Dorf wie kein anderes

Paúl do Mar

Auch der nächste Küstenort nordwestlich von Jardim do Mar, Paúl do Mar, hat sich einen sehr eigenen und unverfälschten Charakter bewahrt. Das **Flair** besonders des alten Ortsteils ist wohl mit keinem anderen Dorf auf Madeira zu vergleichen.
Das ab Jardim do Mar durch einen rund 3 km langen Tunnel zu erreichende Paúl do Mar zieht sich an einer schmalen Uferstraße entlang.

JARDIM DO MAR

JOE'S BAR €
Das Lokal mit dem verwunschenen Gärtchen ist die erste Wahl für die Surfergemeinde von Jardim do Mar. Doch auch wer gerade nicht vom Wellenreiten kommt, mag die entspannte Atmosphäre: Bei einfachen Sandwiches, Salaten, Omelettes oder Pastagerichten kann man wunderbar die Welt da draußen vergessen.
So. geschl., Vereda da Igreja 12
Tel. 966 13 02 08

ZIELE
JARDIM DO MAR

Schroffer Westen – der oft raue Atlantik und grün bewachsene Felszacken prägen die Landschaft rund um Jardim do Mar.

Im kleinen Fischerhafen sorgen zwei Bars (eine davon mit einem Restaurant) für Abwechslung; weitere Lokalitäten liegen im neueren Teil westlich entlang der Uferstraße, wo sich auch ein paar Villen von aus Übersee heimgekehrten Emigranten zwischen die Reihenhäuser mischen. Der **alte Ortskern** mit winzigen gepflasterten Gässchen wurde mit einem Badeplatz und einer Fischerskulptur aufgewertet.

Zeitreise in Wanderschuhen
Hoch über Paúl do Mar liegt Prazeres auf einem Bergrücken, eingerahmt von Obstbäumen und Gemüsegärten – ein feiner Ausgangspunkt für zauberhafte Wanderungen in Madeiras Westen. Hübsch ist der gepflasterte Kirchenvorplatz, ein interessanter Abstecher die Quinta Pedagógica, ein auf Initiative des Ortspfarrers angelegter **Pflanzen- und Tiergarten mit kleinem Teehaus.** Hier können Sie sich mit hausgemachten Marmeladen, Apfelwein und Kräutertees eindecken (www.prazeresdaquinta.pt).

Prazeres

Auf historischen Pfaden wandern Sie, wenn Sie den **alten Verbindungssteigen** zwischen Jardim do Mar und dem rund 600 m hoch gelegenen Prazeres folgen. Wer gut zu Fuß ist und zwischen Paúl und Jardim do Mar die Ebbe abpasst, kann sogar einen tollen, wenn auch schweißtreibenden Rundweg absolvieren.

ZIELE
MACHICO

★★ MACHICO

Höhe: 0 – 150 m ü. d. M. | Einwohnerzahl: 12 000

In Machico steht die Wiege der jüngeren Geschichte Madeiras. Dabei lebt die erste Siedlung Madeiras bei Weitem nicht nur in der Vergangenheit, sondern hat sich längst zu einem spannenden Städtchen mit hübschen Gassen und lebhafter Restaurantszene gemausert. Schlendern Sie entlang der Promenade, durch die gepflegte Altstadt und nehmen Sie am tollen Sandstrand ein Bad im Atlantik.

Wo alles begann …

Schon bald nach Zarcos Ankunft entstand hier eine erste Siedlung. Ab 1440 war Machico unter Tristão Vaz Teixeira sogar Hauptort des östlichen Inselteils. Schnell verlor es jedoch an Bedeutung, nachdem 1497 Funchal zur alleinigen Hauptstadt ernannt worden war. Machico musste sich in der Folge seiner Haut wehren. Wegen der zahlreicher Piratenüberfälle vom 15. bis 17. Jh. wurden insgesamt drei Forts gebaut. Den Namen verdankt der Ort übrigens angeblich einem englischen Ritter und seiner tragischen Liebesgeschichte (▶ S. 99).

🍽 ❶ Mercado Velho
❷ O Gonçalves

🏠 ❶ White Waters Hotel

MACHICO

🍽️

❶ MERCADO VELHO €€
Auf dem mit runden Kieselsteinen kunstvoll gepflasterten Platz vor der alten Markthalle gruppieren sich schmiedeeiserne Stühle und Tische um den historischen Marktbrunnen. Im Mercado Velho können Sie bei Kaffee und Kuchen oder auch einer schmackhaften Tomatensuppe im Schatten der hohen Bäume sitzen und sich das Treiben in der Altstadt anschauen.
Rua General António Teixeira Aguiar, Tel. 291 96 11 29

❷ O GONÇALVES €–€€
Unermüdlich kümmert sich der freundliche Chef Manuel um seine – überwiegend einheimischen – Gäste. Madeirer lieben das zeitgenössische Ambiente, die hervorragenden Fisch- und Fleischspezialitäten und vor allem die günstigen Preise.
Mo geschl., Rua do Ribeirinho 1
Tel. 291 96 66 06

❶ WHITE WATERS HOTEL
▶ S. 215

Wohin in Machico?

Alles da für den perfekten Strandtag
Badebegeisterte zieht es auf die Ostseite der Hafenbucht ins **alte Fischerviertel Banda d'Além,** das bis zur Forte São João Baptista (1800) reicht. Hier wurde ein künstlicher Strand mit hellem Sand angelegt und eine Uferpromenade gebaut. In der gut von Molen geschützten Badebucht wärmt sich der Atlantik im Sommer wunderbar auf und es geht schön flach ins Wasser, sodass es auch für Familien mit Kindern ideal ist. Es gibt am Strand benötigten Einrichtungen: Sonnenschirme, Umkleidekabinen, Toiletten und sogar ein Beachvolleyballfeld, die Cafés und Restaurants sind nur ein paar Schritte entfernt – kein Wunder also, dass der Ort auch bei den Madeirern sehr beliebt ist. — Sandstrand

Ein Ort, 600 Jahre Geschichte
Am gegenüberliegenden westlichen Ufer des Machico-Flusses liegt die hübsche Altstadt, das eigentliche Ortszentrum mit der Pfarrkirche **Nossa Senhora da Conceição** (Unsere Liebe Frau der Unbefleckten Empfängnis, Ende 15. Jh.). Aus der Zeit Manuels I. sind die beiden Portale erhalten und der Bogen der Grabkapelle der Familie Vaz Teixeira. Aus barocker Zeit stammen die Altäre mit vergoldetem Holzschnitzwerk und die bemalte Holzdecke. Das Denkmal auf dem Platz neben der Kirche erinnert an Tristão Vaz Teixeira.
Im **Solar do Ribeirinho,** einem Herrenhaus aus dem 17. Jh., zu dem ein schöner Garten mit gemütlichem Teehaus gehört, wurde ein kleines Museum eingerichtet. In vier Themenbereichen erleben Besu-
Rund um die Pfarrkirche

DIE ENTDECKUNG MADEIRAS

Spannende Entdeckergeschichten und wilde Legenden ranken sich um die Anfänge der Besiedlung Madeiras. Hätten Sie gedacht, dass Madeira um ein Haar eine englische Insel geworden wäre?

1418 gerieten die portugiesischen Kapitäne **João Gonçalves Zarco** und **Tristão Vaz Teixeira,** unterwegs im Auftrag von Heinrich dem Seefahrer, in einen Sturm, wurden von ihrer Route abgetrieben und landeten auf der unbewohnten Insel Porto Santo. Sie sahen Madeira liegen, aber ihnen fehlte der Mut, das weitaus größere Eiland zu betreten. Vor allem die bisweilen dramatische Wolkenbildung ließ Zarco vermuten, es handele sich bei diesem Flecken Erde möglicherweise um den »Höllenschlund«. Erst im Zuge einer zweiten Expedition im Jahr 1419 landeten sie auf der Nachbarinsel.

Seekarte von 1351

Bereits 1351 war der madeirische Archipel auf einer florentinischen Seekarte verzeichnet. Dort wird Madeira »I. do Iolegname« genannt, was so viel wie **»Holzinsel«** bedeutet (ital.: »lo legname« = Holz). Auch Porto Santo (»Porto Séo«) und die Ilhas Desertas (»I. deserte«) sind eingezeichnet und namentlich genannt. Ob italienische Seefahrer, die regelmäßig die Kanaren ansteuerten, arabische Seeleute oder gar schon Phönizier, Karthager oder Römer über den Archipel informiert waren, bleibt gleichwohl Spekulation.

Auf alten Globen ist nur die ungefähre Lage der Atlantikinseln eingetragen.

Inselentdecker Zarco überblickt die Avenida Arriaga in Funchal.

Liebeslegende

Offene historische Fragen regen stets zur Mythenbildung an. Die bekannteste und vielleicht schönste Legende handelt vom englischen Ritter **Robert Machyn** bzw. Machin, der 1346 – also fünf Jahre vor der Erwähnung Madeiras auf der oben genannten Seekarte – wegen eines unbekannten Vergehens aus seiner Heimat verbannt wurde. Er machte sich in Begleitung seiner angeblich nicht standesgemäßen Geliebten **Anne Dorset** auf den Weg nach Portugal. Während eines Sturms kam ihr Schiff erheblich vom Kurs ab. Die Reisenden landeten auf Madeira, und zwar in der Bucht, wo heute **Machico** liegt, das – so die Legende – eine Verballhornung des englischen Namens Machyn sei. Mit einem Diener erkundete Machyn die Insel. Als beide nach drei Tagen zurückkehrten, waren Schiff und Besatzung verschwunden. Nur Anne war zurückgeblieben, starb aber nach wenigen Tagen. Robert begrub sie unter einem Holzkreuz und errichtete ihr eine Kapelle. Dann baute er zusammen mit seinem Diener ein Boot, stach in See und landete an der afrikanischen Küste, an derselben Stelle, wo auch seine abtrünnigen Gefährten gestrandet waren, die, von Mauren gefangen genommen, im Kerker schmachteten. Auch Robert wurde dort eingekerkert und stürzte sich wutentbrannt auf die Verräter. Diese Geschichte hörte der König von Fez und erfuhr damit von der Existenz Madeiras. Doch der maurische Herrscher interessierte sich nicht für das unbewohnte Eiland, genausowenig wie der kastilische Monarch, zu dem Robert geschickt wurde.

Variationen

Dieser Mythos von der Entdeckung Madeiras wurde vielfach abgewandelt. In anderen Versionen beispielsweise ist Anne Dorset eine edle Dame und Robert ein einfacher Ritter. In einer zu Herzen gehenden Variante heißt es, Schiffskapitän Zarco habe von der tragischen Geschichte des Liebespaares gewusst und demzufolge das Holzkreuz gefunden, unter dem Anne und Robert – in dieser Version starb auch Robert auf dem Eiland – begraben waren. In dieses Kreuz hätten, so die Geschichte weiter, die Gefährten vor ihrer Abreise die Geschichte der beiden eingeritzt, verbunden mit einer Bitte: Falls sich je Christen auf die Insel verirrten, dann sollten sie hier eine Kapelle errichten. Zarco kam diesem frommen Wunsch nach und ließ ein kleines Gotteshaus bauen, das allerdings 1803 bei einer Überschwemmung vollkommen zerstört wurde.

ZIELE
MACHICO

cher und Besucherinnen **Personen und Geschichten des Orts** aus den mehr als sechs Jahrhunderten seines Bestehens.

Wenn man vom schmucken Rathaus durch die Gasse Rua General António Teixeira de Aguiar in Richtung Meer geht, kommt man zum alten **Marktgebäude,** heute ist hier ein schönes Café untergebracht. Die dreieckige Hafenfestung Forte Nossa Senhora do Amparo wurde im 17. Jh. zum Schutz vor Piraten gebaut.

Solar do Ribeirinho: Rua do Ribeirinho 15 | Mo.-Fr. 9-17 Uhr | Eintritt: 1,50 €

Kapellen mit Geschichte(n)

Capela de São Roque & Capela dos Milagres

Über die Promenade vor dem Fórum Machico mit Auditorium, Restaurant und Bibliothek geht es zum südwestlichen Ende der Bucht, wo eine frühere Festung dem Hotel Dom Pedro weichen musste. Dahinter steht die oft geschlossene Capela de São Roque. Sie wurde 1489 nach einer Pestepidemie über einer als wundertätig geltenden Quelle errichtet und enthält bemerkenswerte **Azulejos** – die Gemälde zeigen Szenen aus dem Leben des heiligen Rochus.

Am Largo dos Milagres im Zentrum des Fischerviertels steht eine weitere geschichtsträchtige Kapelle, die Capela dos Milagres. Angeblich ließ Zarco hier um 1420 ein Gotteshaus über dem Grab von Robert Machyn und Anne Dorset erbauen. Einer anderen Theorie zufolge las an dieser Stelle ein Franziskanermönch am 2. Juli 1419 die erste Messe auf Madeira. 1803 wurde die ursprüngliche Kapelle durch ein Hochwasser zerstört, das ins Meer gespülte Kruzifix Tage später von Fischern auf hoher See entdeckt. Diese Geschichte ist auf einem naiven Gemälde in der 1815 wiedererrichteten Kirche dargestellt. Zu Ehren der seither als wundertätig verehrten **Christusfigur** wird am 8. und 9. Oktober eine feierliche Bittprozession abgehalten.

| Rund um Machico

Bis zum Horizont

Pico do Facho

Östlich von Machico erhebt sich der Pico do Facho (»Fackelberg«). Von hier aus können Sie wunderbar Machico, die Ostspitze von São Lourenço und sogar den Flughafen überblicken, besonders spannend sind die Landungen. Die Weitsicht wurde einst **zum Schutz des Orts** genutzt. Denn seinen Namen erhielt der 322 m hohe Berg als Standort einer Wache, die die Aufgabe hatte, mit mächtigen Holzfeuern die Einwohner von Machico vor drohenden Überfällen durch Korsaren zu warnen.

Ein weiterer herrlicher Aussichtspunkt wartet am südwestlichen Ortseingang von Machico: Vom **Miradouro Francisco Álvares de Nóbrega,** benannt nach einem bedeutenden Dichter Madeiras (1773–1807), schweift der Blick über die schmale Bucht von Machico.

★★ MONTE

Höhe: ca. 450 – 600 m ü. d. M. | **Einwohnerzahl:** 6700

Hoch über Funchal wartet ein Garten von märchenhafter Schönheit auf Sie: Der Jardim Tropical Monte Palace ist voll von exotischen Blumen, plätschernden Wasserläufen und verschlungenen Wegen. Überall gibt es etwas zu entdecken: ob bunte Vögel, riesige Kois, asiatisch anmutende Brückchen oder faszinierende Kunst. Und erst die Rückfahrt!

Über 40 Jahre lang verband eine Zahnradbahn Funchal, Monte und den Terreiro da Luta. Heute ist nur noch die halb verfallene Bergstation sowie die als Straße genutzte Rampe übrig. Doch keine Bange, Sie müssen die zahlreichen Höhenmeter hinauf nach Monte, den »Berg«, nicht zu Fuß bewältigen: Eine moderne Seilbahn (Teleférico) bringt Sie von Funchal aus in einer Viertelstunde hinauf. Schon die Fahrt ist ein Erlebnis: Sie schweben über die Dächer der Stadt und das tiefe Tal der Ribeira de João Gomes, das sich inzwischen einigermaßen von den Waldbränden des Sommers 2016 erholt hat.

Das etwa 8 km oberhalb von Funchal gelegene Monte war vom 19. Jh. bis in die 1940er-Jahre hinein bei wohlhabenden Madeirern und Ausländern als **Luftkurort** geschätzt – kein Wunder: Auch Sie werden die Luftveränderung bemerken, wenn Sie aus der Seilbahn

Berg- und Talfahrten zum Garten Eden

MONTE

RESTAURANTE MONTE GARDEN €€-€€€
Zur Quinta do Monte gehört ein stilvolles Restaurant. Im Café-Pavilion genießen Sie leichtere Mahlzeiten oder nur einfach eine wunderbare Tasse Tee mit Blick über Funchal.
Caminho do Monte 192
Tel. 291 78 01 00

CAFÉ DO PARQUE €
Auf Montes schattigem Dorfplatz, unterhalb der Wallfahrtskirche, lädt dieses lauschige Café zur Pause ein. Es gibt Kaffee und Kuchen, frischen Orangensaft, überbackene Toasts, Suppen und einfache Gerichte – serviert vom freundlichen Kellner, der an einen englischen Butler erinnert.
Largo da Fonte
Tel. 291 78 28 80

Höhepunkt der religiösen Feste auf Madeira ist die Wallfahrt nach Monte am 15. August (Mariä Himmelfahrt). Dann präsentiert sich die Wallfahrtskirche Nossa Senhora do Monte im prächtigen Festtagsschmuck.

QUINTA DO MONTE ▶ S. 215

ZIELE
MONTE

steigen. Als Nächstes werden Ihnen die zahlreichen **stattlichen Villen** auffallen: Manche sind wunderbar instand gesetzt, andere in die Jahre gekommen und von morbidem Charme. Denn als sich der Tourismus in küstennähere Gebiete verlagerte, ging die Bedeutung Montes zurück – doch an manchen Stellen scheint die Zeit stehen geblieben zu sein, etwa am Largo da Fonte (Quellenplatz) mit dem ehemaligen Zahnradbahnhof und der mit Marmor eingefassten Heilwasserquelle. Basaltsteinwege führen vom Platz aus hinauf zur Wallfahrtskapelle, hinüber zu den **Korbschlittenfahrern** und hinunter in den Parque do Monte; der üppig bepflanzte Stadtpark wurde gegen Ende des 19. Jh.s unterhalb der Bögen der Zahnradbahnstrecke angelegt und lädt zu einem entspannten Spaziergang ein. Doch Montes Highlight ist der Jardim Tropical. Planen Sie unbedingt genug Zeit dafür ein!

Wenn Sie am Ende Ihrer Besichtigungstour durch Monte noch ein wenig Abenteuerlust verspüren, steigen Sie doch in einen der **Korbschlitten**, die bergab Richtung Funchal sausen! So kommen Sie in den Ortsteil Livramento, wo es Taxis oder Linienbusse zur Weiterfahrt gibt. Das Vergnügen ist nicht billig (30 € für zwei Personen), gehört aber zum Madeira-Erlebnis dazu. Zwei vornehm in Weiß gekleidete Fahrer steuern das mit Holzkufen bestückte Gefährt über die normale Fahrstraße. Die Schlittenfahrt beginnt unterhalb der Wallfahrtskirche, wo man auch zusehen kann, wie es um die Kurve geht. Nach Monte kommen Sie übrigens nicht nur per Seilbahn, sondern auch per Linienbus (Ausstieg am Largo da Fonte). Oder per Mietwagen: Sind Sie damit unterwegs, parken Sie am besten auf dem großen Parkplatz oberhalb des Largo da Fonte.

| Wohin in Monte?

Blühender Märchenpark

Angelegt wurde dieser **fantasievolle Tropengarten** in den 1980er-Jahren auf dem verlassenen Gelände des ehemaligen Grand Hotels Belmonte – das Gebäude aus dem späten 19. Jh. steht noch immer inmitten des Gartens. Der madeirische Geschäftsmann und Kunstsammler Joe Berardo, der durch Goldfunde in Südafrika zum Multimillionär wurde, ist der Stifter der fantastischen Anlage, mit der er den Besuchern die Flora Madeiras, aber auch Kunstschätze aus aller Welt näher bringen will. Überhaupt sollten Sie die Augen offen halten, wenn Sie durch den Park wandeln: Er enthält eine Fülle künstlerischer Elemente, darunter die wohl größte je auf einer Töpferscheibe gedrehte Vase mit über 5 m Höhe und einem Gewicht von

★★
Jardim
Tropical
Monte
Palace

Rasanter Spaß! Bei einer Korbschlittenfahrt von Monte hinab nach Livramento kann es schon mal passieren, dass Ihre Fotos verwackelt sind.

ZIELE
MONTE

550 kg, außerdem viele faszinierende Statuen. Eine **Mineralienausstellung** zeigt (durchaus auch glitzernde) »Geheimnisse der Mutter Erde« im garteneigenen Museum, dort ist außerdem eine Sammlung afrikanischer Skulpturen zu sehen. Wer sich mit der portugiesischen Geschichte beschäftigen möchte: Sie ist in Form von **40 Azulejobildern** anschaulich dargestellt, Sie spazieren sozusagen vom 12. bis ins späte 20. Jh. und lernen so ganz nebenbei, was in den verschiedenen Königsdynastien Portugals so alles Spannendes passiert ist.

tgl. 9.30–18 Uhr, Museum tgl. 10–16.30 Uhr | Eintritt: 12,50 € | www.montepalace.com

Kaiserliches Grab mit majestätischer Aussicht

Nossa Senhora do Monte

Über dem alten Dorfkern erhebt sich die Wallfahrtskirche Nossa Senhora do Monte – 68 Stufen führen zum Gotteshaus hinauf. Ihre mit dunklem Tuffstein abgesetzte und von zwei Türmen flankierte Fassade ist weithin sichtbar. Die Vorgängerkirche wurde 1748 durch ein Erdbeben zerstört, die heutige Kirche 1818 im Barockstil erbaut. Herrlich ist die **Aussicht von der Kirchenterrasse** auf die Bucht von Funchal. Von der Vorgängerkapelle ist nur die kleine, in Silber gefasste Pietà im Hochaltar erhalten. Sie wird von der Bevölkerung

Wer es allein mit Muskelkraft auf die Hochebene Paúl da Serra geschafft hat, hat sich die flacheren Passagen oben redlich verdient.

ZIELE
PAÚL DA SERRA

als wundertätige Schutzheilige der Insel verehrt und alljährlich am 15. August (Mariä Himmelfahrt) in einer großen Prozession (Romaria) durch die Gassen getragen. In der linken Seitenkapelle befindet sich der schlichte **Sarkophag** mit den sterblichen Überresten des letzten österreichischen Kaisers **Karl I.** (▶ S. 181).

Mahnmal für den Frieden

In Terreiro da Luta, rund 3 km nördlich von Monte, unweit des einstigen Zahnradbahnhofs, steht in bester Aussichtslage die 5,5 m hohe und rund 20 t schwere Marmorstatue der **Nossa Senhora da Paz** (Friedensmadonna). Die Errichtung des Denkmals geht auf ein Ereignis während des Ersten Weltkriegs zurück, als ein deutsches U-Boot das im Hafen von Funchal liegende französische Kriegsschiff »Surprise« beschoss und versenkte. Danach gelobten die Madeirer, nach Kriegsende der Jungfrau Maria ein Denkmal zu errichten. Diverse Spenden, u. a. der österreichischen Ex-Kaiserin Zita, halfen, das Versprechen 1927 einzulösen. Um den Sockel windet sich ein ungewöhnlicher Rosenkranz: Er ist aus der Ankerkette des versenkten Schiffs gearbeitet.

Terreiro da Luta

★★ PAÚL DA SERRA

Höhe: 1300 – 1400 m ü. d. M. | **Lage:** 60 km nordwestlich von Funchal

Wenn Ihnen auf der kargen Paúl da Serra der Wind das Haar zerzaust und Sie weit und breit nur baumlose Landschaft erblicken, kommen Ihnen vielleicht die schottischen Highlands in den Sinn. Doch weit gefehlt: Sie stehen auf der einzigen großen Ebene dieser ansonsten so hügeligen Insel – und zugleich haben Sie das Tor zum Wanderparadies Rabaçal entdeckt.

Im Frühjahr leuchtet hier der Stechginster in kräftigen Gelbtönen, später im Jahr färbt der Adlerfarn alles in dunklem Rot. Der oftmals starke Wind, der über die ca. 1400 m hohe Ebene fegt, verhindert Baumwuchs. Er sorgt jedoch für saubere Energie, wie Sie an den Windkraftanlagen und am großen Speicherbecken des Pumpspeicherkraftwerks Calheta III erkennen können. Früher lebten hier Schafe und Ziegen, doch sie haben der Vegetation zu sehr geschadet. Heute könnten Sie stattdessen der einen oder anderen Kuh begegnen. Die höchste Erhebung der Gegend ist der Pico Ruivo do Paúl (1640 m ü. d. M.), der Wanderer lockt. Ein spektakulärer Miradouro mit Aussicht Richtung Hochgebirge liegt im Osten an der Bica da

Karge Schönheit

MADEIRAS LEVADAS

Wasser gibt es auf Madeira genug, doch um es dahin zu leiten, wo die ersten Siedler im Inselsüden ihre Terrassenfelder anlegten, mussten steinerne Rinnen aus höheren Lagen und später auch aus dem feuchteren Inselnorden gebaut werden: die Levadas.

▶ **Ungleiche Verteilung**
Im Norden Madeiras sorgen Passatwinde für viel Regen. Dank undurchlässiger Laterit- und Basaltschichten wird das Wasser unterirdisch gespeichert und tritt in Quellen wieder an die Oberfläche. Da die Regenwolken aber meist an den Nordhängen der zentralen Gebirgsketten hängenbleiben, ist der Süden wesentlich trockener.

▶ **Levadas**
Die Steinrinnen sind einen knappen Meter breit und einen halben Meter tief. Anfang des 19. Jahrhunderts zählte man 200 Levadas. 1950 wurde die letzte Levada »(Levada) do Furado« mit 80 km Länge fertiggestellt.

Levadas führen oft durch Tunnel. Der längste ist 5,6 km lang. Insgesamt 16 km durch Tunnel legt die 106 km lange »Levada dos Tornos« zurück, mit dem 9900 ha Land bewässert werden.

Niederschlag pro Jahr

3500 mm im Norden

700 mm im Süden

©BAEDEKER

Niederschläge Nord/Süd
Angaben pro Jahr in mm

■ Santana
■ Funchal

▶ Wasserleitsysteme im Vergleich
Mit ca. 2150 km Länge sind die Levadas das längste natürliche Wasserleitsystem der Welt.

Levadas

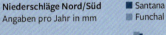

2150 km

Los Angeles

1465 km

Antikes Rom

504 km

Die Levadas sind fast doppelt so lang wie die Elbe.

1094 km

...ele der engen und flachen Levadas sind ...iteinander verbunden. Sie müssen ständig ...ewartet werden, wozu man schmale Pfade ...ntlang ihres Laufs angelegt hat, die heute ...ilweise beliebte Wanderwege sind.

▶ Wasserkraftwerke
Nach einem ähnlichen Prinzip funktioniert das Wasserkraftwerk Socorridos.
Es wird über ein 15,5 km langes Tunnel- und Kanalsystem mit Wasser gespeist und versorgt die Region Funchal/Câmara de Lobos mit Strom und Wasser.

BAEDEKER ÜBERRASCHENDES

6x DURCHATMEN

Entspannen, wohlfühlen, runterkommen

1.
RIESIG
Uralte, riesige, knorrige **Lorbeerbäume** stehen im Forstpark von Fanal. Die Baumveteranen sorgen – vor allem bei Nebel – für eine nachgerade einzigartige, mystische Atmosphäre.
(▶ **Fanal, S. 110**)

2.
VERTRÄUMT
Neben Ihnen plätschert der Wasserfall in den idyllischen Teich im Jardim Tropical Monte Palace, Sie sitzen auf einer Bank und betrachten verträumt die Schwäne – ach, schön ist's im **Märchenpark!**
(▶ **S. 103**)

3.
EINSAM
Im tiefen Westen ist Madeira besonders einsam, erst recht auf der Fajã von Achadas da Cruz. Per **Seilbahn** geht es zu diesem fruchtbaren Stückchen Land am Fuße der Steilklippe.
(▶ **Achadas da Cruz, S. 118**)

4.
SPIRITUELL
Die ehemalige Jesuitenkirche von Funchal schockt so manche mit ihren **bunten Malereien** und den vergoldeten Schnitzereien. Doch es ist ein wunderbarer Rückzugsort inmitten der Innenstadt.
(▶ **Igreja do Colégio, Funchal, S. 85**)

5.
ERHOLSAM
Zur **Quinta Splêndida in Caniço** gehört eine fantastische Parkanlage, in der Sie stundenlang spazieren können. Noch erholsamer ist nur das Wellnessen im renommierten Spa des Hotels. (▶ **S. 214**)

6.
WÜSTENHAFT
Die unbewohnten Desertas gelten als **Naturreservat,** nur auf der mittleren Insel, der Deserta Grande, gibt es eine kleine Anlegestelle für Ausflugsboote. Hier können Sie Vögel beobachten, schnorcheln oder Grotten erkunden.
(▶ **S. 194**)

ZIELE
PAÚL DA SERRA

Cana (1620 m). Die Levada do Paúl (Wanderung ▶ S. 45) führt am Südhang der Hochebene entlang und vermittelt einen tollen Eindruck von dieser einzigartigen Landschaft.

Um ein Haar übrigens wäre diese grandiose **Hochmoorlandschaft** (Paúl da Serra bedeutet Bergmoor) in den 1960er-Jahren für immer zerstört worden: Man plante, hier den Flughafen zu bauen, weil man für die Landebahn eine ebene Fläche suchte. Es wäre eine ökologische Katastrophe geworden, denn das poröse Gestein nimmt wie ein Schwamm die Feuchtigkeit auf und ist sehr wichtig für die Wasserversorgung der Insel. Das Wasser, das aus den Seitenhängen dieses riesigen Wasserspeichers austritt, fließt entweder in Bächen oder in den vielen von hier ausgehenden Levadas talwärts.

Wohin auf der Paúl da Serra?

Eine der schönsten Straßen Madeiras

Die ER105 führt vom **Encumeada-Pass** vorbei an der Bica da Cana hinauf zur Hochebene. Nach jeder Kurve haben Sie neue tolle Aussichten und passieren Felstunnel mit Autoduschen. Wer von Funchal her kommt, sollte auf jeden Fall diesen Weg wählen, sofern er nicht wegen Steinschlaggefahr gesperrt ist. Eine Alternative führt über die ER209, die oberhalb von Ponta do Sol beginnt und sich durch das langgezogene Dörfchen Canhas schlängelt. Eine weitere Variante ist die ER211 bei Arco da Calheta. Wer ohnehin im Westen unterwegs ist, wählt vielleicht die ER210 bei Prazeres oder fährt direkt von Porto Moniz aus hinauf. Landschaftlich besonders interessant ist die Strecke durch Ribeira da Janela und das Wandergebiet von Fanal (ER209). Oben ankommen, führt eine fast schnurgerade Straße über das etwa 102 km² große Areal.

ER105

Dorado für Wanderbegeisterte

Das Wandergebiet von Rabaçal liegt in einem markanten Taleinschnitt am westlichen Ende der Hochebene. Wahrhaft atemberaubend ist die Umgebung rund um das **Forsthaus von Rabaçal:** eine waldreiche Landschaft, in der sich alte Lorbeerbaum- und Baumheidebestände sowie zahlreiche Farne, Moose und Flechten finden. Etliche Levadas ziehen sich auf verschiedenen Ebenen durch das Tal, sie führen zu wunderschönen Wasserfällen und durch dichte, urwaldähnliche Wälder.

Rabaçal

Zu den beliebtesten Wanderungen Madeiras gehört der PR 6 vom Forsthaus zu den **25 Fontes** (25 Quellen). Über eine Vielzahl von Stufen gelangen Sie auf die Ebene der Levada der 25 Fontes – folgen Sie einfach den Schildern. Am Ziel ergießen sich wasserreiche Bäche über mehrere Katarakte in einen Weiher – ein einzigartiges Naturerlebnis. Doch Achtung, bei dieser Levadawanderung kann es recht voll

ZIELE
PICO RUIVO · PICO DO ARIEIRO

und damit auch eng werden, zumal man vor allem auf dem Rückweg mit Gegenverkehr zu rechnen hat und der Weg teilweise sehr schmal ist! Auch deshalb ist Schwindelfreiheit für diese Wanderung eine wichtige Voraussetzung. Für die knapp 10 km (hin und zurück) sollten Sie mindestens 3 Stunden einplanen.

Eine leichtere, aber lohnende und nur etwa halbstündige Wanderung führt entlang der **Levada do Risco** zu den wunderschönen Risco-Wasserfällen, die in den feuchten Monaten zu den spektakulärsten Katarakten Madeiras zählen. Die beiden Wanderungen lassen sich übrigens auch verbinden – auf dem Rückweg von den 25 Fontes einfach den Schildern zu den Risco-Wasserfällen folgen.

Nach Rabaçal fahren **keine öffentlichen Verkehrsmittel,** Sie benötigen einen Mietwagen oder ein Taxi. Wenn Sie nichts gegen organisierte Wandergruppen haben: Fast alle lokalen Ausflugsveranstalter haben Wanderungen in dieser Gegend im Programm. Individualisten parken auf dem unbefestigten Parkplatz auf der Hochebene. Die Levadawanderungen beginnen im Tal, also muss man über das Sträßchen hinunter zum Forsthaus gehen (ca. 40 Minuten) oder den Pendelbus nutzen (5 € hin und zurück, Fahrplan an der Haltestelle).

Noch mehr Wanderwege für Genießer

Fanal — Fährt man von der Hochebene Paúl da Serra über die ER209 Richtung Ribeira da Janela, dann passiert man das Fanal. Auch hier gibt es ein Forsthaus, das am Rande der Hochebene steht. Zwei wundervolle Wanderwege führen durch dieses Gebiet: die **»Vereda do Fanal«** (PR 13) und die **»Levada dos Cedros«** (PR 14). Beide sind landschaftlich einzigartig, führen teils durch ursprünglichen Lorbeerwald und sind weniger überlaufen als die Wanderwege von Rabaçal.

★★ PICO RUIVO · PICO DO ARIEIRO

Lage: Zentralmadeira

Was für ein Panorama! Wenn Sie die letzten Höhenmeter auf dem Weg zum Gipfel des Pico Ruivo geschafft haben, stehen Sie auf dem höchsten Berg der Insel. Vielleicht sehen Sie tief unten Wasser im Sonnenlicht glitzern oder schauen zu, wie weiße Wolken durch die phänomenale schroffe Berglandschaft ziehen – halten Sie einen Moment inne und lassen Sie die Szenerie auf sich wirken!

ZIELE
PICO RUIVO · PICO DO ARIEIRO

Das ist der Augenblick, in dem man die schmerzenden Waden vergisst:
Das Panorama am Pico do Arieiro ist bei schönem Wetter atemberaubend!

Mit 1862 m ist der Pico Ruivo Madeiras höchster Gipfel. Das Gestein der »Rötlichen Spitze« leuchtet in der Abendsonne in warmen Rottönen. Er ist recht leicht zu erklimmen: Vom Wanderparkplatz Achada do Teixeira oberhalb von Santana, wo das Gasthaus »Abrigo da Heidi« madeirische und österreichische Hüttengerichte serviert, führt die Vereda do Pico Ruivo (PR 1.2) über einen gepflasterten Pfad hinauf zur bewirtschafteten Berghütte. Von dort sind es noch ein paar Minuten über einen schmalen Weg und Stufen bis zur Kuppe. Hin- und Rückweg (je 2,8 km) erfordern etwa eineinhalb Stunden, der Weg ist gut markiert und einfach zu gehen. Allerdings sollten Sie auf Sonnenschutz achten und ausreichend Waser mitnehmen, denn der Weg ist nahezu schattenlos – auch wenn unten im Tal Wolken hängen, kann es sein, dass Sie hier oben in der prallen Sonne gehen.

Ganz oben angekommen

Ein gigantischer Kühlschrank

Noch einfacher zu erreichen ist der **dritthöchste Berg der Insel,** der 1818 m hohe Pico do Arieiro (der zweithöchste ist der Pico das Torres mit 1851 m): Eine gut ausgebaute Fahrstraße windet sich vom Poiso-Pass hinauf. Sie führt zunächst durch waldreiche, später immer offener werdende, von Bergheide bedeckte Landschaft und zuletzt durch schroff felsiges Hochgebirge mit atemberaubenden Ausblicken. Auf der linken Seite der Straße, kurz bevor Sie die weithin sichtbare Radarstation der portugiesischen Luftstreitkräfte am Gipfel erreichen, sehen Sie den **»Poço da Neve«:** In dem Basaltiglu lagerte man im 19. Jh. Schnee ein – er diente als Grundlage für Sorbets!

Pico do Arieiro

ZIELE
PONTA DELGADA

Für Gipfelstürmer

Von Gipfel zu Gipfel

Einer der spektakulärsten Wanderwege der Insel verbindet den **Pico do Arieiro** mit dem **Pico Ruivo** – nur auf Madeiras berühmtem »Königsweg« genießen Sie solche Ausblicke in die Täler und auf die Hochebenen. Vor allem im Frühjahr, wenn an den Felsen die Bergblumen blühen, ist die Landschaft atemberaubend schön. Der PR 1 – Sie starten am Parkplatz der Poussada do Arieiro – erfordert jedoch Ausdauer und Trittsicherheit, und für das Auf und Ab sollten Sie zweieinhalb bis dreieinhalb Stunden (einfach) rechnen. Informieren Sie sich, ob der Weg geöffnet ist – manchmal sorgen Steinschläge für Schließungen.

Der gut markierte Weg führt vorbei an den Kanten des Pico das Torres über schweißtreibende Treppenabschnitte, über schmale Grate und durch mehrere Tunnel. Eine Taschenlampe ist unterwegs hilfreich. Bedenken Sie, dass Sie den Weg auch wieder zurückgehen müssen, sofern Sie keine Abholgelegenheit vom Wanderparkplatz Achada do Teixeira oberhalb von Santana haben. Wenn Sie nur wenig Zeit haben oder nicht die ganze Wanderung machen wollen, lohnt es sich auch, nur bis zum **Aussichtspunkt Ninho da Manta** bzw. bis zur »Pedra Rija« (einer markanten Felsnase mit ebenfalls grandioser Aussicht) zu gehen und von dort zurück.

★ PONTA DELGADA

Höhe: ca. 10 – 165 m ü. d. M. | **Einwohnerzahl:** 1300

Kinderlachen schallt vom Meeresschwimmbad herüber, aus der Kneipe an der Hauptstraße dringen die Stimmen Einheimischer, die sich gerade das Allerneueste erzählen, ältere Damen machen sich im Sonntagsputz auf den Weg zur Messe – in Ponta Delgada bekommen Sie Einblicke in den Alltag der Madeirer.

Landleben auf Madeirisch

Der alte Ortskern liegt unten am Meer – hier finden Sie auch die Dorfkirche und das allseits beliebte Meeresschwimmbecken, das sich durch die kräftige Brandung ständig mit frischem Meerwasser füllt. Der etwas neuere Teil des Ortes erstreckt sich über die Hänge oberhalb der Durchgangsstraße.

In den vom Tourismus meist links liegen gelassenen Dörfern der zentralen Nordküste dreht sich das Leben noch um die Landwirtschaft, die jährlichen Kapellenfeste und die Familie. Wirtschaftlich bedeutend sind hier der Wein-, Obst- und Gemüseanbau, außerdem wachsen viele Weiden, deren Ruten von den madeirischen Korbflechtern

PONTA DELGADA

SÃO CRISTÓVÃO €€
Etwas versteckt liegt das sympathische Restaurant an einem Miradouro zwischen Ponta Delgada und Boaventura. Die Aussichten auf das Meer und die Felskanten der Nordküste sind phänomenal. Von hier aus sieht man, wie sich der alte Verbindungspfad die Hänge entlang schlängelt. Das Lokal ist ideal zur Einkehr nach einer Wanderung, es gibt deftige Gerichte und leckere Snacks. Und dann wäre da noch die üppige Fischplatte! Außerhalb des Sommers Mo. geschl., Sítio de São Cristóvão, Boaventura, Tel. 291 86 20 66

CASA DA CAPELINHA ▶ S. 215

---

verarbeitet werden. In und um Ponta Delgada stehen sehr viele Quintas: Sie wurden von großen Weinbauern in Auftrag gegeben, die im 18. Jh. reich geworden waren.

▌Wohin in Ponta Delgada und Umgebung?

Ein Kreuz trotzt den Elementen
Alljährlich findet in Ponta Delgada am ersten Septembersonntag eines der ältesten religiösen Feste Madeiras statt. Anlass ist eine Legende, nach der um 1470 eine Kiste mit einem hölzernen Kruzifix an Land geschwemmt wurde – gerade als man dort eine kleine Kapelle errichtete und diese deshalb Capela do Bom Jesus nannte. Doch 1908 brannte das Wallfahrtskirchlein fast völlig aus. Übrig blieb ein **verkohlter Rest des Kreuzes,** das nun in einem gläsernen Behältnis im Kirchenneubau von 1919 aufbewahrt und von der gläubigen Bevölkerung verehrt wird. Auffällig ist die Bemalung der Kirchendecke: Zu sehen sind u. a. Paradiesdarstellungen und ein Schiff, das die portugiesischen Entdeckungen symbolisiert. In der ehemaligen Pilgerherberge nahe der Kirche ist jetzt ein Seniorenheim untergebracht.

Capela do Bom Jesus

Fruchtbares Fleckchen Erde
Südöstlich von Ponta Delgada entfernt sich die Küstenstraße vom Meer und passiert nach etwa 2 km das Örtchen Boaventura (1200 Einw.). Es liegt inmitten von Obstkulturen und Weidenpflanzungen für die Korbflechterei. Grundlage für die Fruchtbarkeit der Gegend ist der **Wasserreichtum,** da einige kleine, vom zentralen Gebirgsmassiv kommende Flussläufe hier in den Atlantik fließen. Boaventura bietet keine großen Sehenswürdigkeiten – aber hier kann man in schöner Umgebung wunderbar die Seele baumeln lassen oder zu Wandertouren aufbrechen.

Boaventura

ZIELE
PONTA DE SÃO LOURENÇO

★★ PONTA DE SÃO LOURENÇO

Höhe: 0 – 160 m ü. d. M. | **Lage:** 34 km östlich von Funchal

Willkommen in einer anderen Welt! Ponta de São Lourenço hat wenig mit dem sonst so üppig grünen Madeira gemein: Eine karge, bizarre Schönheit ist diese Landzunge im Osten der Insel. Beim Wandern erleben Sie die Landschaft am intensivsten, wenn der Wind über die Felsen pfeift, das Gestein in verschiedenen Farben schimmert und Wellen an die wüstenhafte Halbinsel schlagen.

Normalerweise karg und bizarr, aber im Frühjahr …

ZIELE
PONTA DE SÃO LOURENÇO

Schon in Caniçal merken Sie: Es wird allmählich karger, außer ein paar Dattelpalmen sehen Sie kaum noch Bäume. Denn es ist nicht nur windig, sondern auch trocken im Osten Madeiras. Doch wenn Sie genauer hinsehen, entdecken Sie erstaunlich viele weiße, gelbe und lilafarbene Blüten, Margeriten, Levkojen, Disteln, Kriechpflanzen und Kleearten. Im Frühjahr, wenn es doch mal etwas Niederschlag gibt, geschieht ein kleines Wunder: Die Hänge der Ostspitze färben sich zartgrün. Forscher haben auf der Landzunge **160 verschiedene Pflanzen** bestimmt, 14 Prozent davon kommen nur auf Madeira vor. Auch deshalb wurde diese besondere Landschaft zum Naturreservat erklärt. Übrigens: Das Gestein zu Ihren Füßen ist einst unter Wasser entstanden, erst später haben sich die Schichten tektonisch gehoben – die sogenannte Kissenlava mit ihren kreisrunden Formen ist ein eindeu-

Bizarre Felsenlandschaft

… bedecken ein zartes Grün und allerlei Blüten die Ostspitze.

tiges Zeichen dafür. Auch die Felswände auf der Halbinsel erzählen Erdgeschichte: Über 5 Mio. Jahre sind die Schichten teilweise alt. Die dunklen **»Dykes«,** sogenannte Gesteingänge, sind durch das Einfließen von dichter Basaltlava in die Gesteinspalten entstanden.

Zeugen vulkanischer Zeiten

Madeiras Ostspitze

Zwei Miradouros ermöglichen spektakuläre Aussichten auf die einzigartigen Formen der Ostspitze. Wenn Sie wunderschöne Ausblicke mit einer wundervollen Wanderung verbinden wollen, nehmen Sie im Kreisverkehr die erste Ausfahrt und fahren Sie die ER109 bis zu ihrem Endpunkt, der Baía d'Abra. Hier startet der Wanderpfad über die Halbinsel bis zur bewirtschafteten Naturpark-Hütte Casa do Sardinha und bis zum aussichtsreichen Doppelgipfel **Morro do Furado.** Es ist eine manchmal schweißtreibende, aber absolut lohnende Wanderung (hin und zurück ca. 3 Std., 8 km). Der Weg wurde teilweise mit Steinplatten befestigt. An zwei Stellen kann man zum Meer hinabsteigen. Unterwegs gibt es keinen Schatten, und manchmal pfeift der Wind unangenehm über die Hänge, doch dafür haben Sie nach jeder Kurve, nach jedem Auf- oder Abstieg neue fantastische Aussichten.

Dem Morro do Furado vorgelagert ist die von einer Möwenkolonie bewohnte **Ilhéu do Desembarcadouro.** Am östlichsten Punkt Madeiras, dem **Ilhéu do Farol,** steuern seit Jahrhunderten die vom Festland oder von Porto Santo kommenden Schiffe vorbei. Nachdem es im 19. Jh. hier oft zu Schiffsunfällen gekommen war, sah sich die Inselverwaltung gezwungen, auf die äußerste Spitze des Eilands einen Leuchtturm zu setzen, auch wenn der Fels eigentlich unzugänglich war. Seit 1870 leuchtet nun Madeiras ältester Leuchtturm allen Schiffen den Weg.

Ein **Tipp,** wenn Ihnen das Wetter zu heiß oder die Wanderung zu beschwerlich ist: Folgen Sie einfach dem Pfad am hinteren Ende des Parkplatzes. Nach ca. 2 Minuten werden Sie einen atemberaubenden Blick über die Landschaft bis hin zum Leuchtturm haben!

Eine andere Möglichkeit, ein tolles Panorama zu genießen, ist, am letzten Kreisverkehr der ER109, kurz nach Passieren der Parkbuch-

PONTA DE SÃO LOURENÇO

QUINTA DO LORDE €€

Wenn Sie einkehren möchten, könnten Sie einen Abstecher in die viel diskutierte, fast schon surreal künstliche Marina-Siedlung Quinta do Lorde machen. Neben dem Hotel, einer Kirche, Wohnbauten und einer Badestelle gibt es im Jachthafen z. B. die Captain's Bar, die Sundowner und Snacks serviert.
Sítio da Piedade, Caniçal
Tel. 291 96 98 30

ten des »Prainha«-Strandes, in die zweite Ausfahrt abzubiegen. So gelangen Sie zur **Ponta do Rosto,** bei der es sich lohnt, den rot gefärbten Hügel hinaufzusteigen, um noch grandiosere Weitblicke entlang der Nordküste mit ihrer fast senkrecht ins Meer hinabstürzenden Steilküste und den schroffen Formationen zu haben.

PONTA DO PARGO

Höhe: 473 m ü. d. M. | Einwohnerzahl: 900

Langsam versinkt die Sonne im weiten, blauen Meer. Aber nicht, ohne zuvor die abendliche Landschaft in einen golden-glutroten Glanz zu hüllen. Verpassen Sie dieses bezaubernde Schauspiel der Natur nicht und finden Sie sich rechtzeitig in Ponta do Pargo ein – denn hier, im Westen Madeiras, haben Sie bei Sonnenuntergang immer einen Logenplatz.

Auf der spitz ins Meer ragenden Ponta da Vigia bei Ponta do Pargo steht der höchstgelegene Leuchtturm Portugals (392 m ü. d. M.) mit einer knallroten Spitze. Einen ausgezeichneten Ausblick auf die Küs-

Nächstes Ziel Amerika – der Ausflug zu dem knapp 400 m ü. d. M. liegenden Leuchtturm auf der Ponta da Vigia lohnt sich schon allein wegen der Fernsicht.

PONTA DO PARGO

CASA DE CHÁ »O FIO« €–€€
Das »Teehaus«, in dem es auch herzhafte regionale Gerichte gibt, wird vor allem zum Sonnenuntergang zum »place to be«, wenn Fremde und Einheimische sich auf der von Kräutern gesäumten Terrasse vor dem Haus niederlassen, um zuzusehen, wie die Sonne im Atlantik versinkt. Mittags sorgt z. B. die leckere Gemüsesuppe für neue Energie beim Wandern.
Rua do Fio, Salão de Baixo
Tel. 291 88 25 25

O FORNO €€
Der offene Holzofen (»o forno«) – das Herzstück dieses einfachen, aber herzlichen Lokals – macht es so überaus beliebt. Zwei Brüder haben sich hier einen Lebenstraum erfüllt und kümmern sich mit Leidenschaft um das Wohl ihrer Gäste. Es gibt saftige Espetadas und gegrillten Fisch, aber auch gute vegetarische Optionen. Die Desserts sind eine Offenbarung! Nach dem Schlemmen bekommen Sie eine hochgelobte Poncha.
Estrada Ponta do Pargo 316
Tel. 291 09 83 41

Tief im Westen

tenlandschaft im Westen, der immer wieder von einem Golfplatz verschandelt zu werden drohte, haben Sie auch vom »Miradouro«, etwa einen Kilometer vom Leuchtturm entfernt.

Westlicher Endpunkt
Leuchtturm — Der 1922 errichtete Leuchtturm befindet sich ca. 1,5 km außerhalb des Orts am westlichsten Punkt Madeiras. Er weist Schiffen den Weg um die Insel und bietet gleichzeitig **tolle Aussichten** über die Westseite. Im Leuchtturmgebäude gibt es eine kleine Ausstellung zu Leuchttürmen auf Madeira mit allerlei Fotos und Seekarten. Mittwochnachmittags führt der Leuchtturmwärter Sie die Wendeltreppe hinauf zu den Linsen.
tgl. 9.30–12 und 14–16.30 Uhr

Im Zeichen des Apfels
Der Ort — Das kleine Gotteshaus in Ponta do Pargo, dem heiligen Petrus geweiht, erhielt Ende der 1990er-Jahre ein farbenfrohes Deckengemälde mit geradezu paradiesisch anmutenden Landschaften. Das Dörfchen selbst mag ein wenig verschlafen wirken, doch alljährlich im September erwacht Ponta do Pargo zum Leben, wenn das legendäre **Apfelfest** gefeiert wird, mit allen möglichen Produkten rund um das hier besonders gut gedeihende Obst.

Tiefer Schlund
Garganta Funda — Nahe Ponta do Pargo sind Aussichtspunkte zur Garganta Funda ausgeschildert: Nahe der Küste stürzt hier im Winter ein **Wasserfall** in einen fast kreisrunden Kessel.

PONTA DO SOL

Höhe: ca. 30 – 180 m ü. d. M. | **Einwohnerzahl:** 4550

Haben Sie schon einmal einer Banane mitten ins Herz geschaut? So wird die Blüte der Staude nämlich auch genannt. Auf den Bananenplantagen rund um Ponta do Sol – an der »Sonnenspitze« der Insel – haben Sie gute Chancen auf diesen großartigen Anblick, dDenn das hiesige Klima lässt Pflanzen prächtig gedeihen.

Ponta do Sol präsentiert sich oft von seiner Sonnenseite – das darf man hier wörtlich nehmen, verzeichnet der Ort an der Südküst doch die meisten Sonnenstunden auf Madeira. Kein Wunder also, dass der der Fokus auf der Landwirtschaft liegt. Einst war hier das Zentrum des Zuckerrohranbaus, heute ist das Zuckerrohr längst Bananenplantagen gewichen. Auch ein Verpackungsbetrieb hat sich angesiedelt, um die »Paradiesfeigen«, wie die Früchte einst verheißungsvoll betitelt wurden, für den Transport zu präparieren.
Ponta do Sol verdankt seinen Charme nicht nur den Bananen: An der hübschen Uferpromenade und dem kleinen Kiesstrand herrscht eine entspannte Atmosphäre und die Gässchen und Treppen zwischen den blumengeschmückten Häusern laden zum Bummeln ein. Bei Inselrundfahrten bildet das Örtchen deshalb eine beliebte Zwischenstation. Übrigens: Den besten Blick auf das malerische, von Felswän-

Mehr Sonne geht nicht

Nomen est omen – über Ponta do Sol verabschiedet sich die Sonne besonders spektakulär.

PONTA DO SOL

SOL POENTE €€
Hier, über dem Strand, ist der beste Ort für ein Dinner zum Sonnenuntergang. Das einfache Lokal serviert vor allem Fischgerichte, während der Saison sollten Sie für die Terrasse rechtzeitig reservieren. Doch auch der Innenraum hat eine Besonderheit: eine Wand und die Hälfte der Decke werden vom Gestein der Klippe gebildet. Mo. geschl., Cais da Ponta do Sol Tel. 291 97 35 79

THE OLD PHARMACY €–€€
In der alten Dorfapotheke sitzen Sie heute bei leckerem Kaffee und Kuchen oder deftigen Snacks nicht mehr zwischen Arzneien, sondern neben hübschen Souvenirs. Am Abend wird aus dem stilvollen, gemütlichen Café eine Cocktailbar, sonntagabends mit Livemusik. Die Getränke stehen als »Antidepressivos« in der Karte! Im Außenbereich erfreuen kreative Palettenmöbel.
Rua Doutor Joao Augusto Teixeira 23, Tel. 927 79 38 66

ESTALAGEM PONTA DO SOL ▶ S. 216

---

den umrahmte Städtchen hat man vom auch für Nicht-Hotelgäste zugänglichen Garten des edlen Hotels Estalagem Ponta do Sol aus.

❙ Wohin in Ponta do Sol?

Barockes Kleinod
Nossa Senhora da Luz
Die Kirche Nossa Senhora da Luz (Unsere liebe Frau des Lichts) wurde anstelle eines Vorgängerbaus aus dem 15. Jh. errichtet, von dem nur die Statue der Schutzheiligen sowie ein Taufbecken erhalten sind, das von König Manuel I. gestiftet worden sein soll. Im 18. Jh. wurde die Kirche im farbenprächtigen und detailreichen Barockstil umgestaltet. Die **Mudejar-Holzdecke** im Chor ließ man im Originalzustand, sie wurde jedoch im Stil der Zeit neu bemalt.

Literat von Weltrang
Centro Cultural John Dos Passos
Stolz sind die Einwohner darauf, dass in ihrer Heimat auch die Wurzeln eines wichtigen Vertreters der amerikanischen Moderne liegen: Aus Ponta do Sol kam der Großvater des US-amerikanischen Schriftstellers **John Dos Passos** (1896–1970), der mit »Der 42. Breitengrad« und »Manhattan Transfer« Weltruhm erlangte. Der Großvater wanderte im 19. Jh. in die USA aus, sein berühmter Enkel besuchte Madeira mehrfach, zuletzt 1960; eine Gedenktafel am früheren Wohnhaus der Familie in der Rua Príncipe D. Luís I. erinnert daran. Im Haus ist ein Kulturzentrum eingerichtet.

ZIELE
PORTO DA CRUZ

Kolumbus war hier ... vielleicht
Etwa 2 km oberhalb liegt im Ortsteil Lombada, inmitten ausgedehnter Bananenpflanzungen, die Quinta de João Esmeraldo. Der Hausherr betrieb im 15. Jh. eine der größten Zuckerrohrplantagen Madeiras mit vielen Hundert Sklaven. Das rosafarbene Herrenhaus, in dem auch Christoph Kolumbus verkehrt haben soll, dient heute als Schule. Die gegenüber gelegene Kapelle **Espírito Santo** ist mit schönen Holzschnitzereien und Azulejos ausgestattet. Hier beginnt der herrliche, aber wegen seiner Ausgesetztheit teilweise recht anspruchsvolle Levada-Rundweg über die Levada do Moinho und die Levada Nova.

Quinta de João Esmeraldo

 # PORTO DA CRUZ

Höhe: ca. 10 m ü. d. M. | **Einwohnerzahl:** 2600 (Porto da Cruz), 1600 (Faial)

Der Star von Ort und Umgebung ist schnell ausgemacht: das Meer. Am Fuß des Adlerfelsens rollen imposante Wellen auf den schwarzen Kieselstrand, am winzigen Hafen sorgt eine Brandungshöhle für Spektakel und nebenan lockt ein hübscher Meerwasserpool.

Die durch eine vorgelagerte Landzunge geschützte Bucht war für die ersten Siedler eine der raren Möglichkeiten, an der sonst unzugänglichen Nordostküste einen Hafen zu schaffen. Nur so konnten die Ernten, insbesondere das Zuckerrohr, das hier bald nach der Entdeckung der Insel angebaut wurde, verschifft werden. Am kleinen Hafen errichteten die Siedler ein Kreuz – so erhielt das Dorf seinen Namen. Er wird heute aber kaum noch genutzt; es ist eher eine Rampe,

Hafenbucht im Zeichen des Kreuzes

PORTO DA CRUZ

A PIPA €€
In dem kleinen, aber feinen Restaurant mit Kneipencharme finden Sie bodenständige, regionale Gerichte zu fairen Preisen. Es ist urig und mitunter voll, denn Wirt Zé ist inselweit für schmackhaften Fisch bekannt!
Mo. geschl., Rua Dr. Abel de Freitas, Tel. 968 52 74 00

ESPLANADA PRAÇA DO ENGENHO €€
Sie sitzen auf der aussichtsreichen Terrasse, schauen auf die Felsen der Nordostküste oder das bunte Treiben im Meeresschwimmbad und genießen Ihren frischen Fisch – so fühlt sich Urlaub an!
Rua da Praia
Tel. 291 56 36 80

über die kleine Boote ins Meer gelassen werden. Schlagen Wellen in die Brandungshöhle in der Hafenbucht in Porto da Cruz, verdrängen sie die Luft in der Höhle, sodass bei passendem Wasserstand riesige Fontänen herausspritzen. Wenn Sie die hübsche Promenade im Halbkreis über die Landzunge entlangschlendern, gelangen Sie dorthin.
An den Hängen oberhalb von Porto da Cruz gedieh früher vor allem Zuckerrohr, heute wächst hier hauptsächlich Wein. Am ersten Septemberwochenende wird in Porto da Cruz ein **Weinfest** gefeiert, es gibt einen Umzug, kulturelle Veranstaltungen – und sehr viel Wein.

Wohin in Porto da Cruz und Umgebung?

Vom Rohr zum Rum

Zucker- und Rumfabrik

Neben dem Kiesstrand Praia da Lagoa, westlich der Landzunge, ist eine Zuckermühle zu besichtigen, die als eine der letzten Madeiras noch in Betrieb ist. Im Frühjahr, zur Zuckerrohrernte, nehmen Sie den süßlichen Geruch des Zuckerrohrs wahr – und den intensiveren des daraus destillierten Schnapses. Auf dem Hof der **»Engenho do Norte«** stapeln sich die Stengel, bevor sie in fast museumsreifen Maschinen gemahlen und zu Rum und Schnaps verarbeitet werden. Im Verkaufsraum können Sie die Spezialitäten probieren.
Rua do Cais 6 | http://engenhosdonorte.com

Das ist mal eine Landmarke! Wie ein Monolith ragt der »Adlerfelsen« aus der Landschaft bei Faial.

ZIELE
PORTO MONIZ

Adrettes Örtchen

Das auf einer Anhöhe gelegene Dorf Faial verdankt seinen Namen den **Wachsmyrten** (»Myrica faya«), die hier wachsen. Faial profitiert von fruchtbaren Böden und gutem Klima: Dank der Obst- und Gemüsegärten und dem Weinanbau ist der Ort von bäuerlichem Wohlstand geprägt, erkennbar an den gepflegten Häusern. Vom Kirchenvorplatz der nach einem Brand 1960 neu errichteten Pfarrkirche Nossa Senhora da Natividade aus haben Sie schöne Blicke auf Madeiras Nordküste und den **Adlerfelsen.** Er ist der Hausberg von Faial (Penha de Águia, 594 m ü. d. M.), ein isoliert stehender, fast kubisch aufragender Felsblock. Adlerfelsen heißt er, weil hier oben Seeadler nisten, die man eine Zeitlang für auf Madeira ausgestorben hielt.

Faial

Badespaß in der Lagune

Die **künstlich geschaffene Lagune** Praia do Faial im Mündungsbereich der Ribeira São Roque do Faial mit Umkleidekabinen, Liegestuhlverleih und Kinderspielplatz lädt zum Baden ein.

Praia do Faial

Schwer bewaffnet

Ein besonderes Kleinod ist das Fortim do Faial an der alten Straße nach Santana, ein Verteidigungsposten **gegen Piraten,** gebaut im 18. Jh. und mit sieben mächtigen englischen Kanonen bestückt. In der kleinen Wehranlage zeigen alte Fotografien und Stiche Ansichten der Insel in früheren Jahren. Von hier hat man einen großartigen Ausblick, genau wie im weiteren Verlauf der Straße nach Santana.

Fortim do Faial

★★ PORTO MONIZ

Höhe: ca. 10 – 280 m ü. d. M. | **Einwohnerzahl:** 1700

Tiefblaues Meer trifft schwarzen Fels – und mit der weißen, tosenden Gischt entsteht eine Farbsinfonie, die ihresgleichen sucht: Die Lavapools von Porto Moniz ziehen alle Blicke auf sich. Dann heißt es: hinein ins wunderbar erfrischende Nass!

Die Anziehungskraft der Lavapools wirkt nicht nur bei den Insulanern, auch Touristen kommen gern und zahlreich, um im klaren Wasser zu schwimmen und die Meeresbrise zu genießen. Warum auch nicht? Von Funchal aus fährt man nur eine gute Stunde auf einer von Tunneln durchzogenenen Strecke bis zu dem Ort an der schroffen Lavaküste des äußersten Nordwestens. Auch von Ponta do Pargo oder Paúl da Serra ist Porto Moniz erreichbar: Über Serpentinen geht die Fahrt mit faszinierenden Ausblicken hinunter.

Sommerfrische am Lavapool

ZIELE
PORTO MONIZ

Doch das war nicht immer so: Das Städtchen war lange Zeit nur vom Meer aus zugänglich. Dank einer weit in den Atlantik ragenden Felszunge war diese Stelle die einzige an der sonst äußerst rauen und steilen Nordwestküste, an der man einigermaßen anlegen konnte. Ein kleines Stück dieser einstigen Abgeschiedenheit können Sie erleben, wenn die Tagestouristen abgefahren sind: Dann wird es auf der wunderschönen Uferpromenade mit dem atemberaubenden Panorama samt Brandung und Lavafelsen wieder ruhiger …

Natürlich waren es nicht seit jeher die badeverrückten Besucher, die für das Auskommen des Dorfes sorgten. Über Jahrhunderte hinweg lebten die Menschen vom Fischfang, der Jagd nach Pottwalen und dem **Weinanbau**. Schauen Sie einmal hinauf: Noch immer sehen Sie an den Hängen Weinreben, die mit Besenheiden vor der salzigen Luft und dem Atlantikwind geschützt werden!

Wohin in Porto Moniz?

Erfrischendes Bad im Atlantik

Lavapools

Sie gehören zu den Highlights Madeiras: die Wasserbecken aus Lavagestein, die sich vor langer, langer Zeit an der stark zerklüfteten Küste gebildet haben. Immer wieder wird **frisches Meerwasser** in die Becken gespült – der Wasseraustausch funktioniert so ganz natürlich, denn die teils starke Brandung sorgt dafür. Die Meerwasserpools der Piscinas naturais kosten einen geringen Eintritt und haben auch Umkleidekabinen, Liegeflächen und eine Snackbar zu bieten. Um das Badevergnügen zu gewährleisten, hat man die Pools vergrößert und durch Beton miteinander verbunden. So entstand eine halb natürli-

PORTO MONIZ

Rotunda das Piscinas
Tel. 291 85 30 75

SEA VIEW €€–€€€
Das Restaurant im modernen Aqua Natura Hotel bietet hochwertige Küche und eine fantastische Aussicht über die Küste.
Rotunda das Piscinas 3
Tel. 291 64 01 00
www.aquanaturamadeira.com

POLO NORTE €–€€
Der Name (»Nordpol«) des Lokals zollt seiner Lage am Nordzipfel der Insel scherzhaft Tribut. Hier können Sie gut und preiswert essen – auch die Einheimischen wissen die grundsolide Küche zu schätzen.
Rotunda das Piscinas
Tel. 291 85 33 22
www.restaurantepolonorte.com

AQUA NATURA ▶ S. 216

ZIELE
PORTO MONIZ

Es sieht gefährlicher aus, als es ist – die Lavapools von Porto Moniz sind vor der rauen Brandung meistens geschützt.

che, halb künstliche Badewelt, in der Sie sich weitestgehend gefahrlos im Atlantik tummeln können.

Neben der alten Festung führt eine Treppe hinunter in die Felslandschaft am **Restaurant Cachalote.** Erkunden Sie auf kleinen Wegen, die sich durch die kantigen Basaltsteine schlängeln, weitere kleine Lavapools, in denen bei ausreichend Wasserstand auch gebadet werden kann (gratis!) An den letzten Felsen angekommen, haben Sie einen guten Blick auf die vorgelagerte Insel, die mit einem Leuchtturm bebaute Ilhéu Mole. Sie wollen mehr über die **Geschichte des Walfangs** wissen? Dann gehen Sie in den Vorraum des Restaurants; dort gibt es eine kleine Ausstellung zu diesem Thema: Denn Cachalote bedeutet Pottwal, und der wurde über Jahrzehnte hinweg in den Gewässern vor Porto Moniz gefangen.

Piscinas naturais: Rotunda das Piscinas | tgl. 9–17, im Sommer bis 19 Uhr | Eintritt: 1,50 €

(Natur-)Wissenschaftliche Exkursionen

Teile der am Hafen gelegenen alten Festung São João Baptista, die einst den Ort vor Seeräubern schützen sollte, wurden rekonstruiert. In das Gemäuer zog ein kleines Aquarium ein, das **Aquário da Madeira,** in dem Sie die für Madeira typische Meeresfauna bestaunen

Weitere Sehenswürdigkeiten

ZIELE
PORTO SANTO

können. An der Küstenpromenade liegt das »Zentrum der lebendigen Wissenschaften«, das **Centro de Ciência Viva** mit Wechselausstellungen zum Thema Natur auf Madeira.
Aquário da Madeira: tgl. 10–18 Uhr | Eintritt: 7 €
Centro de Ciência Viva: tgl. 10–18 Uhr | Eintritt: 3,50 €

Rund um Porto Moniz

Fenster ohne Scheiben

Ribeira da Janela

In der Nähe des Örtchens Ribeira da Janela, südöstlich von Porto Moniz, ragen drei Felsklippen aus dem Wasser, von denen der Ilhéu da Ribeira da Janela wegen seines natürlichen Fensterdurchbruchs (port.: »janela« = Fenster) Ort und Fluss den Namen gab. Den eigentlichen Ort finden Sie weiter talaufwärts in 450 m Höhe. Ein Abstecher dorthin lohnt sich, denn das Dorf ist hübsch und hat eine angenehm **luftige Lage,** die ganze Gegend ist landschaftlich ausgesprochen schön. Eine kaum befahrene Straße führt in Windungen immer weiter bergauf bis zur Hochebene Paúl da Serra.

»Freier« Fall

Achadas da Cruz

Bei Achadas da Cruz gibt es einen spektakulären Aussichtspunkt, und eine **Seilbahn** (Teleférico) führt fast senkrecht an der Felswand hinab zur landwirtschaftlich genutzten Fajã da Quebrada Nova (3 €, hin und zurück). Wem das zu abenteuerlich ist: Sie können auch hinabwandern!

★★ PORTO SANTO

Lage: 43 km nordöstlich der Hauptinsel Madeira |
Höhe: 0 – 517 m ü. d. M. | **Einwohnerzahl:** 5200

E10–F11

Die goldene Insel

Wer hier im Sonnenschein die Brandung entlangspaziert, verliert sich leicht in Tagträumen. Kein Wunder: Mit dem kilometerlangen goldgelben Sandstrand und dem fast schon surreal türkisfarbenen Meer hat Porto Santo fast schon karibisches Flair.

Vielleicht begann einst auch Christoph Kolumbus auf Porto Santo zu träumen – etwa von der Entdeckung ferner Länder. Doch wir wissen es nicht genau. Dass er einige Jahre hier lebte, allerdings schon: 1478 lernte er auf Madeira seine spätere Frau Filipa, die Tochter Bartolomeu Perestrelos, des ersten Gouverneurs von Porto Santo, kennen und verbrachte einige Jahre mit ihr auf Porto Santo. Hier wurde wohl

ZIELE
PORTO SANTO

auch ihr Sohn Diego geboren, der später Vizekönig der Neuen Welt wurde. Mit der Eheschließung seiner Tochter Filipa bewies Perestrelo also ein recht glückliches Händchen, doch das galt nicht für alle seine Unternehmungen.

Nachdem der »heilige Hafen« (Porto Santo) für die Seefahrer João Gonçalves Zarco und Tristão Vaz Teixeira 1418 das erste Stückchen Land war, das sie auf ihrer Entdeckungsfahrt im Atlantik vorfanden und erkundeten, kehrten sie ein Jahr später zurück und brachten eben jenen Bartolomeu Perestrelo, einen Ritter und Edelmann mit, der sich fortan um die Besiedlung und Verwaltung Porto Santos kümmern sollte, während sie selbst Madeira unter sich aufteilten. Doch Perestrelo hatte wirtschaftlich gesehen die schlechtesten Karten gezogen: Porto Santo wurde immer wieder von Piraten und Hunger geplagt, die Insel war weniger fruchtbar als Madeira, sodass die Land- und Forstwirtschaft wenig Ertrag brachte. Mehr als einmal überlegten die ersten

PORTO SANTO

Av. Dr. Manuel Gregório Pestana Junior, Tel. 291 98 52 44

CASA DO VELHO DRAGOEIRO €€–€€€
Die Besitzerin des stilvollen Restaurants kommt aus der Kunstszene, das spiegelt sich im puristisch-modernen, aber farbenfrohen Ambiente wider. Serviert werden innovative Fisch- und Meeresfrüchtespezialitäten – probieren Sie doch mal Octopus-Carpaccio! Der Papaya-Cheesecake sorgt für das Tüpfelchen auf dem i.
Rua Manuel Gregorio Pestana 16a, Vila Baleira, Tel. 291 63 44 13

PANORAMA RESTAURANT & LOUNGE BAR €€–€€€
Nomen est omen: Hier haben Sie eine tolle Aussicht! Das Restaurant liegt oberhalb von Vila Baleira, aber es gibt kostenlose Shuttles von den Hotels zum Lokal. Dort gibt es zum Sonnenuntergang ein romantisches Dinner mit portugiesischen und internationalen Kreationen. Das Scampi-Risotto schmeckt wie in Italien, die Hühnchenbrust ist knusprig, Applepie und Brownie bilden den krönenden Abschluss.
Mittags und Mo. geschl.
Sítio da Portela, Serra de Fora
Tel. 966 78 96 80

PÉ NA ÁGUA €€
»Mit einem Fuß im Wasser« wäre der deutsche Name dieses Strandcafés. Zumindest in den Sand kann man seine Füße hier strecken, denn das entspannte Lokal liegt direkt in den Dünen des Sandstrands. Es gibt nicht nur leckere Cocktails, sondern auch Fisch, Steaks, Nudeln und Snacks.
Di. geschl., Sítio das Pedras Pretas, Vila Baleira
Tel. 291 98 52 42

PESTANA COLOMBOS ALL INCLUSIVE ▶ S. 216

QUINTA DO SERRADO ▶ S. 216

HOTEL TORRE PRAIA ▶ S. 216

Bewohner, die Insel aufzugeben und nach Madeira überzusiedeln. Zudem besagt eine alte Legende, dass Perestrelo selbst für die spärliche Vegetation verantwortlich gewesen sein könnte: Er soll bei seiner ersten Landung ein trächtiges **Kaninchen** dabei gehabt haben, dessen hungrige Nachkommen sich ohne natürliche Feinde rasend schnell vermehrten und viele Pflanzen völlig verschwinden ließen.

Sobald Sie auf der Insel ankommen, wird Ihnen also auffallen – besonders im Vergleich zum üppig grünen Madeira –, dass Porto Santo äußerst karg und trocken ist. Auch hohe Berge, an denen sich die Wolken abregnen könnten, suchen Sie vergebens; die höchste Erhebung, der **Pico do Facho,** misst gerade mal 517 m. Einst gab es auf Porto Santo wohl sehr viele Drachenbäume, Wacholder und Heide, doch mit dem Beginn des Getreideanbaus in der ersten Siedlungszeit verschwand die ursprüngliche Vegetation. Die Drachenbäume wurden gefällt, um das wertvolle Drachenblut, eine begehrte Farbsubstanz, zu gewinnen. Das Land verkarstete und Regenwasser spülte den Boden weg. Heute gibt es hier und da Wein-, Obst- und Gemüseanbau – moderne Bewässerungsmethoden und eine Meerwasserentsalzungsanlage machen es möglich. Auch versucht man, die Landschaft durch Aufforstungsmaßnahmen wieder etwas zu begrünen. Ganzjährig grün ist der Golfplatz, eine 18-Loch-Anlage von Severiano Ballesteros.

Übrigens gehört schon die Anreise zum Erlebnis Porto Santo: Entweder Sie nehmen die **Fähre** (ca. 2 Std.) zwischen Madeira und Porto Santo und genießen die frische Meeresbrise oder Sie fliegen auf die kleine Insel und bewundern den Traumstrand bereits aus der Vogelperspektive. Porto Santo wird auch direkt von Portugal und in der Saison zunehmend von internationalen Flughäfen aus angeflogen.

Wohin auf Porto Santo?

Faulenzen und austoben – alles ist möglich

Praia do Porto Santo

Mit einem Mietwagen oder per organisierter Busrundtour können Sie die Insel gut innerhalb eines Tages erkunden – doch planen Sie genug Zeit für »das« Highlight der Insel ein: den Praia do Porto Santo, einen fantastischen, fast 9 km langen feinen Sandstrand. Dem goldgelben Sand wird sogar Heilwirkung nachgesagt. Während der Sommerferien ist Porto Santo ein beliebtes Urlaubsziel für Familien von Madeira, doch das ausgeglichene Klima erlaubt fast das ganze Jahr über ein Bad im Meer. **Cabeço,** südlich des Hauptorts gelegen, besitzt auch ein Zentrum für Thalassotherapie.

In den letzten Jahren hat sich die Insel außerdem zu einem **Geheimtipp für Taucher** entwickelt: Die klaren und relativ warmen Gewässer vor Porto Santo bieten perfekte Bedingungen, vor allem die Wracktauchgänge zum Frachter »Madeirense« und zur 2016 speziell für Taucher versenkten Korvette »Pereira D'Eça« gehören zu den

»Hotspots« (Tauchgänge, Kurse und Schnuppertauchen organisiert z. B. Porto Santo Sub: www.portosantosub.com, Tel. 916 03 39 97). Der Strand – wie überhaupt ganz Porto Santo – hält noch viele weitere **sportliche Angebote** bereit. Segler und Windsurfer stechen in See, Reiter und Radfahrer folgen den recht ebenen und meist parallel zum Sandstrand verlaufenden Wegen. Wer es anstrengender mag, kann sich auch zur Inselumrundung aufmachen – mit immerhin drei beachtlichen Steigungen. Wanderer sind zwar auf Madeira besser aufgehoben, finden aber auch auf Porto Santo drei markierte Wege vor (Beschreibungen gibt es in der Touristeninformation).

Geruhsamer Hafenort

Direkt am Strand, an der flachen Südküste, liegt Vila Baleira. Hier lebt der größte Teil der Inselbevölkerung – dennoch ist es, vor allem außerhalb der Sommerferien, ein geruhsames Städtchen mit kleinen Hotels und Restaurants. Zentraler Platz ist der schön gepflasterte **Largo do Pelourinho,** einst der Ort für Schandpfahl und Schaupro-

Vila Baleira

EIN TAG AM MEER
Ausgedehnte Spaziergänge durch goldgelben Sand, hin und wieder ein Sprung ins türkisblaue Meer – schnell hinüber nach Porto Santo! Die Fähre bringt Sie morgens hin und abends zurück nach Madeira, so haben Sie einen ganzen Tag zum Relaxen am scheinbar endlosen Strand.

ZIELE
PORTO SANTO

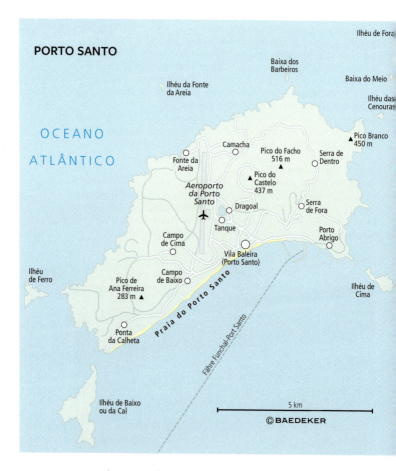

zesse, heute Treffpunkt von Einheimischen und Touristen. Die schlichte weiße Pfarrkirche **Nossa Senhora da Piedade** wurde nach einer Brandschatzung durch Piraten 1667 wieder aufgebaut. Ihr schönster Schmuck ist das meeresblaue Azulejobild einer Pietà an der Außenwand. Ebenfalls am Largo do Pelourinho steht das von zwei Drachenbäumen gesäumte Rathaus (Câmara Municipal) im Stil der portugiesischen Renaissance.

Casa Museu Cristóvão Colombo
Bei Kolumbus zu Hause
In jenem Haus, in dem Kolumbus angeblich einst wohnte, wurde die Casa Museu Cristóvão Colombo eingerichtet: ein hübsches kleines

ZIELE
PORTO SANTO

Museum mit Gebrauchsgegenständen aus dem damaligen **Alltagsleben** sowie alten Seekarten, Darstellungen und Dokumenten aus der Geschichte der Seefahrt.
Mo., Mi.–Sa. 10–12.30, 14–17.30, So. 10–13, Juli–Sept. bis 19 Uhr | Eintritt: 2 € | www.museucolombo-portosanto.com

Zu Ehren der Muttergottes
An der Straße von Vila Baleira Richtung Nordosten steht die 1951 errichtete kleine Kirche Nossa Senhora da Graça, die auf einen Kapellenbau aus dem 15. Jh. zurückgeht. Hier wird am 15. August (Mariä Himmelfahrt) das wichtigste **Heiligenfest** der Insel gefeiert.

Nossa Senhora da Graça

Inselblicke mit Windmühlen
Vom Aussichtspunkt Portela weiter östlich genießt man nahe den fotogenen Windmühlen einen ausgezeichneten Blick über den Süden und Osten von Porto Santo mit der kleinen Insel **Ilhéu de Cima,** auf der ein Leuchtturm steht.

Aussichtspunkt Portela

Hoch hinaus
Der baumbestandene **Pico do Castelo** (437 m ü. d. M.) nördlich von Vila Baleira ist der Kegel eines erloschenen Vulkans. Auf seiner Spitze stehen die spärlichen Reste einer Festung (16. Jh.). Ein Denkmal ist dem Begründer der Wiederaufforstungsbemühungen gewidmet. Bei Camacha nördlich des Pico do Castelo liegen ein paar Weinfelder und das sehenswerte Privatmuseum des Bastlers José Cardina, der in seinem **Museu Cardina** Miniaturmühlen, Brunnen und landwirtschaftliche Geräte zeigt.
An der Nordküste hinter Camacha trifft man auf die leider etwas verwahrloste **Fonte da Areia,** deren Quellwasser bei Magen-, Darm- und Hauterkrankungen helfen soll. Am **Pico de Ana Ferreira** (283 m ü. d. M.) im Westen von Porto Santo ragen interessante Säulenbasaltformationen auf. Am Südabhang des Pico steht die schlichte Capela de São Pedro aus dem 17./18. Jh., die nur am Namenstag des heiligen Petrus, am 29. Juni, für die Allgemeinheit geöffnet ist. Golffreunde zieht es eher zum nahe gelegenen 18-Loch-Golfparcours.

Berge auf Porto Santo

Atemberaubende Fernsicht
An der Ponta da Calheta, der auch als Badeplatz beliebten **Südwestspitze** von Porto Santo, bietet sich ein ergreifendes Panorama: Aus dem Meer erhebt sich die vorgelagerte Ilhéu de Baixo, und bei klarer Sicht sehen Sie sogar Madeira und die Ilhas Desertas! Die nahe gelegenen Restaurants servieren vorzügliche Fischgerichte.

Ponta da Calheta

Palmenoase mit Mini-Zoo
Inmitten der kargen Insel plötzlich ein **tiefgrüner Fleck:** Mit viel Engagement (und Wasser) werkelt Carlos Afonso seit 1993 an seinem

Quinta das Palmeiras

ZIELE
RIBEIRA BRAVA

Wo es keine Bäume gibt, pfeift der Wind und treibt die Windmühlen auf Porto Santo an.

fast schon tropischen Garten mit Fischteichen, Vogelvolieren und tollen Pflanzen. Ideal für Kinder!
Estrada das Pedras Vermelhas | tgl. 10–17 Uhr | Eintritt: 3 Euro

★ RIBEIRA BRAVA

Höhe: ca. 0 – 180 m ü. d. M.| **Einwohnerzahl:** 6600

Wenden Sie beim Bummel durch die hübschen Gassen und entlang der Uferpromenade den Blick auch mal nach oben: Dramatisch erheben sich die Hänge des Ribeira-Brava-Tals gen Norden. Von dort kommt auch das Wasser, das dem Städtchen seinen Namen gab – er bedeutet »Wilder Fluss«.

»Wilder Fluss«

Ribeira Brava liegt an der Mündung eines gezähmten Wildbachs an Madeiras sonniger Südwestküste. In den Sommermonaten nicht mehr als ein besseres Rinnsal, kann der Bach bei Regenfällen im Winter schnell zu einem reißenden Gewässer werden – daher ist die Bezeichnung »Wilder Fluss« durchaus angemessen.

ZIELE
RIBEIRA BRAVA

Das sympathische Städtchen erlangte einst Bedeutung als **Handelsort,** weil sich hier ein wichtiger Nord-Süd-Weg über den Encumeada-Pass sowie der Ost-West-Handelsweg entlang der Küste kreuzten. Durch die Verkehrserschließung kam ein gewisser Wohlstand in das Dorf und es avancierte zum beliebten Wochenendziel bei den Einheimischen – dies erklärt die Fülle an Apartmenthäusern hinter dem alten Ortskern. Per Tunnel kann dieser umfahren werden; dafür entstand am Meer eine hübsche, breite Promenade. Verlockend ist auch der von einer Mole aus Steinen geschützte Kieselstrand am westlichen Ortsende mit einem Pool und Sonnenschirmen.

Wohin in Ribeira Brava?

Ufer und Altstadt
Bei einem Spaziergang durch Ribeira Brava sieht man einige hübsche Beispiele für die **typische Architektur** auf Madeira: bunte Fensterläden, schmiedeeiserne Balkongitter und feingliedrige Fassaden prägen die Szenerie. An der Uferpromenade sind die Reste eines alten Forts zu sehen, errichtet im 17. Jh. zum Schutz vor Korsarenüberfällen. Heute hat hier die Touristeninformation ihr Büro.

Spaziergang

Im Zentrum ragt an einem mit kunstvollen Pflastermosaiken verzierten Platz die **Igreja de São Bento,** eine hübsche Kirche aus dem 16. Jh., auf, deren Kirchturmspitze mit blauweißen Fliesen verziert

RIBEIRA BRAVA

im Forte de São Bento
Tel. 291 95 16 75

RESTAURANT & GRILL MURALHA €€
In diesem farbenfrohen Lokal mit Terrasse oberhalb des Strands werden nicht nur Fleisch und Fisch, sondern auch gute Cocktails serviert.
Mo. geschl., Estrada Regional 220 1, Tel. 291 95 25 92

RESTAURANTE BORDA D'ÁGUA €-€€
Das lichte, moderne Strandrestaurant liegt zwischen dem Kiesstrand und der Meeresbadeanlage. Es ist ideal für einen Snack zwischendurch oder ein Mittagessen am Meer – am besten mit frischem Fisch!
Rua Engenheiro Pereira Ribeiro
Tel. 291 95 76 97

Alljährlich am 29. Juni veranstaltet der Ort zu Ehren des heiligen Petrus ein großes Fest mit einer farbenfrohen Bootsprozession und Ständen am Strand.

QUINTA DO CABOUCO
▶ S. 217

ZIELE
RIBEIRA BRAVA

Der Wolkennebel lichtet sich und gibt den Blick frei auf das spektakuläre Ribeira-Brava-Tal auf dem Weg vom Encumeada-Pass zum Tal Curral das Freiras.

und von einer Armillarsphäre gekrönt ist. Das Taufbecken ist wahrscheinlich ein Geschenk von König Manuel I. aus dem Jahr 1500. Beachtung verdienen auch die Kanzel im manuelinischen Stil, die prachtvollen Barockaltäre und die kunstvollen Azulejos. An den Seitenwänden des Chors sehen Sie wertvolle Gemälde von flämischen Künstlern.

Nur wenige Meter entfernt steht das **Rathaus** von Ribeira Brava, ein 1776 gebautes, gut erhaltenes Herrenhaus inmitten eines gut für eine Pause geeigneten, parkähnlichen Gartens.

Inselporträt auf kleinem Raum

Museu Etnográfico

Wer sich für die Geschichte Madeiras interessiert, ist im **modernen Volkskundemuseum** bestens aufgehoben. Unterhaltsam aufbereitet, bietet es Wissenswertes über die madeirische Fischerei, über das ländliche Madeira, die Weinproduktion sowie die Herstellung von Weinfässern, außerdem erfahren Sie Interessantes über das Weberhandwerk. Alte Korbschlitten und Ochsenkarren ziehen die Blicke auf sich, und im Museumsshop können Sie hübsches Kunsthandwerk kaufen.

Rua de São Francisco 24 | Di.–Fr. 9.30–17, Sa. 10–12.30 und 13.30–17.30 Uhr | Eintritt: 3,00 €

ZIELE
RIBEIRO FRIO

 RIBEIRO FRIO

Höhe: 860 m ü. d. M. | **Einwohnerzahl:** 100

Ein Gedicht aus Wald und Wasser: Lorbeerbäume, grandiose Aussichten und ein kalter Bergbach machen die grüne Gebirgslandschaft rund um Ribeiro Frio zu einem wahren Wanderparadies. Nach der Tour lockt die hiesige Spezialität: fangfrisch zubereitete Forelle aus der örtlichen Zucht.

Kaum sind Sie in Ribeiro Frio – der Name bedeutet übrigens »kalter Fluss« – angekommen, sind Sie schon mittendrin im wundervollen Wandergebiet: Der Parque Florestal, Naturschutzgebiet und seit 1999 Weltnaturerbe der UNESCO, der den hier noch ursprünglich erhaltenen Laurazeenwald (Loorbeerwald) der Insel bewahren soll, beginnt gleich hinter den wenigen Häusern des Mini-Straßendorfs. Entlang der Wege gibt es zahlreiche endemische Pflanzen zu entdecken, die vom Aussterben bedroht sind.

Einzigartiger Wald

Eines sollten Sie für Ihren Besuch in Ribeiro Frio jedoch noch wissen: Mitunter kann es voll werden am »kalten Bach«. Viele **Ausflugsbusse** halten hier auf dem Weg an die Nordküste, vor allem am Vormittag und in der Mittagszeit. Am Nachmittag wird es ruhiger – versuchen Sie also, eher dann zu kommen, besonders wenn Sie im Lorbeerwald spazieren möchten.

Wohin in Ribeiro Frio und Umgebung?

Heiteres Gipfel-Raten

Ribeiro Frio ist auch der Startpunkt eines einfachen, aber ausgesprochen lohnenden Wanderwegs zum Aussichtspunkt Balcões. Nach einem Spaziergang von ungefähr einer halben Stunde durch herrliche Landschaften hat man vom Aussichtspunkt Balcões einen atemberaubenden **Blick auf die höchsten Gipfel von Madeira** – den Pico Ruivo, den Pico das Torres und den Pico do Arieiro. Wenn Sie das

Wanderung zum Aussichtspunkt Balcões

RIBEIRO FRIO

RESTAURANTE RIBEIRO FRIO
€–€€
Sie haben Lust auf eine frisch zubereitete Forelle? Dann sind Sie hier richtig. In diesem rustikalen Lokal sitzen Sie bei schönem Wetter auf der Terrasse, bei Regen wird es am Kaminfeuer im urigen Gastraum gemütlich.
Tel. 291 57 58 98

ZIELE
SANTA CRUZ

Panorama ausgiebig genossen haben, können Sie auf demselben Weg zum Ausgangspunkt zurückgehen.
Sie möchten länger und weiter wandern? Dann gefällt Ihnen vielleicht diese Option: Gute Kondition, Schwindelfreiheit und Trittsicherheit vorausgesetzt, können Sie in der entgegengesetzten Richtung **entlang der Levada do Furado bis nach Portela** wandern.

Viel Leben in kaltem Wasser

Forellenzuchtstation

In terrassenförmig angelegten, vom Fluss Ribeiro Frio mit kaltem, sauerstoffreichem Wasser gespeisten Becken werden Forellen gezüchtet. Sie werden an gastronomische Betriebe verkauft oder in den Wildbächen der Insel ausgesetzt, wo man sie angeln kann. Die Becken sind in einen hübschen kleinen **Park** mit duftenden Buchsbaumhecken integriert, **Schautafeln** informieren über die Entwicklungsschritte der Forellen und über die Flora der Anlage.

★ SANTA CRUZ

Höhe: 0 – 150 m ü. d. M. | Einwohnerzahl: 7200

Ganz zu Unrecht wird die kleine Stadt am Meer von so manchem Madeira-Besucher einfach links liegen gelassen. Dabei geht es hier wunderbar entspannt zu – lassen Sie sich ruhig ein wenig treiben! Flanieren Sie unter Palmen an der Uferpromenade entlang oder suchen Sie sich gleich ein Plätzchen direkt am hübschen Kiesstrand. Frisches Obst aus der Markthalle versüßt die Mußestunden.

Einladung zum Uferbummel

Die gepflasterte und mit Palmen bepflanzte Uferpromenade entlang des Kieselstrands lädt zu einem Spaziergang ein. Am östlichen Ortsende lockt die Badeanlage »Praia das Palmeiras« zum Sprung ins kühle Nass, und Richtung Westen ist am Jachtclub Santa Cruz ebenfalls ein Meerwasserschwimmbad entstanden. Lassen Sie sich von den landenden Fliegern also nicht abschrecken: trotz der Flughafennähe lohnt das Südküsten-Städtchen Santa Cruz unbedingt einen Abstecher.

▎Wohin in Santa Cruz?

Bildschöner Ort mit schmalen Gassen

Altstadt

Besonders ins Auge fällt das reichlich mit manuelinischen Steinmetzarbeiten geschmückte Rathaus (Jh.). Aber auch das Gericht mit der

SANTA CRUZ

TABERNA DO PETISCO €
Die Taverne ist einfach und unscheinbar, doch die schmackhaften Petiscos (Tapas) sind köstlich. Probieren Sie sich durch die Meeresfrüchtekarte mit Krake oder Thunfisch. Wie wäre es mit einer fruchtigen Sangria? Auch die Poncha ist empfehlenswert.
Mo. geschl., Rua Cónego Alfredo César de Oliveira 23
Tel. 291 64 35 25

DOCE SATISFAÇÃO €
In diesem Café mit eigener Backstube ist immer was los! Es gibt köstliche Torten, süßes Gebäck, frisches Brot und deftige Teilchen als Mittagssnack. Und das alles fast direkt am Kiesstrand von Santa Cruz.
Rua da Praia 1, Tel. 291 52 64 37

QUINTA DOS ARTISTAS ▶ S. 217

geschwungenen Freitreppe in der Nähe der dreischiffigen Pfarrkirche **São Salvador** ist einen Blick wert. Diese wiederum verkörpert eindrucksvoll den Reichtum, den der Zuckerrohranbau der Gemeinde einst bescherte: Nach der Sé in Funchal ist das Gotteshaus das zweitgrößte Madeiras. Es wurde 1533 über den Resten einer älteren Kapelle errichtet, von der noch ein Grabmal (1470) erhalten ist. Zur Sakristei gehören Azulejos aus dem 16. Jahrhundert. Sie schmückten einst das Franziskanerkloster Nossa Senhora da Piedade, das wegen des Flughafenbaus abgetragen wurde. Reste manuelinischen Stils findet man noch an einem Portal im Chor und an einem Fenster.

Lebhafte Markthalle
Zwei Fliesenbilder des portugiesischen Künstlers **António Aragão** (1921 bis 2008) mit Fischfang- und Feldsaat-Szenen zieren die Fassade der lebhaften Markthalle. Vor allem vormittags herrscht ein reger Betrieb, denn viele Einwohner aus Santa Cruz erledigen hier ihre Einkäufe.

Markthalle

★★ SANTANA

Höhe: 420 m ü. d. M. | **Einwohnerzahl:** 3300

Mit ihren Strohdächern und dem schmucken Anstrich präsentieren sich die winzigen »Casas do Colmo« in Santana überaus fotogen – vielleicht fühlen Sie sich sogar an ein gallisches Dorf erinnert. Doch einst dienten die spitzgiebeligen Häuschen Landarbeitern als Zuhause.

SANTANA

Sítio do Serrado, Tel. 291 57 51 62

Berühmt sind die »24 Horas a Bailar« Mitte Juli (▶ S. 209).

Ein farbenfroher Bauernmarkt findet jedes Wochenende unterhalb des Dorfplatzes statt.

QUINTA DO FURÃO €€€
Hoch über dem Meer, zwischen Weinhängen und Gemüsegärten, befindet sich in diesem Vier-Sterne-Hotel ein hervorragendes Restaurant mit grandioser Aussicht auf das Meer.
Estrada Quinta do Furao 6
Tel. 291 57 01 00
www.quintadofurao.com

CANTINHO DA SERRA €€
In dem einstigen Herrenhaus stehen Zicklein im Topf, Stockfisch aus dem Ofen, Lamm und andere Spezialitäten in gehobener Qualität auf der Karte.
Estrada do Pico das Pedras 57
Tel. 291 57 37 27

QUINTA DO FURÃO ▶ S. 217

| Wohin in Santana und Umgebung?

Traditionelle Inselhäuser in eigenwilliger Form

Casas de Colmo

Wegen ihrer **preiswerten Bauweise** wurden die einfachen A-förmigen Häuschen mit strohgedeckten Dächern bis zum Boden in früherer Zeit sehr geschätzt. Im 16. Jh. fanden Einwanderer aus Nordportugal darin Unterkunft, wenn sie auf den Äckern von Santana als Tagelöhner anheuerten. Die Häuser waren ein wirksamer, wenn auch beengter Schutz gegen die Unbilden der Witterung.

Früher gab es zahlreiche solche Häuschen auf der Insel, heute sind sie kaum noch zu finden – vor allem wegen der **aufwendigen Strohdächer,** die alle paar Jahre erneuert werden müssen. Die Stadtverwaltung von Santana hat aber rund um das Rathaus, umgeben von einer hübschen kleinen Gartenanlage, mehrere Casas als Schauhäuser neu errichtet. Sie können sie besichtigen: Eines beherbergt die Touristeninformation, andere zeigen traditionelles Kunsthandwerk.

Bunter Ausflug in Madeiras Geschichte

Parque Temático da Madeira

Eine gerade für Familien spannende Sehenswürdigkeit hat Santana mit dem **Themenpark** zur Geschichte und Kultur Madeiras zu bieten. Seine vier Pavillons befassen sich u. a. mit der Entdeckung Madeiras und ganz allgemein mit der Zukunft unseres Planeten. Eine Wassermühle, Ochsenschlitten, ein Heckenlabyrinth und ein kleiner See mit Booten sind weitere Attraktionen. Über das rund 7 ha große

ZIELE
SANTANA

Was heute so putzig aussieht, war einst eine wenig komfortable Unterkunft für die Tagelöhner.

Gelände kann man sich auch mit einer kleinen Besucherbahn fahren lassen. Für das leibliche Wohl sorgen zwei Restaurants und eine Bar.
Di.–So. 10–19, Winter 10–18 Uhr | Eintritt: 6 € |
www.parquetematicodamadeira.pt

Spektakuläre Landschaftseindrücke aus der Vogelperspektive

Mit der Seilbahn (Teleférico) schweben Sie am Ortsrand von Santana die Steilküste hinunter zur schmalen Küstenebene Rocha do Navio. Die Fahrt bietet **umwerfende Landschaftseindrücke** von der steilen Felsküste, an der mehrere Wasserfälle hinunterstürzen. Der wilde Kiesstrand ist zum Baden nicht geeignet und Einkehrmöglichkeiten gibt es nicht, dafür aber idyllische Picknicktische. Zu dem marinen Naturreservat, das Sie ab der Seilbahnstation alternativ über einen steilen Wanderpfad erreichen (ca. 30 Min. Wanderung), gehören auch zwei vorgelagerte Felsinseln und das Küstengewässer.
tgl. 9–18 Uhr | hin und zurück 5 €

Seilbahn zur Rocha do Navio

ZIELE
SANTO DA SERRA

Wanderung in den »grünen Suppentopf«

Wanderungen ab der Casa das Queimadas

Von Santana sollten Sie unbedingt einen Ausflug zur Casa das Queimadas (883 m ü. d. M.), einem **idyllisch gelegenen Forsthaus** mit Snackbar und Picknickplätzen machen. In dem hübsch restaurierten Forsthaus selbst gibt es eine kleine Ausstellung zu madeirischen Traditionen.

Hier startet die wunderschöne **Levadawanderung** zum »Caldeirão Verde« (13 km hin und zurück). Es handelt sich um einen der atemberaubendsten Wege durch den eindrucksvollen, dichten Lorbeerwald. Die üppige Vegetation ist faszinierend, teilweise geht es spektakulär entlang der Felswände, vorbei an Wasserkaskaden und durch Tunnel (Taschenlampe nicht vergessen!).

Das Ziel ist der **»Grüne Kessel«**, ein von einem großen Wasserfall gespeister See. Der Weg ist allerdings nicht zu unterschätzen, deshalb bringen Sie genügend Kondition und etwas Schwindelfreiheit mit! Wenn Ihnen die 6,5 km bis zum Caldeirão Verde nichts ausgemacht haben, können Sie der Levada noch weitere 1,5 km bis zum »Höllenkessel«, dem Caldeirão do Inferno, folgen. Tosende Wasserfälle und beeindruckende Felsspalten erwarten Sie auf diesem Abschnitt. Bedenken Sie aber, dass Sie den ganzen Weg bis Queimadas auch wieder zurückgehen müssen.

Casa das Queimadas: tgl. 10–12 und 13–18 (im Sommer bis 19) Uhr | Parken kostenpflichtig

Wer es lieber luftig mag

Pico Ruivo

Oberhalb von Santana beginnt am Parkplatz von Achada do Teixeira der **gut ausgebaute Pfad** zum Pico Ruivo (1862 m), dem höchsten Berg der Insel (▶ S. 111).

SANTO DA SERRA

Höhe: 675 m ü. d. M. | **Einwohnerzahl:** 940

Sie möchten sich einfach einmal unter die Insulaner mischen? Dann machen Sie es wie viele Familien Madeiras und fahren Sie an einem Sonntag nach Santo da Serra! Erst schlendern Sie über den quirligen Markt, später kehren Sie in einem der urigen Lokale ein und anschließend machen Sie noch einen kleinen Spaziergang durch den hübschen Park der Quinta do Santo da Serra.

Beliebt war das Örtchen schon immer: Insbesondere im 18. Jh. galt die waldreiche, milde, aber manchmal auch neblige Gegend als nob-

SANTO DA SERRA

A NOSSA ALDEIA €€
Am Wochenende geht in diesem Ausflugslokal die Post ab, wenn die madeirischen Großfamilien sich hier zum Mittagessen treffen. Besonders gut sind die Fleischspieße, es gibt aber auch Bacalhau (Stockfisch), Lamm und andere deftige Hausmannskost. Sie können zuschauen, wie das Fleisch am offenen Feuer brutzelt. Hier wird übrigens ein leckerer Apfelwein (»sidra«) ausgeschenkt.
Mo. geschl.
Caminho do Arrebentão
Tel. 291 55 21 42

Sonntagvormittags findet nahe der Kirche eine »Feira« statt, ein Markt mit Gemüse, Obst, Kleidung u. v. m.

---

ler Luftkurort und war ein bevorzugter Wohnsitz der reichen Kaufmannsfamilien von Funchal. Wer über das nötige Kleingeld verfügt, ließ sich hier seine Quinta errichten. So blieb man auch unter seinesgleichen. Heute ist Santo da Serra vor allem für seinen traumhaft gelegenen Golfplatz bekannt.

Noble Sommerfrische

Wohin in Santo da Serra?

Blütenreicher Park
Die ursprünglich zur Quinta do Santo da Serra gehörende Gartenanlage im Ortszentrum nahe der Kirche wurde zu einem Park umgestaltet und ist heute auch bei Madeirern ein **beliebtes Ausflugsziel.** Ein sehr schöner, von Agapanthus, Kamelien, Hortensien und anderen Pflanzen gesäumter Weg führt durch den hübschen Park, in dem es auch Spiel- und Sportplätze und ein kleines Gehege mit Hirschen und Rehen gibt.

Quinta do Santo da Serra

Die Quinta gehörte früher einmal zum Besitz der britischen **Weinhändlerfamilie Blandy.** Deren altes Sommerhaus liegt versteckt hinter Hecken und hohen Bäumen.

Den Blandys und ihren englischen Kaufleuten verdankt der im unteren Teil des Parks gelegene »Miradouro dos Ingleses«, der **Aussichtspunkt der Engländer,** seinen Namen – hier hielt ein Wachposten stete Ausschau nach ankommenden Handelsschiffen. Schließlich wollte man so früh wie möglich auf dem Laufenden sein. Wenn der Wachhabende ein Handelsschiff am Horizont erblickte und Bescheid gab, blieb den tüchtigen Geschäftsleuten genügend Zeit, sich nach Funchal zu begeben, um bei der Löschung der Ladung vor Ort zu sein. Der Blick reicht ostwärts bis nach ▶ Machico und zur ▶ Ponta de São Lourenço.

Miradouro dos Ingleses

ZIELE
SÃO JORGE

★ SÃO JORGE

Höhe: ca. 10 - 150 m ü. d. M. | Einwohnerzahl: 1500

Wundervolle Aussichten: In Sao Jorge dreht sich alles um das Panorama. Ob an einem der Aussichtspunkte oder auf den alten Verbindungswege entlang der Steilklippen, die Sie noch heute erwandern können – es eröffnen sich immer wieder neue, phänomenale Ausblicke.

Steil, aber lohnenswert

Am Calhau de São Jorge, einer felsigen Landzunge, die ins wilde Meer ragt, legten einst kleine Boote an. Um zu dieser abenteuerlichen Bootsanlegestelle zu gelangen, mussten die Menschen früher steile Pflasterpfade hinabsteigen – eine schweißtreibende Angelegenheit. Nichtsdestotrotz lohnt sich das Auf- und Abwandern der alten Wege entlang der Küste: es gibt wundervolle Aussichten, eine schöne Badeanlage im Mündungsbereich der Ribeira de São Jorge und nette Picknickplätze (Wanderung ▶ S. 44).

Die Nordküste im Blick
Auch vom 1959 errichteten Leuchtturm **Farol de São Jorge** oberhalb der weit ins Meer reichenden gleichnamigen Landzunge bietet sich ein fantastischer Blick – Sie überschauen hier die westliche und die östliche Nordküste.

★ Aussichtspunkte

Nicht weniger grandios ist das Panorama zwischen São Jorge und dem recht abgelegenen Arco de São Jorge. Dort kommt man am Aussichtspunkt **Miradouro Cabanas** vorbei. Der Ausblick auf die Nordküste ist fantastisch. Obststände hiesiger Bauern und der Souvenirladen locken mit Angeboten.

In Arco de São Jorge ließen der ehemalige Bürgermeister von Funchal und seine Frau einen üppigen **Rosengarten** mit mehr als 1700 Gewächsen anlegen. Sie erreichen die inzwischen etwas wilde Pracht durch die Hotelanlage Quinta do Arco.

Rosengarten: April-Dez. tgl. 9-18 Uhr | Eintritt: 5 €

SÃO JORGE

CASA DE PALHA €
Das originelle Lokal in einem traditionellen Holzhaus serviert einfache, aber kreative Snacks. Das absolute Highlight ist die Shrimpssuppe im Brot. Nach dem Löffeln der Suppe können Sie praktisch die »Schüssel« aufessen.
Achada Grande (hinter der Kirche), Tel. 291 57 63 82

ZIELE
SÃO VICENTE

An São Jorges Aussichten kann man sich kaum sattsehen!

Das wohl schönste Gotteshaus an der Nordküste
In São Jorge steht eine der bemerkenswertesten Kirchen der Insel. Die dem heiligen Georg geweihte Barockkirche wurde anstelle der 1660 durch Überschwemmung zerstörten Kapelle aus dem 15. Jh. auf einer Anhöhe errichtet. Während das unauffällige Äußere des Gotteshauses schlicht wirkt – ein für Madeiras Sakralbauten typisches Understatement –, ist die Kirche innen **überreich geschmückt** mit vergoldetem Holzschnitzwerk, Altarbildern und kunstvollen Azulejos.

Igreja de São Jorge

★★ SÃO VICENTE

Höhe: ca. 15 – 350 m ü. d. M. | Einwohnerzahl: 3200

Tauchen Sie ein in eine wunderbare Zauberwelt, wo sich Licht im Wasser eines unterirdischen Sees geheimnisvoll spiegelt, wo seltsame Formationen den Blick fesseln und Lavaströme sich vor langer Zeit unaufhaltsam ihren Weg bahnten. Unternehmen Sie eine Entdeckungsreise ins Innere der Insel, in die Grutas de São Vicente!

Doch nicht nur die Höhlen locken nach São Vicente: Der sympathische Nordküstenort an der Mündung der Ribeira de São Vicente hat zwar nur einen winzigen Ortskern, bietet aber ein sehr stimmiges Ortsbild, was nicht zuletzt daran liegt, dass sich die Bewohner ge-

ZIELE
SÃO VICENTE

SÃO VICENTE

🍽️

TABERNA DE SÃO VICENTE €–€€
In der einfachen, aber gemütlichen Taberna gibt es köstlichen Meeresfrüchtereis und typische Madeira-Klassiker, mittags auch als günstige Tagesgerichte. Am Wochenende kehren hier gerne einheimische Familien ein.
Sítio do Calhau, Tel. 291 63 85 74

PADARIA DO CALHAU €
Sie ist mehr als eine gewöhnliche Backstube: Hier gibt es, so schwärmen die Madeirer, die köstlichsten Kuchen und Törtchen der Insel, und die herzhaften Snacks können ganze Hauptmahlzeiten ersetzen. Das alles gibt es zu unschlagbaren Preisen und bei bester Aussicht auf das Meer.
Estrada Regional 104
Sítio do Calhau
Tel. 291 84 27 99

SOLAR DA BICA ▶ S. 217

Lebendige Erdgeschichte

meinsam um das Erscheinungsbild ihrer Häuser kümmerten. Der Lohn dafür waren ein Denkmalschutzpreis und steigende Besucherzahlen. An der Küste gibt es ein paar Restaurants, der eigentliche Ort aber, von wilder Hochgebirgslandschaft umgeben, wurde einst etwas landeinwärts hinter einem Berghang angesiedelt – eine Vorsichtsmaßnahme, um Piraten nicht anzulocken.

❙ Wohin in São Vicente?

Lehrreiche Reise ins Erdinnere

Grutas de São Vicente

Obgleich schon viel früher entdeckt, wurden die Höhlen von São Vicente erst 1996 der Öffentlichkeit zugänglich gemacht. Die Höhlen sind das Ergebnis gewaltiger **Lavaströme,** die vor etwa 890 000 Jahren, als die Vulkane auf Madeira zum letzten Mal ausbrachen, aus dem Gebiet der Hochebene Paúl da Serra herabströmten.
Der geführte Rundgang durch die künstlich beleuchteten Höhlen dauert ca. 30 Minuten und gleicht einer Reise in das Erdinnere. Sie sehen Lava, die aussieht wie Schokoladenmousse, unterirdische Bäche und einen See. Ihnen wird erklärt, wie Stricklava entsteht, was für Stalaktiten da von der Decke hängen und warum der **»kleine Elefant«** im Lavatunnel stecken geblieben ist ... Nach Ihrem Besuch werden Sie ein bisschen besser verstehen, wie Madeira entstanden ist. Im angeschlossenen Vulkanzentrum gibt es viele weitere Erklärungen zum Thema Vulkanismus auf Madeira und anderswo.
tgl. 10–18 Uhr | Eintritt: 8 € |
www.grutasecentrodovulcanismosaovicente.com

6x ERSTAUNLICHES

Überraschen Sie Ihre Reisebegleitung: Hätten Sie das gewusst?

1.
ARABISCH
Die Kathedrale von Funchal erscheint auf den ersten Blick sehr schlicht. Dabei verdient die **arabische Zedernholzdecke** im Mudejarstil besondere Beachtung – sie gehört zu den schönsten des Landes.
(▶ **Sé, Funchal, S. 76**)

2.
ABENTEUERLICH
Zu etlichen Wasserfällen Madeiras gelangen Sie nur mit Seilzeug und Helm – und einer gehörigen Portion Adrenalin. Per **Canyoning** erreichen Sie die schönsten Winkel der madeirischen Natur.
(▶ **S. 194**)

3.
ZUGEBUNDEN
In Funchal gibt es eine einzigartige **Krawattensammlung** zu bestaunen: Sie gehörten dem Tausendsassa João Carlos Abreu und werden in einem der Säle seines »Universo de Memórias« ausgestellt.
(▶ **Funchal, S. 87**)

4.
FUTURISTISCH
Nicht nur die herrlichen Landschaften, sondern auch **architektonische Juwelen** wie das Mudas in Calheta oder Funchals Casino hinterlassen einen nachhaltigen Eindruck. (▶ **Calheta, S. 51 & Funchal, S. 89**)

5.
SAFTIG
Auf Madeira gibt es nur Fisch? Falsch! Vor allem in den Bergrestaurants und auf den Dörfern gibt es noch so richtig klassische, über dem offenen Feuer gegrillte **»Espetadas«** (Rindfleischspieße).
(▶ **S. 201**)

6.
TIEFGRÜNDIG
In den Grutas de São Vicente erleben Sie verblüffende **Erdgeschichte** hautnah – aber zum Glück schon lange keine vulkanischen Eruptionen mehr.
(▶ **São Vicente, S. 144**)

ZIELE
SEIXAL

Barockes Kirchlein

Igreja de São Vicente

Sehenswert ist die barocke Pfarrkirche aus dem 17. Jahrhundert. Der Kirchenraum ist mit vergoldetem Holzschnitzwerk und Gemälden ausgestattet, an der bemalten Decke findet sich die Darstellung des **hiesigen Schutzheiligen** Vincent.

Auf dem gepflasterten Platz vor der Kirche sind die **Attribute** von São Vicente dargestellt: zwei Raben, die den Leichnam des Heiligen verteidigen, und das führerlose Schiff, in dem er der Legende nach in Südportugal an Land gespült worden sein soll.

Markanter Felsen

Capela de São Roque

Wo die Ribeira de São Vicente in den Atlantik mündet, erhebt sich ein markanter Felsen mit weithin sichtbarem **Gipfelkreuz** aus dem Wasser. Die aus dem Jahr 1692 stammende kleine Capela de São Roque auf der Landseite trägt interessante Kieselmosaike an der Fassade.

SEIXAL

Höhe: ca. 10 – 350 m ü.d.M. | **Einwohnerzahl:** 650

Manchmal braucht es für den perfekten Tag nur das richtige Plätzchen, um vor sich hin zu träumen. In Seixal werden Sie es finden: ob bei einem Glas des guten Sercial-Weins, beim Bummeln oder beim Bad in den schönen Naturschwimmbecken. Die Ruhe dieses Dorfes ist ansteckend – lassen Sie also die Seele baumeln und genießen Sie einfach den Moment!

Von Reben umgeben

Auf halbem Weg zwischen Porto Moniz und São Vicente liegt auf einem ins Meer hineinragenden Plateau und inmitten mühevoll angelegter Weinterrassen der kleine Ort Seixal. Zum Schutz vor den Atlantikwinden wurden hüfthohe Besenheidehecken angelegt. Der hier produzierte Sercial-Wein gilt als besonders aromareich.

Autofahrt mit Tunnelblick

Küstenstraße

Einst führte ein eindrucksvoller Abschnitt der nördlichen Küstenstraße nach Seixal und weiter nach Porto Moniz. Parallel zu dieser schmalen alten Küstenstraße, auf der man recht langsam vorankam, wurde die Schnellstraße VE2 (Via Expresso) gebaut, die an vielen Stellen durch Tunnel führt. **Landschaftlich** war die alte Straße traumhaft schön: Die unter Ausnutzung aller technischen Möglichkeiten in die fast senkrecht abstürzende Felsküste gehauene und durch enge Tun-

SEIXAL

CASA DE PASTO JUSTINIANO €€
Der Abstecher von Seixal in das grüne, von Lorbeerwald umgebene Tal von Chão da Ribeira lohnt sich schon aus kulinarischen Gründen: Hier befindet sich das urige, familiäre Lokal von Justiniano Silva. Er serviert hervorragende Fleischspieße. Eine weitere Spezialität: gefüllte Forelle.
Di. geschl., Sítio Chão da Ribeira (landeinwärts), Tel. 291 85 45 59, www.casadepastojustiniano.com

SOLMAR €–€€
Von der Straße aus sieht das Lokal, das zum gleichnamigen Residencial gehört, unscheinbar aus, doch wenn Sie auf der Terrasse sitzen, haben Sie eine wunderbare Aussicht auf das Meer und die Nordküstenwände. Es gibt bodenständige Gerichte, vor allem die Fischauswahl ist hervorragend.
Sítio da Ponte, Tel. 291 85 48 54

---

nel oder über steinerne Brücken geführte Straße führte über das tosende Wasser hinweg. Lange noch war sie als Einbahnstraße zu befahren, ist mittlerweile aber an vielen Stellen verschüttet und fast vollständig gesperrt. Wo die Schnellstraße außerhalb der Tunnel verläuft, bekommt man einen Eindruck vom einstigen Fahrgefühl.

Badevergnügen
Direkt am kleinen Hafen von Seixal, in dem ein paar Fischerboote liegen und wo Sie sogar einen kleinen schwarzen Sandstrand finden, sind **Meeresschwimmbecken** angelegt. In den befestigten Piscinas Naturais des Clube Naval kann man in ruhigem Wasser baden. Sie sind zwar nicht so bekannt wie die in Porto Moniz, aber auch hier gibt es sanitäre Einrichtungen und eine gemütliche Lounge Bar.
Unterhalb der Post baden Sie in den **Naturpools** Poço das Lesmas und am westlichen Ortsrand am Kiesbadestrand Praia da Laje.

Piscinas Naturais

»Brautschleier« aus Wasser
Von einem Aussichtspunkt ca. 1 Kilometer östlich vor Seixal haben Sie einen tollen Blick auf den Véu da Noiva (Brautschleier), einen fantastischen Wasserfall, der aus der Felswand etwa **60 Meter** ins Meer hinabstürzt. Am Aussichtspunkt gibt es eine Bar, inseltypische Souvenirs finden Sie im Shop nebenan.

Véu da Noiva

Tal in wilder Natur
Von Seixal aus lohnt sich ein wunderbarer **Abstecher** in ein einsames Seitental: Die Straße schlängelt sich immer weiter hinauf in das schmale und von wilder Natur umgebene Tal von Chão da Ribeira. Tief im Tal steht dichter Lorbeerwald, im vorderen Teil beackern (Wochenend-)Bauern ihre fruchtbaren Felder.

Chão da Ribeira

H
HINTER-GRUND

Direkt, erstaunlich, fundiert

Unsere Hintergrundinformationen beantworten (fast) alle Ihre Fragen zu Madeira.

Ein einsamer Segler vor der Ponta de São Lourenço ▶

HINTERGRUND
DIE INSEL UND IHRE MENSCHEN

DIE INSEL UND IHRE MENSCHEN

Die kleine Inselgruppe wartet mit einer geradezu spektakulären Natur auf. Auf den Vulkaninseln mitten im Atlantik findet man eine beeindruckende Bergwelt, zerklüftete Küsten und wüstenähnliche Landschaften. Die Hauptinsel Madeira, die »Insel des ewigen Frühlings«, verdankt ihre üppige Vegetation einem extrem atlantischen und zugleich warmen Klima.

▌ Eine Insel entsteht

Vulkaninseln

Wer zum ersten Mal nach Madeira kommt, ist beeindruckt: Wo es nicht grünt und blüht, prägen braunschwarze **Lavafelsen,** dunkle Basalte und helle vulkanische Tuffe die Inselwelt mit fast senkrecht aus dem Meer steigenden Felswänden, scharfen Graten, jäh abstürzenden Schluchten und immensen Felsklippen wie dem 580 m hohen Cabo Girão. Die Ströme erkalteter Lava bei Porto Moniz oder die Lavatropfen in den Höhlen bei São Vicente zeugen von den Naturgewalten, die die Insel formten. Wind und Wellen nagen seit Jahrtausenden an den vulkanischen **Tuffklippen** der Ponta de São Lourenço, der besonders bizarr erscheinenden Ostspitze Madeiras. So entstehen auch die Höhlen auf Meeresniveau, die mit der Zeit die darüberliegenden Schichten zum Einsturz bringen.

Entstehung des Archipels

Die Inseln des madeirischen Archipels – Madeira, Porto Santo und die Ilhas Desertas – gehören zusammen mit den Azoren, den Ilhas Selvagens, den Kanaren und den Kapverden zu den **Mittelatlantischen Vulkaninseln**, auch »Makaronesische Inseln« (»gesegnete Inseln«) genannt. Sie verbindet neben einigen ähnlichen Vegatationsmerkmalen die Gemeinsamkeit, durch vulkanische Aktivitäten entstanden zu sein: Das Madeira-Archipel verdankt seine Existenz einem **Hotspot.** Dabei handelt es sich um eine Zone besonders starker vulkanischer Aktivität, in der heißes, plastisches Gesteinsmaterial aus den Tiefen des Erdmantels in die obere Erdkruste aufsteigt. Während der Hotspot seine Lage im Erdmantel dabei nicht verändert, wandert die Platte der Erdkruste darüber hinweg. Wie an einer Perlenschnur aufgereiht, hinterlässt der »heiße Fleck« dabei Vulkane, die vom Meeresboden ausgehend eine Insel nach der anderen auftürmen – im Fall des Madeira-Archipels in einem von Nordost nach Südwest verlaufenden Bogen. So entstand Porto Santo vor ca. 14 Mio. Jahren, Madeira und die Ilhas Desertas vor ca. 5,6 Mio. Jahren. Etwa 50 km westlich von Madeira entdeckten 2001 Wissenschaftler des deutschen

HINTERGRUND
DIE INSEL UND IHRE MENSCHEN

Forschungsschiffs »Meteor« eine noch jüngere submarine vulkanische Rückenstruktur, die noch nicht bis an die Wasseroberfläche vorgestoßen ist. Schon während, aber vor allem nach ihren vulkanischen »Geburten« setzte sofort die Erosion durch Salzwasser, Niederschlag, Wind und Wetter ein, die alle Inseln bis heute formt und fantastische Landschaften hervorbringt.

Das Rückgrat der **Hauptinsel Madeira** ist ein **Gebirge** mit zackigen, schroffen Felskämmen in Ost-West-Richtung. Im Westen der Insel breitet sich die Hochfläche Paúl da Serra aus, im Osten die kleinere von Santo António da Serra. Am Süd- und Nordabhang der Zentralkette liegen von hohen Felswänden umschlossene Talkessel, deren Mündungen zum Meer hin tief eingeschnittene Erosionsschluchten bilden. Besonders an der Nordküste kann man den vielfachen Wechsel zwischen den Asche- und Lavaschichten deutlich erkennen. Die **Küsten** von Madeira sind felsig und steil; schmale Strandebenen gibt es nur in sehr wenigen kleinen Buchten.

Landschaften auf Madeira und Porto Santo

Das Inselzentrum präsentiert sich alpin, mitunter ragen nur schroffe Felszacken wie hier am 1735 m hohen Pico do Gato durch die Wolkendecke.

AUS FEUER GEBOREN

Dass Madeira vulkanischen Ursprungs ist, sieht man z. B. an den Gesteinsformationen der kargen, felsigen Ostspitze Ponta de São Lourenço, den Lavagrotten in São Vicente oder den Lavafelsenbecken von Porto Moniz. Das durch vulkanische Aktivitäten und Auffaltungen entstandene Zentralgebirge mit den höchsten Gipfeln geht im Westen in die Hochebene Paúl da Serra über. Die meist steil ins Meer abfallende Nordküste und die weniger schroffen und landschaftlich besser nutzbaren Küstenstriche im Süden tragen zur Vielfalt der Atlantikinsel bei.

❶ Ponta do Pargo
Ein rot bemützter Leuchtturm markiert das Ende der Insel im Westen. Danach folgt nur noch das weite Meer.

❷ Porto Moniz
Lavafelsen, Zeugnisse intensiver vulkanischer Aktivität vor Hunderttausenden von Jahren, von ewig anbrandenden Wellen geformt, machen dieses Land so anziehend.

❸ São Vicente
In den Lavagrotten, entstanden vor etwa 890 000 Jahren, sieht man erstarrte Lavatropfen an der Decke hängen. Das Zentrum für Vulkanismus erläutert, wieso.

❹ Paúl da Serra
Nebel, Wind und Regen formten diese auf den ersten Blick öd erscheinende Hochebene, die einen faszinierenden Kontrapunkt zum nahen Hochgebirge bildet.

❺ Pico Ruivo
Der höchste Berg Madeiras (1862 m ü. d. M.) und die schroffe Bergwelt mit ihren himmelstürmenden Felsen und tiefen Schluchten ziehen alle Besucher in ihren Bann.

❻ Ponta de São Lourenço
Die farbenprächtigen Gesteinsschichten am östlichen Ende Madeiras sind Lavaströme verschiedenen Alters.

❼ Curral das Freiras
Früher meinte man, der Talkessel von Curral das Freiras sei ein Vulkankrater, heute geht man davon aus, dass er das Ergebnis kräftiger Erosionen ist.

❽ Cabo Girão
Eine der höchsten Steilküsten der Welt findet sich auf Madeira. Wer hier hinabblicken will, sollte schwindelfrei sein.

©BAEDEKER

HINTERGRUND
DIE INSEL UND IHRE MENSCHEN

Porto Santo besteht wegen seines höheren Alters zum Großteil aus sandigen Hochflächen mit bis zu 517 m hohen Vulkankegeln. Die **Ilhas Desertas,** die »verlassenen Inseln«, bestehen aus vulkanischem Gestein, das bis auf 479 m Höhe ansteigt. Ihren Namen verdanken sie dem Grundwassermangel und ihrer Unfruchtbarkeit – Versuche landwirtschaftlicher Nutzung wurden schnell wieder aufgegeben.

Klima – Insel des »ewigen Frühlings«

Ozeanisch-warm

Madeira verdankt seine üppige Vegetation einem **extrem ozeanischen Klima,** aufgrund der Lage in niederen Breiten ist es zugleich warm. Im Winter bestimmen Tiefdruckgebiete aus nördlichen Breiten das Wetter, im Sommerhalbjahr dominiert der Nord-Ost-Passat und bewirkt starke klimatische Unterschiede zwischen der dem Wind zugewandten Nordseite und dem im Windschatten liegenden Süden: Die vom Nordwind herangeführten feuchten Luftmassen bilden Wolken, die sich vor allem in den Vormittagsstunden vor den Bergen stauen. In den Mittagsstunden erwärmen sich die Luftmassen, steigen auf und beeinflussen dann auch häufig das Wetter auf der Südseite der Insel.

Nordseite/ Südseite

Auf der Nordseite, wo sich die Passatwinde an den Berghängen stauen, gibt es vor allem in den Wintermonaten ausgiebige **Regenfälle.** Auf der Südseite der Insel sind die Niederschlagsmengen im Jahresdurchschnitt viel geringer. Jedoch ist außer in den bemerkenswert trockenen Monaten Juli und August überall auf Madeira mit Regenschauern zu rechnen, im Inselinneren sogar mit länger anhaltenden Niederschlägen.

Die geografische Lage der Insel auf dem 32. Breitengrad bestimmt auch das Jahresmittel der **Temperatur.** Selbst im Winter fällt das Thermometer in den Niederungen tagsüber nur selten unter 18 °C, wobei der Süden etwas wärmer ist als der feuchtere Norden. Im Hochgebirge dagegen kann durchaus Schnee fallen, der aber selten lange liegen bleibt. Gelegentlich stoßen heiße Luftmassen aus der Sahara bis Madeira vor; diese Winde können unangenehm sein, da sie nicht nur heiße Luft, sondern auch Wüstensand mitbringen. Die **Wassertemperaturen** bewegen sich zwischen 14 °C im März und 22 °C im Hochsommer.

Pflanzen und Tiere

Urwald

Als João Gonçalves Zarco und Tristão Vaz Teixeira 1419 Madeira betraten, stießen sie auf eine bergige, unwegsame und dicht bewaldete Insel – diesem Umstand verdankt Madeira seinen Namen: Das

HINTERGRUND
DIE INSEL UND IHRE MENSCHEN

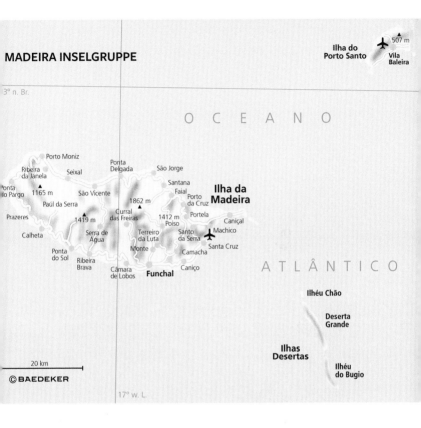

portugiesische »madeira« bedeutet **Holz.** So ließen sich die Entdecker zunächst auf der flacheren Nachbarinsel Porto Santo nieder, um die Hauptinsel von dort aus zu erschließen. Als geeignetes Mittel, die Insel urbar zu machen, erschien den ersten portugiesischen Siedlern die **Brandrodung.** Nachdem das Feuer zeitgenössischen Dokumenten zufolge sieben Jahre gebrannt hatte, war von dem über Jahrtausende gewachsenen Urwald nur ein kleiner Teil übrig geblieben. Die meisten einheimischen Pflanzen und Tiere waren vernichtet.

»Flor do Oceano« – »Blume des Ozeans« – nennen die Portugiesen ihre Insel im Atlantik. Die Vegetation auf Madeira ist heute bestimmt von einer **tropischen Fülle** prächtiger und nützlicher Pflanzen aus allen Teilen der Erde, die dank der Milde des Klimas, der reichlichen

»Blume des Ozeans«

INSEL DES EWIGEN FRÜHLINGS

Dank des milden Klimas blüht es auf Madeira, der »Blume des Ozeans« das ganze Jahr über. Die größte Blütenpracht entfaltet sich jedoch im Frühling.

▶ **Ganzjährige Blüte**
Viele Pflanzen blühen auch das ganze Jahr über, z.B. Kerzenstrauch, Paradiesvogelblume, Große Flamingoblume, Bougainvillea, Begonie, Prunkwinde, Hibiskus und Kap-Bleiwurz.

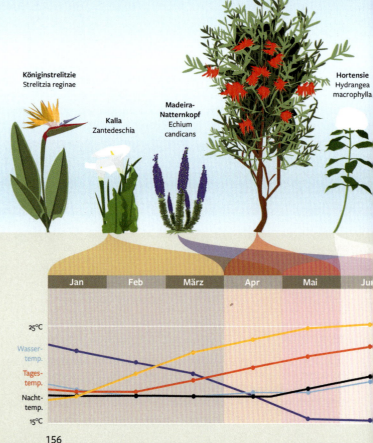

Einzigartig

Über 150 der mehr als 1200 auf Madeira gedeihenden Pflanzen sind endemisch, d.h., sie kommen nirgends sonst auf der Welt vor.

©BAEDEKER

Eine der seltensten unter ihnen ist der Madeira-Storchenschnabel.
Er ist in Zentralmadeira heimisch, wo er in humosen und frischen Böden in kleinen Populationen zu finden ist. Blütezeit ist von März bis Mai.

Blumen und Pflanzenarten in Portugal
mit Anteil endemischer Pflanzen

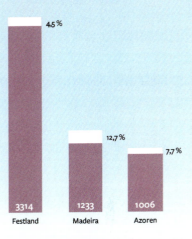

	Festland	Madeira	Azoren
Anteil	4,5 %	12,7 %	7,7 %
Arten	3314	1233	1006

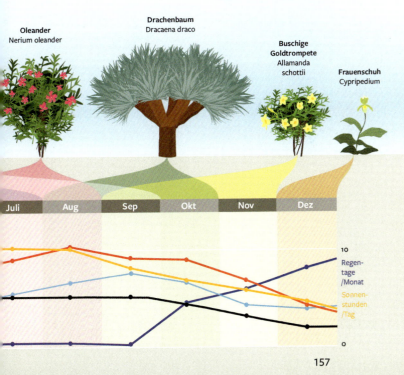

Oleander Nerium oleander
Drachenbaum Dracaena draco
Buschige Goldtrompete Allamanda schottii
Frauenschuh Cypripedium

Regentage /Monat
Sonnenstunden /Tag

WANN BLÜHT WAS?

Agapanthus	Mai – September
Agave	Dezember – März
Aloe	Oktober – Februar
Anthurie (Flamingoblume)	ganzjährig
Aralie	Juli – November
Banane	ganzjährig
Brunfelsie	zweimal im Jahr (Frühling und Herbst)
Calla	Januar – April
Cattleya	Februar – Oktober
Cymbidium (Orchidee)	Februar – Mai
Eukalyptus	August – Dezember
Fenchel	Juli – September
Frangipani	Juni – Oktober
Glyzine	März – Mai
Hibiskus	nahezu ganzjährig (üppig im Sommer)
Hortensie	Juni – September
Hyazinthe	März/April
Jacaranda	April – Juni
Judasbaum	März – Mai
Kamelie	Dezember – Mai

Klivie	April – Juni
Korallenbaum	Januar – März
Magnolie	Mai – August
Mimose	Dezember – März
Mittagsblume	März – August
Natternkopf (»Stolz Madeiras«)	April – Juni
Oleander	Mai – September
Opuntie (Feigenkaktus)	Mai – Juli
Pampasgras	August – Oktober
Protea	Mai – Dezember
Reiherbusch	April – Juni
Rhododendron	Mai – Juli
Rizinus	ganzjährig
Strelitzie	ganzjährig
Trichterwinde	ganzjährig
Trompetenblume	April / Mai
Afrikanischer Tulpenbaum	September / Oktober
Weihnachtsstern	Oktober – Februar
Weißer Stechapfel	ganzjährig
Zitrusbaum	Februar – April

HINTERGRUND
DIE INSEL UND IHRE MENSCHEN

Die Topografie Madeiras verlangt den Bauern einiges ab; oft nur sehr mühsam und ohne Maschinen gelingt der landwirtschaftliche Anbau auf kleinsten Terrassen.

Winterregen und der künstlichen Bewässerung (▶ S. 106) bestens gedeihen. Neben Kiefern und europäischen Laubbäumen begegnet man auf der Insel zahllosen immergrünen Bäumen und Sträuchern subtropischer und tropischer Herkunft wie Palmen, Araukarien, Tulpenbäume, Kampfer- und Feigenbäume, Papayas, Palmenlilien, Yuccas, Mispeln, Akazien, Eukalyptus, Bambus, Papyrusstauden, Baumfarne und Agaven. Die Straßenränder sind vielfach gesäumt von meist blau blühenden Hortensien, weißem und blauem Agapanthus und der ursprünglich aus Südafrika stammenden Belladonnalilie (Brunsvigia rosea). Die Avenidas von Funchal leuchten im Frühsommer im kräftigen Lila der Jacaranda-Bäume. **Orchideen** werden in großer Vielfalt in Orchideengärten gezüchtet.

In den Gärten Funchals entzückt im Winter und besonders im Frühjahr eine vielfältige Blumenpracht: Rosen, Kamelien, Rhododendren,

HINTERGRUND
DIE INSEL UND IHRE MENSCHEN

Azaleen, Pelargonien, Begonien, Bignonien, Daturas, Bougainvilleen, Glyzinien, Weihnachtssterne und viele andere zaubern ein Farbenmeer. Auch die einem Vogelkopf ähnelnden Blüten der **Strelitzien,** 1778 aus Südafrika nach Madeira gebracht, sind in fast jedem Garten zu finden.

Die in Höhen über 800 m vorherrschenden **Eukalyptuswälder** dienen der Forst- und Papierwirtschaft. Als schnell nachwachsendes Holz mit vielfältiger Verwendbarkeit wird der Eukalyptusbaum, der erst im 20. Jh. aus Australien nach Europa importiert wurde, sehr geschätzt. Wanderer freuen sich am typischen Duft der Eukalyptuswälder, ein Eukalyptuszweig im Auto sorgt für angenehme Frische und aus seinen ätherischen Ölen werden wohlschmeckende Bonbons hergestellt. Der Nachteil: Eukalyptus entzieht dem Boden in einem weiten Umkreis große Mengen Wasser und ist leicht entzündlich, was bei Waldbränden fatale Folgen hat.

Zur Zeit der Entdeckung Madeiras war der **Gewürzfenchel** auf der Insel stark verbreitet. Ihm verdankt die Stadt Funchal ihren Namen: Die portugiesischen Seefahrer, die in der Bucht landeten, sollen von seinem Duft so betört gewesen sein, dass sie die Stadt danach benannten. Heute wird der Fenchel zum Würzen und zur Herstellung von Bonbons verwendet. Die wichtigsten **Nutzpflanzen** sind jedoch Weinreben, Kartoffeln und Bananen. Zunehmende Bedeutung hat Aloe Vera.

Nutzpflanzen

Dem Anbau der Nutzpflanzen musste auch größtenteils der Laurazeen- bzw. Lorbeerwald weichen. Er ist heute nur noch auf Madeira, den Kanarischen Inseln, den Azoren sowie den Kapverden zu finden, vor den Eiszeiten der Erdneuzeit war er auch in Mitteleuropa verbreitet. 1999 wurden die Reste von der UNESCO zum **Weltnaturerbe** erklärt, sie bilden den Kern des Naturparks Madeira. Hier finden sich noch beträchtliche Bestände von Madeira-Mahagoni, Stinklorbeer und Kanarischem Lorbeer. In Höhen über 1000 m sind der Baumwacholder und der Wilde Ölbaum, über 1500 m die Besenheide und der Schildfarn erhalten.

Reste des Laurazeenwaldes

Drachenbäume sind in der freien Natur kaum noch zu sehen: In der Vergangenheit hat man, um das wertvolle, kautschukähnliche »Drachenblut« zu gewinnen, meist die ganzen Bäume gefällt. Inzwischen werden sie allerdings häufig als Ziergewächs in Parkanlagen und Gärten angepflanzt.

Ursprünglich waren wohl nur 14 oder 15 **Vogelarten** auf Madeira beheimatet. Heute leben etwa 200 Vogelarten hier oder lassen sich zur Brut auf Madeira nieder, darunter Greifvögel wie Bussarde und Falken, aber auch Kanarienvögel, Madeira-Ringeltauben und Sturmvögel. Im Lorbeerwald gibt es Amseln, Buchfinken, seltene Silber-

Tierwelt

HINTERGRUND
DIE INSEL UND IHRE MENSCHEN

halstauben und Madeira-Goldhähnchen – wegen des typischen Rufs wird dieser Vogel aus der Familie der Zaunkönige auch »Bisbis« genannt. Namentlich diese nur noch sehr kleinen Vogelpopulationen im Laurazeenwald und im Hochgebirge sind vom Aussterben bedroht. Den größten Anteil einheimischer Tierarten bilden die **Insekten.** Viele haben durch Anpassung inzwischen ihre Flugfähigkeit verloren. Endemisch ist die giftige Wolfsspinne auf der Insel Deserta Grande, die als Naturschutzgebiet aber nicht zugänglich ist. Einzige **Reptilienart** ist die Madeira-Mauereidechse. Sie ernährt sich in Gärten und Plantagen gerne von reifen Früchten und wird deshalb von Bauern bekämpft. Schlangen gibt es auf dem Archipel nicht. Die einzigen **einheimischen Säugetiere** sind Fledermäuse.

Meerestiere
Große Fische sind in den küstennahen Gewässern um Madeira wegen der schnellen Tiefe vergleichsweise selten. Meeresgetier, das in anderen Teilen der Welt im Brackwasser oder in geringer Meerestiefe lebt, wie Muscheln oder Krebse, findet hier nur wenig Lebensraum. Vor Madeira gibt es u. a. Thunfische, Seeteufel, Rotbarsche und Tintenfische. Der **Schwarze Degenfisch,** ein vor allem um Madeira vorkommender aalähnlicher, schuppenloser Tiefseefisch, ist in der Regel gut 1,5 m lang und der wichtigste Speisefisch der Atlantikinsel (▶ S. 20).

Die **Mönchsrobbe**, eine früher um die Kanarischen Inseln, an der Nordwestküste Afrikas und im Mittelmeerraum verbreiteten Robbenart, bevölkerte einst die Bucht von Câmara de Lobos, war jedoch zwischenzeitlich fast ausgerottet (▶ S. 58). Um ihr Überleben zu sichern, aber auch zum Schutz der Meeresflora und -fauna, wurden **Naturschutzgebiete** eingerichtet, darunter auch die Ilhas Desertas und die Ilhas Selvagens. Direkt vor Madeira wurde die Ponta do Garajau im Osten der Bucht von Funchal 1986 teilweise unter Schutz gestellt und der Fischfang stark eingeschränkt. Der Besuch des herrlichen Unterwasserschutzgebiets ist mit Tauchgerät möglich. Der Küstenstreifen bei Rocha do Navio steht ebenfalls als potenzieller Lebensraum von Mönchsrobben unter Schutz.

Menschen und Mentalitäten

Die Madeirer und ihre Insel
In den besonders heißen und trockenen Sommern schauen die Inselbewohner skeptisch hinauf zu den vielen Eukalyptushainen, die zwar Arbeitsplätze in der Forstwirtschaft und den Papierfabriken schaffen, aber auch zu gefährlichen Feuerfallen werden können. An den steilen Hängen gibt es bei starken Regenfällen, wie sie in den Wintermonaten vorkommen können, hin und wieder Bergrutsche – man muss sich als Inselbewohner wohl damit abfinden, dass die **Elemente stetig an dem Eiland nagen.**

HINTERGRUND
DIE INSEL UND IHRE MENSCHEN

Doch die Madeirer lieben ihre Insel: Sie sind stolz darauf, eines der schönsten Silvesterfeuerwerke der Welt zu haben, sie zeigen in ihren Vorgärten, welche Blumenpracht in dem milden Inselklima blüht, und sie zaubern aus ihren Anbaufrüchten köstliche Gerichte und edle Tropfen. Wenn sich die Naturgewalten mal wieder nicht von ihrer freundlichen Seite zeigen, dann tun es die Madeirer umso mehr: Sie helfen einander, wo es nur geht. Die **Solidarität** ist überwältigend, ebenso wie ihre **Gastfreundlichkeit** den Inselbesuchern gegenüber.

An der klimatisch begünstigten Südküste Madeiras leben ungleich mehr Menschen als in den anderen Inselregionen. Allein in Funchal, der einzigen größeren Stadt auf Madeira, lebt mit rund 130 000 Menschen gut **die Hälfte der Bevölkerung.** Der Grund ist simpel: In Funchal, dem Hauptort des madeirischen Tourismus, sind die Verdienstmöglichkeiten weitaus besser als anderswo. Aber auch in Funchal ist die Großfamilie, die lange Zeit die Bevölkerungsstruktur der Insel prägte, immer seltener anzutreffen. Wie im übrigen Portugal stagniert auch auf Madeira der Bevölkerungszuwachs.

»Ballungsgebiet« Funchal

Wenn es etwas zu feiern gibt, dann richtig. Besonders engagiert geht es bei religiösen Festen wie der Jesus-Wallfahrt von Porto Delgada zu.

163

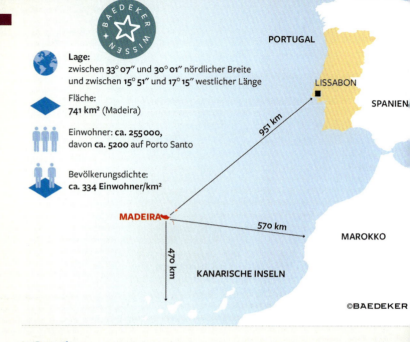

BAEDEKER WISSEN

Lage:
zwischen 33° 07″ und 30° 01″ nördlicher Breite und zwischen 15° 51″ und 17° 15″ westlicher Länge

Fläche:
741 km² (Madeira)

Einwohner: ca. **255 000**, davon ca. **5200** auf Porto Santo

Bevölkerungsdichte:
ca. **334 Einwohner/km²**

▶ **Sprache**
Portugiesisch

▶ **Verwaltung**
Autonome Region Madeira.
Funchal ist Sitz der Regionalversammlung, des Regionalpräsidenten und der Verwaltung.

▶ **Verkehr**
Flughafen: Santa Catarina oder Aeroporto da Madeira

▶ **Religion**
sonstige **6**
Katholiken **94**

Wirtschaft

Wichtigste Einnahmequelle ist der **Tourismus**: Mehr als **1,4 Mio. Gäste** kommen jährlich nach Madeira.

Die meisten aus **England** und **Deutschland**, auch nimmt der **Kreuzfahrttourismus** zu.

In den Sommermonaten machen viele Festlandportugiesen hier Urlaub.

Wichtigste Exportprodukte:

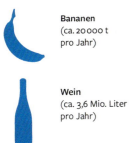

Bananen (ca. 20 000 t pro Jahr)

Wein (ca. 3,6 Mio. Liter pro Jahr)

▶ Klimastation Madeira

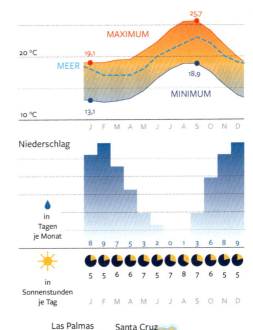

Inseln im Atlantik

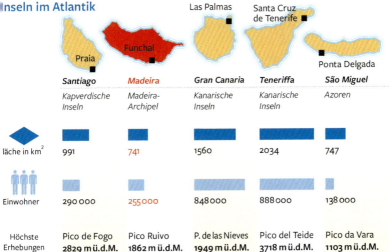

HINTERGRUND
DIE INSEL UND IHRE MENSCHEN

Inselflucht / Auch der Tourismus kann nicht darüber hinwegtäuschen, dass die beruflichen Chancen besonders für junge Menschen mit hoher Qualifikation – seit 1988 gibt es in Funchal eine Universität mit ingenieurswissenschaftlichem Schwerpunkt – kaum ausreichend sind. Diese Tatsache drückt sich in einer **hohen Abwanderungsrate** aus. Viele Madeirer zieht es nach der Schulzeit auf das portugiesische Festland, in andere europäische Länder oder nach Nordamerika.

Kirche / Die katholische Kirche verliert allmählich ihren **einst großen Einfluss** auf die Bevölkerung, besonders auf die in und um Funchal lebende Jugend. Außerhalb der Hauptstadt spielen Kirche und Glaube aber immer noch eine Rolle im Leben der Dorfgemeinschaft. Religiöse Prozessionen und Feste gehören nach wie vor zu den Höhepunkten im Jahreslauf.

Wirtschaft

Landwirtschaft / Viehzucht spielt auf Madeiras abschüssigen Hängen eine untergeordnete Rolle. Für die Insel des ewigen Frühlings wichtiger ist die Pflanzenwelt, von deren Vielfalt sich staunende Besucher und Besucherinnen nicht zuletzt bei einem Marktbummel überzeugen können. Da die Madeirer auf den fruchtbaren und meist sonnenverwöhnten Terrassen das ganze Jahr über mehrere Ernten einholen können, versorgen sie sich mit **Obst, Kartoffeln, Süßkartoffeln und anderem Gemüse** weitgehend selbst; Teile der landwirtschaftlichen Erträge werden obendrein exportiert. Das landwirtschaftliche Erzeugnis mit der längsten Tradition und auch größten Bedeutung ist der **Madeirawein**. Die Reben dafür finden auf der Insel vulkanischen Ursprungs ideale Bedingungen: kalkarme Böden, ausreichend Feuchtigkeit und viel Sonne (▶ S. 12, 204). An zweiter Stelle folgen die **Bananen,** die auf den steilen Terrassen der Südküste ganzjährig angebaut und geerntet werden.

Industrie und Handwerk / Größere Industriebetriebe sucht man auf Madeira – auch aufgrund der topografischen Gegebenheiten – vergeblich. Lediglich rund um Funchal haben sich **kleinere Unternehmen** angesiedelt, die jedoch fast ausschließlich Produkte zur Verwendung auf der Insel selbst herstellen. Eine weitere Industriezone gibt es bei Caniçal im Osten Madeiras.
Eine lange Tradition hat die **Stickerei:** Tischdecken, kunstvoll verzierte Servietten, Taschentücher, Blusen, Kleider und wertvolle Gobelins werden von der Insel in alle Welt exportiert (▶ S. 24). Camacha gilt als Zentrum der **Korbflechterei.** Aus Weidenruten flochten die Madeirer immer schon Erntekörbe, später entstanden daraus hochwertige Möbel und Dekorationen.

HINTERGRUND
DIE INSEL UND IHRE MENSCHEN

Ab Mitte des 19. Jh.s avancierte Madeira zum **noblen Urlaubsdomizil** der oberen Zehntausend Europas. Erst mit der Einweihung des Flughafens 1964 boomte der Inseltourismus. Heute sorgen jährlich rund 1 Mio. Urlaubsgäste auf der Insel für Arbeitsplätze. Insgesamt stehen etwa 20 000 Arbeitsplätze in direktem Zusammenhang mit dem Tourismus. Bekannt sind die Inseln des Archipels nach wie vor für ihre zahlreichen Hotels der gehobenen Kategorie – ein Großteil sind Vier-Sterne-Hotels. Das Thema Wellness rückt im 21. Jh. erneut in den Mittelpunkt. Darüber hinaus hat der Kreuzfahrttourismus in den letzten Jahren immer mehr an Bedeutung gewonnen.

Tourismus

Verkehr

Seit jeher stellt die **Topografie** von Madeira ein großes Hinderniss dar, wenn es darum geht, von A nach B zu gelangen. Um die großen Höhenunterschiede zu überwinden, wurde anfangs ein einfaches, kopfsteingepflastertes Wegenetz angelegt, über Schluchten führten kühne steinerne Brücken. Schmale, kurvenreiche Straßen verbanden die Ortschaften miteinander. Während alte Pfade der einstigen »Caminhos Reais« aus dem 19. Jh. heute teils wiederbelebt werden und Wanderern gehören, wurden vor allem dank finanzieller Unterstützung durch die EU in jüngster Zeit oft mehrspurige Straßen mit teils **kilometerlangen Tunneln** gebaut. Busse verbinden heute einigermaßen bequem wenn nicht alle, so doch viele Inselteile miteinander.

Wege- und Straßennetz

Not macht erfinderisch, die bescheidenen Straßen- und Wegeverhältnisse brachten im 17. und 18. Jh. einige teilweise einzigartige Verkehrs- bzw. Transportmittel mit sich: Als **»Rede«** bezeichnete man die an zwei Stangen befestigte Hängematte, in der sich nicht nur die besser gestellten Madeirer, sondern auch Urlauber transportieren ließen – manche sogar auf den Pico Ruivo, Madeiras höchsten Berg. Der **»Palanquim«**, eine Art Sänfte, diente zum Transport von Personen und Waren aller Art und bestand aus einem Brett, das von einem hölzernen oder eisernen Geländer umgeben war. Getragen wurde der Palanquim von zwei Männern, die kräftig, trittsicher und schwindelfrei sein mussten. Schließlich gab es noch den **»carro de bois«**, den von zwei Ochsen gezogenen Kufenschlitten, der ungleich mehr Komfort bot. Die Angehörigen der feineren Gesellschaft ließen sich ihre »carros de bois« mit Tüchern zum Schutz gegen die Witterung verhüllen. Relikte aus einer längst vergangenen Zeit sind auch die **Korbschlitten,** einst ein durchaus gebräuchliches Verkehrsmittel von Monte hinunter nach Funchal. Heute sind sie ein gelungenes Touristenspektakel, mit dem das alte Verkehrsmittel auf einem kürzeren Streckenabschnitt demonstriert wird (▶ Monte und ▶ Abb. S. 102 und 172).

Einzigartige Verkehrsmittel

HINTERGRUND
GESCHICHTE

GESCHICHTE

Erst 1418 begann die offizielle Geschichtsschreibung der Insel. In diesem Jahr landeten die Portugiesen João Gonçalves Zarco und Tristão Vaz Teixeira auf Porto Santo – ein Jahr später betraten sie die unzugänglichere Nachbarinsel Madeira. Wer den Archipel aber letztlich entdeckt hat, ist nicht eindeutig zu sagen.

Eroberung und Besiedlung

»Holzinsel« Wer die Entdeckung Madeiras für sich in Anspruch nehmen kann, ist bis heute nicht geklärt (▶ S. 98). Auf einer florentinischen Seekarte von 1351 ist Madeira erstmals offiziell verzeichnet, doch erst etwa 70 Jahre später begann die Besiedlung. Zu jener Zeit organisierte ein Sohn von König João I., Infant **Heinrich der Seefahrer** (1394 bis 1460), Entdeckungsreisen, u. a. um einen Seeweg nach Indien zu finden und den Gewürzhandel auszubauen. Im Rahmen einer solchen Expedition landeten die portugiesischen Kapitäne Gonçalves Zarco und Vaz Teixeira 1418 auf Madeiras Nachbarinsel, nannten sie Porto Santo und erklärten sie zum Eigentum der portugiesischen Krone. Bei ihrer Rückkehr berichteten sie ihrem Auftraggeber von einer viel größeren Insel in der Nähe. 1419 sandte Heinrich die beiden erneut aus, diesmal in Begleitung von Bartolomeu Perestrelo, der auf Porto Santo einen Stützpunkt einrichtete, während Zarco und Teixeira das andere unbewohnte Eiland für Portugal in Besitz nahmen und ihm wegen seines Waldreichtums den Namen »Madeira« (Holz) gaben.

Brandrodung Aufgrund ihrer strategisch günstigen Lage sollten Madeira und Porto Santo zur **Versorgungsstation für portugiesische Expeditionsschiffe** ausgebaut werden. Ab 1423 ließen sich Siedler in den Buchten von Machico und Câmara de Lobos nieder und versuchten, mittels Brandrodung das schwer zugängliche Madeira urbar zu machen. Nach rund sieben Jahren war der einstige Urwald nahezu vernichtet.

Landwirtschaftliche Basis 1440 hatte Heinrich der Seefahrer die ersten Malvasier-Reben aus Kreta nach Madeira bringen lassen – der **Weinbau** nahm einen raschen Aufschwung. Auch **Zuckerrohr** gedieh aufs Beste und bald schon wurde aus der Holzinsel die Zuckerinsel, die in der gesamten abendländischen Welt für die ausgezeichnete Qualität ihres Zuckers bekannt war. Die mühsame Arbeit auf den Zuckerrohrplantagen und in den Zuckermühlen sowie beim Bau der Terrassen und Bewässerungsgräben (Levadas; ▶ S. 106) mussten Sklaven leisten, zunächst die Ureinwohner der Kanaren, später deportierte Bewohner der Westküste Afrikas. Im einträglichen Zuckerhandel betätigte sich auch

HINTERGRUND
GESCHICHTE

EPOCHEN

EROBERUNG UND BESIEDELUNG
1351	Madeira erscheint zum ersten Mal auf einer Seekarte.
1419	Portugiesen landen auf Porto Santo und Madeira.
Ab 1440	Malvasier-Reben und Zuckerrohr werden angebaut.

SONDERSTATUS IM KOLONIALREICH
1497	Funchal wird Inselhauptstadt und Madeira bekommt einen Sonderstatus.
16. Jh.	Der Reichtum lockt Piraten an.
1580–1640	Madeira gehört (wie auch der Rest Portugals) zu Spanien.

ENGLISCHE PRÄSENZ
Ab 1660	Englische Weinhändler lassen sich nieder.
1807–1814	England besetzt Madeira.
1852/1872	Mehltau und Reblaus vernichten die Rebstöcke.
1891	Reid's Hotel wird eröffnet.

20./21. JAHRHUNDERT
1914–1918	Portugal steht im Ersten Weltkrieg auf der Seite Englands.
1933	Die Diktatur Salazars beginnt.
1964	Madeiras Flughafen wird eröffnet.
1974	Die »Nelkenrevolution« beendet die Diktatur.
1976	Madeira wird eine Autonome Region.
1986	Portugal wird Mitglied der EG.
2010	Ein verheerendes Unwetter fordert 42 Menschenleben.
2016	Große Waldbrände zerstören Teile Funchals.
2019	Madeira gewinnt zum sechsten Mal den World Travel Award als beste Inseldestination Europas.

Christoph Kolumbus, der zwischen 1479 und 1484 – so die nicht ganz gesicherte Überlieferung – auf Porto Santo lebte. Verheiratet war er mit einer gewissen Filipa Perestrelo, der Tochter des ersten portugiesischen Gouverneurs.

Sonderstatus im Kolonialreich

1497 gliederte **König Manuel I.** den Archipel in sein Königreich ein und erklärte Funchal zur Hauptstadt von Madeira. Die Stadtrechte gab es 1508. Das neue Wappen bekam fünf Zuckerhüte, ein Hinweis auf die Bedeutung Madeiras als Zuckerlieferant. 1514 wurde im mittlerweile 5000 Einwohner zählenden Funchal die Kathedrale eingeweiht und ein Bischof eingesetzt. Zur Diözese von Funchal gehörten alle portugiesisch besetzten Gebiete Afrikas und Asiens bis nach Japan.

Zuckerhüte im Wappen

HINTERGRUND
GESCHICHTE

Madeirer werden Portugiesen

Der Zuckerboom auf Madeira endete so schnell, wie er begonnen hatte. Schon zu Beginn des 16. Jh.s waren die Böden ausgelaugt, zudem bekam der größte Zuckerlieferant Europas mächtige Konkurrenz aus der neuen portugiesischen Kolonie Brasilien. Allerdings profitierte Madeira von seinem Sonderstatus im portugiesischen Kolonialreich: Seit 1497 galten die Bewohner der Insel nicht mehr als Angehörige einer Kolonie, sondern als Staatsbürger Portugals. So konnten sie **Landwirtschaft zur Selbstversorgung** betreiben, im Unterschied zu den Kolonien, die gewinnträchtig in Monokulturen anbauen mussten und bei der Eigenversorgung auf Produkte aus dem Mutterland angewiesen waren. Ein weiteres Privileg kam hinzu: Produkte aus Übersee durften nur über portugiesische Häfen verschifft werden. Statt Zucker selbst herzustellen, machten die Madeirer Profit mit der Zwischenlagerung und dem Verkauf von brasilianischem Zucker. Viele Großgrundbesitzer bauten fortan Weinreben an und Madeira lieferte seinen begehrten **Wein** (▶ Baedeker Inspiration, S. 12) nach Portugal und in die überseeischen Kolonien, später auch direkt nach England und in dessen Kolonien. 1643 erließ Portugals König João IV. ein für Madeira äußerst lukratives Dekret, wonach jedes Schiff auf dem Weg nach Brasilien in Funchal einen Zwischenstopp einlegen und hier Lebensmittel laden musste. Auch Schiffe anderer Seefahrerstaaten machten auf ihrer Fahrt über den Atlantik auf Madeira Halt, versorgten sich mit Lebensmitteln – und füllten die Kassen der Insulaner.

Piraten

Reichtum weckt Begehrlichkeiten. Immer wieder überfielen Piraten die Handelsschiffe, auch versuchten die Seeräuber, auf der Insel zu landen. Zum Schutz von Funchal ließ König Manuel I. 1513 die Festung São Lourenço errichten, hinzu kam ein gut funktionierendes **Frühwarnsystem:** Da die Piraten meist von Norden oder Osten kamen, konnte man sie von Porto Santo aus eher sichten als von der

Seit jeher war die Bucht von Funchal zentraler Umschlagplatz auf Madeira – der Stich aus dem 19. Jh. zeigt Handelsschiffe der damaligen Zeit.

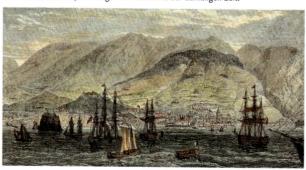

HINTERGRUND
GESCHICHTE

Hauptinsel. Vorsorglich aufgeschichtete mächtige Holzstöße wurden entzündet und warnten die Bewohner beider Inseln. Einen ausreichenden Schutz vor Piraten gab es dennoch nicht. 1566 gelang es französischen Freibeutern, Funchal zu überfallen. Bevor Hilfe vom portugiesischen Festland eintraf – 16 Tage dauerte die Schreckensherrschaft der Piraten –, wurden alle Kirchen und die Vorräte der großen Handelshäuser geplündert.

Als Portugal 1580 unter spanische Herrschaft geriet, wurde auch Madeira von Spanien aus regiert. Damit kamen Insel wie Mutterland in den **Konflikt zwischen Spanien und England** und wurden von englischen Piraten geplündert. 1620 griff der englische Seeräuber John Ward Funchal an, nahm 1200 Männer, Frauen und Kinder gefangen und verkaufte sie in Tunesien als Sklaven.

Englische Präsenz

1660 heiratete Catarina von Bragança, eine Tochter von João IV., den englischen König Charles II. Im Heiratsvertrag sicherte sich London besondere Rechte an Madeira – und hätte beinahe die Insel als Mitgift erhalten. Kurz darauf ließen sich die ersten englischen Kaufleute nieder. Sie profitierten von Privilegien, insbesondere im Handel mit Madeirawein, der rasch zum wichtigsten Exportartikel der Insel avancierte. Nach Abschluss eines Handelsabkommens zwischen Lissabon und London (1703), das langfristig zu einer wirtschaftlichen **Abhängigkeit Portugals von England** führte, geriet die gesamte Weinproduktion auf Madeira unter die Kontrolle der Engländer.

Engländer dominieren

Während der napoleonischen Kriege richteten englische Truppen 1801 auf der Insel einen Stützpunkt gegen Frankreich ein. Als Napoleon 1807 das portugiesische Mutterland annektieren ließ, erklärten die Engländer Madeira für besetzt, zogen aber 1814 wieder ab. Etliche Besatzungsoffiziere und -soldaten verließen die Armee und betätigten sich fortan auf Madeira als **Kaufleute.**

Napoleonische Kriege

Mehltau und **Reblaus** zerstörten Mitte des 19. Jh.s einen Großteil der Weinreben. Es dauerte Jahre, bis an resistenten Reben wieder Trauben wuchsen. Einige englische Weinhändler verließen die Insel und viele verarmte Madeirer wanderten aus. Andere versuchten ihr Glück in der **Korbmacherei,** und die Einführung neuer Sticktechniken durch die Engländerin Elizabeth Phelps sorgte für einen kleinen, aber beständigen Aufschwung. Eine weitere, zunächst noch bescheidene Einnahmequelle bildete der **Tourismus** in der zweiten Hälfte des 19. Jahrhunderts. Das 1891 eröffnete Reid's Hotel lockte gekrönte wie ungekrönte Häupter aus ganz Europa an, die das angenehme und bei Tuberkulose als heilsam angesehene Klima schätzten.

Neue Einnahmequellen

HINTERGRUND
GESCHICHTE

Mitte des 19. Jh.s kamen Korbschlitten auf, mit denen die wohlhabenden Bewohner von Monte schnell und komfortabel nach Funchal gelangten.

20./21. Jahrhundert

Erster Weltkrieg
Im Ersten Weltkrieg stand Portugal auf der Seite von England. Nachdem die portugiesische Regierung auf Drängen Londons alle in portugiesischen Häfen ankernden deutschen Schiffe beschlagnahmt und an Großbritannien ausgeliefert hatte, tauchten deutsche U-Boote vor Funchal auf, versenkten das französische Kriegsschiff »Surprise« und beschossen die Stadt. Daraufhin flehte die Bevölkerung während einer **Bittprozession** um ein Ende des Bombardements und gelobte, nach dem Ende des Krieges eine Madonnenfigur aufzustellen – prompt hörte der feindliche Beschuss auf. Die Madonnenfigur wurde mit Spenden aus aller Welt finanziert – auch die österreichische Kaiserin Zita soll dazu beigetragen haben – und 1927 oberhalb von Monte, am sogenannten Terreiro da Luta, aufgestellt.

Diktatur
Ab 1932 herrschte im portugiesischen Mutterland **António de Oliveira Salazar** (1889–1970). Sein diktatorisches Regime, der **»Estado Novo«** (Neuer Staat), stützte sich vor allem auf die gefürchtete Geheimpolizei PIDE. In der Verfassung von 1933 wurde die autoritäre, alle Opposition unterdrückende Staatsform festgelegt. Der Zweite Weltkrieg ging an Madeira vergleichsweise spurlos vorüber. Portugal blieb neutral. Im Mai 1943 brach Lissabon die diplomatischen

HINTERGRUND
GESCHICHTE

Beziehungen zu Deutschland ab und überließ den Briten und Amerikanern anschließend Militärstützpunkte auf den Azoren.

Nachdem Salazar 1968 einen Schlaganfall erlitten hatte, übernahm dessen Vertrauter Marcelo Caetano die Staatsgeschäfte. Der diktatorischen Herrschaft setzte die Oppositionsgruppe »Bewegung der Streitkräfte« in der weitgehend unblutigen **»Nelkenrevolution« 1974** ein Ende. Kurz vor den Wahlen zum Inselparlament 1976 erhielten die Inseln des Archipels Selbstverwaltungsrechte als **Autonome Region Madeira.** 1978 wählte die Inselbevölkerung **Alberto João Jardim** von der liberal-konservativen Partei PSD (Partido Social Democrático) mit 65 % der Stimmen zum Regionalpräsidenten. Die Regierung in Lissabon übt zwar eine kontrollierende Funktion über die Regierung und das Parlament Madeiras aus, doch in internen Angelegenheiten besitzt Madeira eine gewisse **Selbstständigkeit,** etwa in der Wirtschaftspolitik, bei Steuern und Zöllen.

Unblutige Revolution

1986 trat Portugal der EG bei. Die Einführung des **europäischen Binnenmarkts** 1993 brachte auch Madeira erhebliche Fördermittel der EU, vor allem für die verkehrstechnische Erschließung der Insel und die Entwicklung des Tourismus. Seit 2000 besitzt der Flughafen Santa Catarina eine verlängerte, auf Betonstelzen ins Meer gebaute Start- und Landebahn.

EU-Fördermittel

Im Februar 2010 wurde Madeira von einem heftigen Unwetter heimgesucht; mehr als 100 Menschen wurden bei **Überflutungen und Erdrutschen** verletzt, 42 starben, viele wurden obdachlos. Betroffen waren vor allem Funchal und Umgebung. Kritiker mahnten an, dass die Katastrophe erst durch menschliche Eingriffe ermöglicht worden sei – Böden der Insel wurden durch massive Bebauung zubetoniert, Flüsse im Zuge des Straßenausbaus umgeleitet und Gebäude und Straßen an überschwemmungsgefährdeten Flussufern errichtet.
Immer wieder kommt es auf Madeira in den Sommermonaten auch zu **Waldbränden.** Besonders verheerende ereigneten sich im August 2016 oberhalb Funchals. Die Feuer zerstörten etliche Häuser, ein Luxushotel und einen Orchideengarten; drei Menschen starben.

Naturkatastrophen

Diese Brände stellten den neuen Inselpräsidenten Miguel Albuquerque von der liberal-konservativen PSD auf eine erste große Probe. Er hatte das Amt im März 2015 von seinem zurückgetretenen Parteikollegen Alberto João Jardim übernommen, der seit 1978 ununterbrochener Alleinherrscher der Autonomieregion war, in seiner zehnten und letzten Amtszeit jedoch wegen **Korruption, Klientelismus und versteckten Milliardendefiziten** in der Kritik stand. Bei den Regionalwahlen 2019 verlor die von Miguel Albuquerque angeführte madeirische PSD erstmals ihre absolute Mehrheit.

Ende einer langen Herrschaft

HINTERGRUND
KUNST UND KULTUR

KUNST UND KULTUR

Madeira ist kulturell sicher keine hochkarätige Destination, besitzt aber nichtsdestotrotz viele interessante Facetten. Was hat zum Beispiel Zucker mit Kunst zu tun und wie kamen flämische Meisterwerke des 15. und 16. Jahrhunderts nach Madeira? Was ist portugiesisches Kulturgut, was typisch madeirisch?

▮ Kunstgeschichte

Manuelinik Die wirtschaftliche und kulturelle Blüte Portugals began unter König Manuel I. (1495–1521) und beeinflusste auch die Architektur in Portugal. Nach diesem Regenten benannt ist der »manuelinische Stil«. Dieser griff zwar die etwa zeitgleich in Europa vorherrschenden Prinzipien der Spätgotik und der Frührenaissance auf, verschmolz sie aber auch mit orientalisch-indischen Einflüssen. Dass Portugal in dieser Zeit zur führenden Seemacht der Welt heranwuchs, fand auch Ausdruck in Architektur und künstlerischem Schaffen. Charakteristisch für die Manuelinik ist eine ausgeprägte Freude am Dekor. Ähnlich wie im plateresken Stil Spaniens wurden oft naturalistische **Elemente aus der Welt des Meeres und der Seefahrt** aufgegriffen, beispielsweise Seilknoten, gedrehte Taue, Muscheln oder Korallen. Ein schönes Beispiel für diesen Formenreichtum ist ein manuelinisches Fenster im Garten der Quinta das Cruzes in Funchal, etwas schlichter ist ein kleiner Türbogen am Alten Zollamt. Dass auf Madeira kein manuelinisches Bauwerk so imposant ist wie etwa das Hieronymitenkloster von Belém in Portugal, liegt daran, dass sich die weitab des portugiesischen Festlandes gelegene Insel Madeira nicht als Pflaster für aufstrebende Architekten und Künstler eignete.

Mudejarstil Anders als in Festlandportugal ließen Architekten auf Madeira häufiger den Mudejarstil einfließen. Mudejaren waren **arabische Künstler und Handwerker,** die im 13. bis 15. Jh. noch in Portugal lebten. Auf Madeira sind einige Kirchendecken im Mudejarstil entstanden. Ein schönes Beispiel ist die Decke in der Kathedrale in Funchal. Außerdem findet man Mudejardecken in einigen kleinen Dorfkirchen.

Barock Im 18. Jh. wurden viele Kirchenräume, die bis dahin im manuelinischen Stil oder im Mudejarstil gehalten waren, mit barocker Pracht ausgestattet. Zahlreich sind Beispiele für den spätbarocken Stil, bei dem vor allem Altäre mit kunstvoll geschnitztem und mit Blattgold überzogenem Holz, der für Portugal typischen **Talha Dourada,** ausgekleidet wurden. Wo der Spätbarock auf frühere Gestaltungselemente trifft, offenbaren sich interessante Kontraste (z. B. in Funchals Kathedrale).

HINTERGRUND
KUNST UND KULTUR

Wie viele Kunsttechniken wurde auch die Azulejo-Malerei aus dem Mutterland Portugal nach Madeira importiert.

Zwischen dem 15. und 18. Jh. entwickelte sich auf dem portugiesischen Festland eine relativ eigenständige Malerei, die auch auf Madeira geborene bzw. lebende Maler inspirierte. Kein Künstler von Madeira errang aber auch nur annähernd einen Ruf wie die bedeutenden portugiesischen Maler Vasco Fernandes (genannt Grão Vasco), Gregório Lopes oder Cristóvão de Figueiredo. Dass heute in den Kirchen und Museen auf Madeira so viele **Gemälde flämischer Provenienz** zu sehen sind, ist auf die Geschäftsverbindungen zwischen Madeira und Flandern ab etwa 1472 zurückzuführen. Zucker von der Insel stellte eine so begehrte Handelsware dar, dass einige madeirische Kaufleute im Gegenzug Bilder namhafter Künstler erhielten.

Malerei

HINTERGRUND
KUNST UND KULTUR

Architektur im 20. Jh.
In den 1970er-Jahren wurden mit dem Casino und dem Hotelgebäude zwei Bauwerke des brasilianischen Architekten **Oscar Niemeyer** (1907–2012) realisiert. Er wurde international bekannt durch den Entwurf von Brasília, der Hauptstadt Brasiliens, die während der zweiten Hälfte der 1950er-Jahre komplett neu gebaut wurde.

Azulejos
Portugal ohne Azulejos (sprich: Asuléschusch) ist nicht denkbar – die bemalten **Keramikfliesen** sind allgegenwärtig. Ab Anfang des 16. Jh.s wurden sie aus Spanien importiert; maurische Handwerker verzierten die Fliesen zunächst mit reliefartigen geometrischen Mustern. Ende des 16. Jh.s entstanden in Portugal eigene Azulejo-Manufakturen, eigene Motive wurden entwickelt. Vor allem aber fertigte man die Fliesen nicht mehr als Reliefs, sondern nach italienisch-flämischem Vorbild in Majolika-Technik als flache Platten. Die gebrannte Tonfliese erhielt eine weiße Zinnglasur, auf die die Azulejo-Künstler Metalloxidfarben auftrugen. Vom portugiesischen Festland gelangten die Azulejos in die portugiesischen Kolonien und Überseegebiete.

Ihre größte Blüte hatte die Herstellung von Azulejos im Lauf des 17. Jahrhunderts. Charakteristisch für diese Zeit sind ganze **Fliesenteppiche** (Tapetes) in den Farben Blau, Weiß und Gelb mit verschiedensten Bildmotiven. Mit solchen Tapetes wurden alle nur erdenklichen Flächen – Kirchenwände, Altäre, Treppenaufgänge, Brunnen, Bänke, Außen- und Innenwände in vornehmen Häusern – verkleidet. Selbst als Schilder für Straßennamen fanden sie Verwendung. Als zu Beginn des 19. Jh.s der portugiesische Königshof zeitweise nach Brasilien übersiedelte und das Festland von Bürgerkriegen erschüttert wurde, kam die Herstellung von Azulejos fast völlig zum Erliegen und erholte sich erst Mitte des 19. Jh.s wieder. Nach brasilianischem Vorbild verwendete man Fliesen nun auch zur Verkleidung von Fassaden und von Räumen in Bürgerhäusern oder öffentlichen Gebäuden. Eine nächste Blütezeit gab es um die Wende vom 19. zum 20. Jh. und wieder Ende des 20. Jh.s; so entstanden zahlreiche Wandverkleidungen mit modernen Fliesenmalereien. Einen guten Eindruck dieser Kunst erhält man im **Museu Frederico de Freitas** in Funchal. Die meisten Azulejos, die heute auf Madeira zu sehen sind, stammen aus neuerer Zeit und im Allgemeinen aus industrieller Produktion. Hübsch anzusehen sind sie trotzdem. Außerdem gibt es noch einige Kirchen mit bemerkenswerten historischen Azulejo-Bildern.

Eine Besonderheit auf Madeira sind die **gefliesten Kirchturmspitzen,** die es auf dem portugiesischen Festland nur selten gibt. Aus dem 16. Jh. stammen die Fliesen an der Turmspitze der Kathedrale von Funchal; sie zählen zu den ältesten erhaltenen Azulejos auf Madeira.

Pflastermosaiken
Wie auf dem portugiesischen Festland gibt es auch auf Madeira viele Fußwege und Plätze, die mit mosaikartig zusammengesetzten Pflas-

tersteinen befestigt sind. Die schwarz-weißen Motive zeigen Segelschiffe, Wappen oder Blumen. Der Rathausplatz in Funchal ist komplett mit einem wellenförmig gemusterten **Pflastermosaik** bedeckt. Ähnlich wie auf den Kanarischen Inseln findet man auf Madeira Gehwege, die mit dunklen Basaltkieseln befestigt sind; dabei sind die Steine unterschiedlich geformt und in geometrischen Mustern zusammengesetzt.

Wer auf Madeira den Blick nach oben richtet, wird vor allem auf dem Land öfters Figuren an den Ecken von Hausdächern bemerken. Meist sind Tauben zu sehen, manchmal auch ein menschliches Gesicht oder ein Hund. Die Figuren sind wie die Dachpfannen **aus gebranntem Ton** hergestellt und sollen böse Geister von den unter diesem Dach lebenden Menschen fernhalten. Außerdem gelten sie als Fruchtbarkeitssymbole. — Dachfiguren

Brauchtum und Kunsthandwerk

Die einst von den Madeirern getragene Tracht ist heute aus dem Alltagsleben fast völlig verschwunden, sie wird nur noch zu **festlichen Anlässen** getragen. Bei den Frauen besteht sie aus einem knielangen, farbig gestreiften Faltenrock, weißer Bluse und einer kunstvoll bestickten Weste, über der eine Art Cape getragen wird. Typisch für die Korbschlittenfahrer von Monte sind die Strohhüte mit schwarzem Hutband sowie weit geschnittene weiße Hosen und Hemden, über denen an frischen Tagen eine blaue Jacke wärmt. Einige Bestandteile der ursprünglichen Tracht sind aber vor allem noch in ländlichen Regionen zu sehen, z. B. die von Männern getragenen **Schafwollmützen.** Typisch sind **Stiefel** aus Ziegenleder mit umgeschlagenem Schaft und weiße, manchmal auch braune Anzüge, die an Fest- und Feiertagen mit einer roten Schärpe um die Taille getragen werden. — Traditionelle Trachten

Viele Tänze bringen die traditionellen **Tätigkeiten in der Landwirtschaft** in stilisierter Form auf die Bühne. Bei kirchlichen Festen, die meist unmittelbar in profane Volksfeste übergehen, kann man bis heute zahlreiche Folkloretänze sehen. Empfehlenswert ist das alljährlich im Juli stattfindende Folklorefestival in Santana, wo Tanz und Gesang noch recht unverfälscht dargeboten werden. — Folkloretänze

Madeiras Musik orientiert sich weitgehend am portugiesischen Festland. Einflüsse anderer Kulturen, z. B. jene der auf die Insel deportierten Sklaven, sind heute kaum noch nachvollziehbar. Ein Beispiel für solche Gesänge ist im **Museu Etnográfico** in Ribeira Brava auf einem Video festgehalten. — Musik

HINTERGRUND
KUNST UND KULTUR

Die für Madeira vielleicht typischste Form der Volksmusik, der **»desfaio«,** fehlt auf keinem Dorffest. Zwei Sänger tragen in Reimen Ereignisse aus dem Dorfalltag vor, auch Familieninterna werden dabei verraten. Begleitet werden die oft große Heiterkeit hervorrufenden Lieder z. B. von der »braguinha«, einem gitarreähnlichen Instrument. Weitere volkstümliche **Instrumente** sind Akkordeon, Gitarre, Geige, Flöte, Trommel und eine Ratsche (»reque-reque«), die wahrscheinlich aus Afrika stammt. Der **»brinquinho«** ist eine Art Schellenbaum: An einem Holzstab ist ein mit kleinen Püppchen geschmückter Mechanismus befestigt, den man mit der Hand auf- und abbewegt. Dadurch schlagen kastagnettenartige Holzkläppchen und kleine Glocken rhythmisch aneinander.

Portugals Schicksalsgesang, der **Fado,** ist auch auf Madeira zu hören, wenn auch überwiegend in speziell für Touristen aufgeführten Konzerten. Seine Herkunft vermutet man in der afrikanischen oder brasilianischen Volksmusik. Ein Fadosänger (fadista) bzw. eine -sängerin wird stets von zwei Gitarren – einer normalen Gitarre und einer lautenähnlichen »guitarra portuguesa« – begleitet, die Lieder haben erzählenden Charakter und oft einen melancholischen Grundtenor.

Feinste Handarbeit

Die Ursprünge der berühmten **Madeira-Stickerei** reichen vermutlich bis ins 16. Jh. zurück: Bereits zu dieser Zeit wurde die hohe Kunstfertigkeit der Madeirerinnen gerühmt. Zu Beginn des 20. Jh.s erlebte das Stickereihandwerk seine größte Blüte – vor allem die **Weißstickerei** –, heute gehen immerhin noch rund 3000 Stickerinnen dem Handwerk überwiegend in Heimarbeit nach (▶ S. 24).

Auch Madeira-Gobelins haben eine lange Tradition und wurden schon im Jahr 1780 dokumentiert. In das Geschäft mit der **Gobelinstickerei** stiegen auch einige Ausländer ein, wie beispielsweise der Deutsche Max Kiekeben, dessen Anfang des 20. Jh.s gegründetes Unternehmen über 100 Jahre lang bestand. Motive sind in erster Linie Porträts, Fantasielandschaften und Gemälde alter Meister.

Verblüffendes aus Weidenruten

Einen ausgezeichneten Ruf genießen die Korbflechter von Madeira, vor allem jene aus dem kleinen Dorf Camacha. Ihre Rohware wächst vorzugsweise in den Tälern der Nordküste. Die **Korbflechterei** ist etwa so alt wie die Stickerei. Geflochten wird mit Weidenruten, die nach der Ernte geschält und in Bottichen gekocht werden, wobei sie ihre typische braune Färbung annehmen. Nachdem das Handwerk in den 1970er-Jahren vom Aussterben bedroht war, erlebte es Ende des 20. Jh.s eine neue Blüte. Unter der Regie des staatlichen Instituts für Kunsthandwerk wurden traditionelle Flechttechniken wiederbelebt und moderne Techniken bei der Ernte und Verarbeitung der Weidenruten eingeführt. Zu kämpfen hat die einheimische Korbflechterei aber mit der Billigkonkurrenz aus Osteuropa und Asien. Im Gegensatz zu den Stickereien gibt es für Korbwaren (noch) kein Gütesiegel.

HINTERGRUND
KUNST UND KULTUR

OBEN: Typisch portugiesisch sind die auch auf Madeira häufig anzutreffenden Pflastermosaiken aus schwarzen und weißen Steinen.

UNTEN: Das manuelinische Architekturerbe zeigt sich auf Madeira eher in kleinen Details wie hier am Türbogen des alten Zollamts in Funchal.

HINTERGRUND
INTERESSANTE MENSCHEN

INTERESSANTE MENSCHEN

Gründer eines Weinimperiums: John Blandy

1783–1855
Weinhändler

John Blandy, 1783 im englischen Dorchester geboren, betrat 1807 als Quartiermeister der britischen Garnison zum ersten Mal madeirischen Boden. Nachdem er vier Jahre später den militärischen Dienst quittiert hatte, ließ er sich endgültig auf der Insel nieder. Hier begründete er ein Unternehmen, das durch den Handel mit Madeirawein bald groß wurde. **»Blandy's Madeira Wine Company«** wurde zu einem in ganz Europa bekannten Handelshaus mit prosperierenden Filialen in England, Lissabon und auf Gran Canaria. Die Methode, mit der Blandy den Grundstock für seinen späteren Reichtum legte, war ebenso simpel wie einleuchtend: Die Schiffe, die Madeira anliefen und z. B. Kohle auf die Insel brachten, fuhren nicht leer zurück, sondern wurden zu günstigen Frachtpreisen mit Wein beladen. Ungeachtet mancher Rückschläge bauten Blandys Sohn Charles Ridpath (1812–1879) und dessen Söhne das Familienimperium weiter aus, das sich bei Weitem nicht mehr nur mit dem Weinhandel begnügte. So betätigten sie sich als Herausgeber der ersten Zeitung von Madeira, des heute noch bestehenden »Diário de Notícias«, oder als Hoteliers, indem sie 1936 das bereits renommierte Reid's Hotel erwarben. Das Familiengrab der Blandys befindet sich auf dem britischen Friedhof in Funchal.

Getriebene ihrer selbst: Elisabeth I.

1837–1898
Kaiserin von
Österreich

Elisabeth I., als Gemahlin von Franz Joseph I. Kaiserin von Österreich und Königin von Ungarn, war auf den ersten Blick eine Monarchin wie aus dem Bilderbuch. Doch der strengen höfischen Etikette abgeneigt, geriet sie nach ihrer Vermählung mehr und mehr in eine seelische Vereinsamung und wurde zur Außenseiterin am kaiserlichen Hof in Wien. Rastloses Umherreisen kennzeichnete zunehmend ihr Leben. Eine dieser Reisen führte sie 1860 auch nach Madeira, wo sie gesundheitlich angeschlagen – manche Ärzte sprachen sogar von einer Schwindsucht – ankam. Dort bewohnte sie fast ein halbes Jahr lang die **Quinta das Angústias** auf dem Gelände der heutigen Quinta Vigia, heute Amtssitz des Regionalpräsidenten. In den Monaten ihres Aufenthalts wandelte sie durch blühende Gärten und genoss das milde Klima der Atlantikinsel, das ihre Beschwerden linderte. Selbst die Schwermut

HINTERGRUND
INTERESSANTE MENSCHEN

der Kaiserin, so heißt es, sei verflogen gewesen. Getrieben von innerer Unrast, verließ sie Madeira am 28. April 1861, um über einige Zwischenstationen nach Wien zurückzukehren. Nur noch ein weiteres Mal sollte sie nach Madeira reisen: 1893 residierte sie im **Reid's.** Fünf Jahre später fanden »Sisis« Seelenqualen ein Ende: In Genf wurde sie vom italienischen Anarchisten Luigi Luccheni ermordet.

Verbannt: Karl I. von Österreich-Ungarn

Ein Vierteljahrhundert nach Elisabeths letztem Madeira-Besuch sollte es einen weiteren Vertreter der Habsburger Monarchie, Karl I., **Großneffe Kaiser Franz Josephs I.,** auf die Insel verschlagen. Nach der Ermordung seines Onkels, des eigentlichen Thronfolgers Franz Ferdinand, am 28. Juni 1914 in Sarajewo bestieg er am 21. Dezember 1916 als Kaiser von Österreich und König von Ungarn den Thron. Am Ende des Ersten Weltkriegs verzichtete er – nicht zuletzt unter dem

1887–1922
Kaiser von
Österreich

Druck der russischen Revolution von 1917 – im November desselben Jahres auf die Ausübung der Regierung in Österreich und Ungarn, ohne aber offiziell abzudanken. Nachdem er zwei Versuche unternommen hatte, die Monarchie in Ungarn wiederherzustellen, wurde er im November 1921 an Bord eines englischen Kreuzers gebracht und **nach Madeira verbannt.** Der Hotelaufenthalt wurde bald zu teuer, nun fand er Unterschlupf in der Villa eines madeirischen Geschäftsmanns oberhalb von Monte (sie wurde 2016 bei Waldbränden beschädigt). Hier starb der letzte Habsburger auf dem Kaiserthron am 1. April 1922 an einer Lungenentzündung. Der Sarkophag mit den sterblichen Überresten Karls I. steht in der Kirche Nossa Senhora do Monte, wo sein Andenken bis heute gewahrt wird. 2004 wurde der Ex-Monarch seliggesprochen.

Fand die Liebe: Christoph Kolumbus

1451–1506
Seefahrer

Christoph Kolumbus wurde vermutlich in Genua geboren. Mit etwa 25 Jahren kam er nach Lissabon, wo er sich bald für den bereits in der Antike erwähnten westlichen Seeweg nach Indien interessierte. Da seine Idee, eine Expedition zur Erkundung dieses Seewegs auszusenden, beim portugiesischen Königshaus auf taube Ohren stieß, beschäftigte sich Kolumbus zunächst u. a. mit dem Seehandel. 1478 fuhr er zum ersten Mal nach Madeira, um für einen in Lissabon lebenden Geschäftsmann genuesischer Abstammung Zucker einzukaufen. Hier lernte er Filipa Moniz kennen, die Tochter von Bartolomeu Perestrelo, des ersten portugiesischen Gouverneurs auf der Nachbarinsel Porto Santo. Etwa ein Jahr später heiratete er sie, wodurch er Zugang zu den höheren Kreisen der portugiesischen Gesellschaft erhielt. Kolumbus lebte vermutlich von **1479 bis 1484 auf Porto Santo,** wo er möglicherweise den Plan für eine Westfahrt erarbeitete. Bis zu seinem Tod 1506 im spanischen Valladolid glaubte er unbeirrt daran, 1492 tatsächlich den westlichen Seeweg nach Indien und nicht den amerikanischen Kontinent entdeckt zu haben. Sowohl auf Madeira als auch auf Porto Santo erinnern Plätze und Statuen an den berühmten Seefahrer. Auf Porto Santo ist in dem Haus, in dem er Ende des 15. Jh.s gelebt haben soll, ein Museum untergebracht.

Zu früh gestorben: Paul Langerhans

1847–1888
Mediziner

Der gebürtige Berliner Paul Langerhans beschrieb in seiner Dissertation die später nach ihm benannten **Langerhansschen Inseln** in der menschlichen Bauchspeicheldrüse: Zellgruppen, in denen die für die Blutzuckerregulation notwendigen Hormone Insulin und Glukagon gebildet werden. Eine weitere Entdeckung, nämlich die einer besonderen Zellform in der Epidermis, erfuhr erst nach seinem Tod gebührende Beachtung. 1874 wurde bei Paul Langerhans eine Lungentuberkulose diagnostiziert, mit der er sich wohl während seiner wissenschaftlichen Arbeit infiziert hatte. Er floh aus dem nasskalten Norden nach Madeira, wo er sich mit der Fauna der Insel beschäftigte und ein »Handbuch für Madeira« schrieb. Darin gab er Besuchern nützliche Ratschläge für ihren Madeira-Aufenthalt. Nachdem er noch einmal nach Berlin zurückgekehrt war und dort geheiratet hatte, übersiedelte Langerhans 1885 dauerhaft nach Madeira. Dort starb er am 20. Juli 1888 im Alter von nur 40 Jahren an den Folgen der Tuberkulose. Er wurde auf dem britischen Friedhof von Funchal beigesetzt.

Umtriebiger Geist: William Reid

William Reid, der Gründer des berühmten Reid's Hotel, wurde 1822 als eines von zwölf Kindern in Schottland geboren, sein Vater war ein verarmter Kleinbauer. Mit 14 Jahren heuerte er auf einem Schiff an, das von Schottland nach Madeira fuhr. Dort hoffte er Arbeit zu finden, außerdem wollte er seinen angeschlagenen Gesundheitszustand stabilisieren. In Funchal fand er zunächst Arbeit bei einem deutschen Bäcker, später im Weinhandel, bevor er schließlich die Marktlücke erkannte, die seinen weiteren Lebensweg prägen sollte: Gemeinsam mit seiner Frau Margaret Dewey vermietete er auf der Insel komplett eingerichtete altehrwürdige Herrensitze an ausländische Madeira-Besucher. Durch den Erfolg seiner Idee bestärkt, baute Reid ein paar Jahre später sein erstes Hotel, wozu er damals noch finanzielle Unterstützung des Herzogs von Edinburgh benötigte. Weitere Hotels folgten, so das Santa Clara Hotel und das Miles Carno Hotel in Funchal. Sein Traum aber war ein Hotel für Gutbetuchte. Die Verwirklichung erlebte William Reid nicht mehr; er starb 1888 im Alter von 66 Jahren. Erst seinen beiden Söhnen Willy und Alfred war es vergönnt, jenes Hotel einzuweihen, das bis heute als allererste Adresse auf Madeira gilt.

1822–1888
Hotelier

Auf der Insel geliebt: Cristiano Ronaldo

Portugals aktuell bekanntester Fußballspieler wurde am 5. Februar 1985 in Funchal geboren. Er war noch keine zehn Jahre alt, als die portugiesische Fußballwelt bereits über ihn sprach. Mit zwölf Jahren nahm er an einem Jugendtraining bei Sporting Lissabon teil und wechselte kurz darauf zu dem Hauptstadtverein, wo er zunächst als Insulaner, sprich Provinzler, Probleme hatte, anerkant zu werden.

geb. 1985
Fußballspieler

HINTERGRUND
INTERESSANTE MENSCHEN

Cristiano Ronaldo – hier im Trikot von Real Madrid: Weltfußballer, Europameister, Werbeikone und seit Neuestem auch Hotelier.

2002 stand er erstmals als Profi in der A-Mannschaft von Sporting auf dem Platz. Von 2003 bis 2009 spielte er für Manchester United, danach wechselte er für die damalige Rekordsumme von 92 Mio. Euro zu Real Madrid, inzwischen schießt er seine Tore für Juventus Turin. Seit 2003 spielt **»CR7«** für die Nationalmannschaft, 2016 feierte er mit der »seleção« beim Gewinn der Europameisterschaft in Frankreich seinen größten und langersehntesten Erfolg.

Cristiano Ronaldo, das Unterwäschemodel, die Werbeikone, der Hotelier und Geschäftsmann – er gehört wohl zu den ambivalentesten Fußballern der Welt und bietet permanent Stoff für Nachrichten: Ist er nun ein arroganter Schnösel, ein sozialer Wohltäter oder ein ehrgeiziges Genie? Hat er wirklich fünfmal die Auszeichnung zum **Weltfußballer des Jahres** verdient? Die Madeirer stehen jedenfalls zu

HINTGRUND
INTERESSANTE MENSCHEN

ihm, und wer sich sein Museum im 2016 eröffneten ersten »CR7-Hotel« anschaut, wird mindestens staunen über die Fülle von Medaillen und Triumphen, die er präsentieren kann.

Der Erfinder des Reiseführers: Karl Baedeker

Als Buchhändler kam Karl Baedeker viel herum, und überall ärgerte er sich über die »Lohnbedienten«, die die Neuankömmlinge gegen Trinkgeld in den erstbesten Gasthof schleppten. Nur: Wie sollte man sonst wissen, wo man übernachten könnte und was es anzuschauen gäbe? In seiner Buchhandlung hatte er zwar Fahrpläne, Reiseberichte und gelehrte Abhandlungen über Kunstsammlungen. Aber wollte man das mit sich herumschleppen? Wie wäre es denn, wenn man all das zusammenfasste?
Gedacht, getan: Zwar hatte er sein erstes Reisebuch, die 1832 erschienene »Rheinreise«, noch nicht einmal selbst geschrieben. Aber er entwickelte es von Auflage zu Auflage weiter. Mit der Einteilung in »Allgemein Wissenswertes«, »Praktisches« und »Beschreibung der Merk-(Sehens-)würdigkeiten« fand er die klassische Gliederung des Reiseführers, die bis heute ihre Gültigkeit hat. Bald waren immer mehr Menschen unterwegs mit seinen **»Handbüchlein für Reisende, die sich selbst leicht und schnell zurechtfinden wollen«**. Die Reisenden hatten sich befreit, und sie verdanken es bis heute Karl Baedeker.

1801–1859
Verleger

E
ERLEBEN & GENIESSEN

Überraschend, stimulierend, bereichernd

Mit unseren Ideen erleben und genießen Sie Madeira.

Entspannnug verspricht ein Aufenthalt im Hotel Atrio in Estreito da Calheta. ▶

ERLEBEN & GENIESSEN
BEWEGEN UND ENTSPANNEN

BEWEGEN UND ENTSPANNEN

Meereswogen und Levadas, steile Gipfel und uralter Wald, gepflegter Golfrasen, Strände und Felsküsten und vor allem vor Porto Santo spannende Tauchreviere – für fast jedes sportliche Temperament gibt es auf Madeira ein Angebot.

Ein Paradies für Wanderer

Zu Fuß über die Insel

Vor allem Wanderer kommen auf der Atlantikinsel voll auf ihre Kosten, sei es bei individuellen oder bei geführten Touren. **Hochmoor, Laurissilva, Bauerngärten** und uralte Dörfer an den Küsten, atemberaubende Fischerpfade hinab zum Atlantik – zu Fuß erschließen sich die Naturschönheiten Madeiras immer noch am besten. Die Inselregierung hat den Trend erkannt und kümmert sich zunehmend besser um die offiziellen Wege. Insgesamt sind inzwischen knapp 30 als »PR« markierte Wege mit rot-gelben Markierungen versehen worden.

An Levadas entlang

Wer Madeira besucht, sollte wenigstens einmal an einer der Levadas (▶ S. 45, 46, 106) entlangwandern. Selbst weit gereiste Wanderer geraten ins Schwärmen über die Einzigartigkeit und Ursprünglichkeit der Landschaft, die man bereits bei einfachen Spaziergängen erleben kann. Levada-Wandertouren sind sehr abwechslungsreich und eignen sich besonders gut, um die unterschiedlichen Regionen der Insel abseits der touristischen Highlights kennenzulernen. Allerdings sind die Wege entlang der Levadas ursprünglich Arbeitswege, daher sind viele nicht immer ausgeschildert, oft nicht gut und sicher ausgebaut, führen auch mal an steilen Berghängen entlang oder sind in senkrechte Felswände geschlagen. Dort kann der schmale Steig neben dem Bewässerungskanal fehlen und der weitere Weg wird zu einem Balanceakt auf der Levada-Mauer! **Schwindelfreiheit** und **Trittsicherheit** sind unabdingbar. Auch der Zustand der Wanderwege kann sich durch Witterungs- und andere äußere Einflüsse schnell verändern. Schranken sind deutliche Warnzeichen, die man ernst nehmen sollte: Es hat auf Wegen hinter einfachen Absperrungen schon tödliche Abstürze gegeben.

Wetter

Bevor man zu Wanderungen ins Gebirge aufbricht, muss man sich unbedingt nach dem zu erwartenden Wetter erkundigen und eventuelle **Warnungen beherzigen.** Plötzliche Wetterumschwünge können schlichtweg lebensgefährlich werden!

ERLEBEN & GENIESSEN
BEWEGEN UND ENTSPANNEN

OBEN: Dank vieler Bäume gibt es auf Madeira auch schattige Wanderwege.

UNTEN: Für Orientierung ist jedenfalls gesorgt.

ERLEBEN & GENIESSEN
BEWEGEN UND ENTSPANNEN

Ein besonderes Badevergnügen wartet in den Lavapools von Porto Moniz.

Ausrüstung
Während bei Spaziergängen **festes Schuhwerk** mit griffiger Sohle genügt, sollte man bei ausgedehnten Wanderungen möglichst Wanderschuhe tragen und an so nützliche Dinge wie z. B. Regenumhang, wetterfeste Jacke und evtl. Wanderstöcke denken. Auf vielen Levada-Wanderungen passiert man Tunnel, eine **Taschenlampe** mitzunehmen ist also sinnvoll.

Gute Wanderführer werden in den Literaturtipps (▶ S. 226) genannt. Karten und Führer werden auch auf Madeira in der Touristeninformation, im Buchhandel und in den gut ausgestatteten Kiosken verkauft, die markierten Wanderwege sind auf der offiziellen Tourismusseite Madeiras beschrieben.

Baden auf Madeira und Porto Santo

Kiesel und Sand
Madeira ist keine Badeinsel par excellence. Die wenigen Strände, die es gibt, haben in der Regel keinen Sand, sondern grobe Kieselsteine. Nützlich sind an solchen Stränden dicke Unterlagen und Badeschuhe. Mittlerweile gibt es aber auch zwei **Buchten,** in denen der ursprüngliche grobe Kiesel weichen, hellen **Sandkörnern** wich – importiert aus Nordafrika. Zudem wurden in den vergangenen Jahren zusätzlich zu den **berühmten Lavapools** von Porto Moniz einige neue Küstenbäder mit Meerwasserpools angelegt und bestehende Schwimmbäder aufpoliert.

Porto Santo hat dagegen Sand im Überfluss: Der etwa 9 km lange Strand ist nicht nur während der Ferienzeit, sondern auch an Wo-

ERLEBEN & GENIESSEN
BEWEGEN UND ENTSPANNEN

chenenden ein beliebtes Ausflugsziel für Familien von Madeira. Dennoch findet man hier auch ruhige Fleckchen.

Der einzige Strand der Hauptinsel, an dem es von Natur aus etwas **Sand** gibt, heißt »Prainha« – bezeichnend ist die wörtliche Übersetzung: das Strändchen. Er befindet sich zwischen Caniçal und der Halbinsel Ponta de São Lourenço. Die hellen Strände von Calheta und Machico wurden künstlich aufgeschüttet.
Strände mit teilweise sehr **groben Kieselsteinen** gibt es unter anderem in **Ribeira Brava** und **Ponta do Sol,** hier sind jeweils die Strände dem Ort direkt vorgelagert. Bei **Madalena do Mar** gibt es zwei Badestellen, eine vor dem Tunnel, eine dahinter. **Fajã dos Padres** besteht nur aus wenigen Häuschen und einem einfachen Restaurant an einem Kiesstrand mit Betonplatten. Man erreicht ihn mit dem Boot oder mit der modernen Seilbahn, die in der Nähe von Quinta Grande installiert ist. Weitere Strände mit grobem Kies sind in **Santa Cruz** im Osten der Insel zu finden. Am Westrand von **Funchal** liegt die Praia Formosa. In einigen Orten beispielsweise in **Calheta** sind Badestellen mit Molen vom offenen Meer abgetrennt worden, sodass man hier normalerweise gut in ruhigem Wasser schwimmen kann. In **Faial** hat man sogar eine künstliche Lagune geschaffen, die Badende vor schwerer Brandung schützt.

Strände und Badestellen auf Madeira

Eine tolle Alternative bieten die von der Natur geformten **Lavaschwimmbecken.** Sie haben den großen Vorteil, dass man nicht der unmittelbaren Wucht der Wellen ausgesetzt ist. Badeschuhe mit griffiger Sohle sind empfehlenswert. Zwei sehr schöne Lavaschwimmbäder gibt es z. B. in **Porto Moniz.** Das neuere ist ein normales Schwimmbad mit Liegeflächen, Toiletten und Restaurant, das andere eine Lavalandschaft mit abgegrenzten Becken. Auch in Seixal finden Sie wunderbare Naturpools.
Künstlich angelegte kleinere Becken, in die bei Flut Meerwasser gespült wird, gibt es in **Ponta Delgada** und **Porto da Cruz.** Bei hoher Flut hat man in diesen Becken etwas Brandung, bei Ebbe kann man im ruhigen Meerwasser gut schwimmen. Meistens muss man einen geringen Eintritt bezahlen und hat dafür Umkleidekabinen und Toiletten zur Verfügung. Das Tourismuszentrum **Caniço de Baixo** bietet die beiden schönen Meeresschwimmbäder Rocamar und Galomar, die von Nicht-Hotelgästen gegen Gebühr genutzt werden können. Die Meeresschwimmbäder von **Santa Cruz** und **Ribeira Brava** werden auch von den Madeirern besucht. Beliebt sind darüber hinaus der neue Badekomplex »Piscinas das Salinas« in **Câmara de Lobos** und die Badeanlage in Caniçal.

Meeresschwimmbecken

Fast alle Hotels in Funchal, da im gehobenen Segment, verfügen über Schwimmbäder, einige haben sogar kleine Lavaschwimmbecken.

Bäder und Pools

ERLEBEN & GENIESSEN
BEWEGEN UND ENTSPANNEN

Dazu kommen ein paar gute **öffentliche Schwimmbäder** – sowohl mit künstlichen Pools als auch mit Badestellen im Meer oder mit natürlichen oder künstlich angelegten Becken, die unablässig oder von Zeit zu Zeit von Meerwasser geflutet werden. Östlich der Fortaleza de São Tiago liegt beispielsweise die Anlage »Barreirinha«. In der Hotelzone befindet sich der »Complexo Balnear do Lido«. Nach den Unwetterschäden ist er erst jüngst renoviert worden. Noch weiter westlich liegen der »Clube Naval« und der »Complexo Balnear das

ABTAUCHEN

Gespenstische Wracks, steinerne Canyons, bunte Fischschwärme, riesige Zackenbarsche und winzige Putzergarnelen – die oft klaren und im Sommer gar nicht so kalten Atlantikgewässer vor der Südküste Madeiras sind großartige Tauchgebiete. Machen Sie einen Ausflug in die ganz andere Welt unter der Wasseroberfläche. Schon nach einem Schnuppertauchgang, den alle Tauchbasen anbieten, steigen Sie mit einem unvergesslichen Eindruck aus dem Wasser. Empfehlenswert ist die deutsche Tauchbasis Manta Diving (Rua Robert Baden Powell, Caniço de Baixo, Tel. 291 93 55 88, www.mantadiving.com) innerhalb des Galo-Resorts.

Poças do Governador«. Das größte Bad ist der »Complexo Balnear da Ponta Gorda« mit mehreren Pools und einem Meerwasserbecken.

Wassersport

Segeln

Anlaufstellen für Segler sind die **Marina von Funchal,** in der es Liegeplätze für etwa 130 Boote gibt, die neuen Jachthäfen von Calheta und der künstlichen Marinasiedlung »Quinta do Lorde« ganz im Osten der Insel sowie die Marina von Porto Santo. Wer ein Segelboot mieten möchte, muss einen Segelschein vorlegen können; Auskünfte erteilen die Touristeninformationen.

Windsurfen und Wellenreiten

Zum Windsurfen ist Madeira wegen der felsigen Küste, der teilweise zu starken Wellen (Nordküste) und des oft schwachen Winds (Südküste) nur bedingt geeignet. Bessere Bedingungen für Windsurfer gibt es am Strand von **Porto Santo.** Geübte Wellenreiter hingegen finden in Jardim do Mar ihr Glück, Anfänger sind begeistert von Porto da Cruz.

... und außerdem

Golf

Unermüdlich haben die Inselpolitiker an Madeiras Image als Golfdestination gefeilt. Madeira besitzt zwei überaus schön gelegene Golfplätze. Der etwas ältere in **Santo da Serra** in 670 m Höhe ist ebenso berühmt für seine Lage wie für die grandiose Aussicht; die 27-Loch-Anlage wurde 1991 von Robert Trent Jones Sr. angelegt. Ein hügeliger 18-Loch-Parcours liegt neben der Quinta do Palheiro oberhalb von Funchal. Der Bau des von Nick Faldo konzipierten Golfplatzes bei Ponta do Pargo steht allerdings seit einiger Zeit still.
Seit 2004 hat auch **Porto Santo** einen Golfplatz: Der auf Anregung des spanischen Champions Severiano Ballesteros gestaltete Platz mit einem 18-Loch-Parcours sowie einem Pitch-and-Put-Parcours (Flutlicht) liegt zwischen der Capela de São Pedro und der Nordküste.

Radfahren

Das Fahrradfahren fristet auf Madeira eine Nischendasein. Manche Hotels haben zwar einen Fahrradverleih, aufgrund ihrer Topografie ist die Insel allerdings eher ein Terrain für **geübte Radsportler.** Es gibt kaum Radwege, die Autofahrer sind nicht auf Radfahrer eingestellt und die Steigungen haben es in sich. Wer es dennoch versuchen möchte, sollte sich vorher bei der Touristeninformation erkundigen, wo man einigermaßen sicher radeln kann. Das flachere **Porto Santo** ist für Freizeitradler besser geeignet: Die 10 km lange Strecke vom Hafen am Sandstrand entlang bis nach Calheta verläuft fast zur Hälfte auf einem eigenen Radweg (▶ S. 129).

ERLEBEN & GENIESSEN
BEWEGEN UND ENTSPANNEN

Die Topografie Madeiras verlangt Mountainbikern einiges ab.

Mountain-biken	Auf Madeira sind auch Mountainbike-Touren **nichts für Ungeübte.** Mindestens tausend Kilometer sollte man schon in den Beinen haben, bevor man sich auf die Strecke begibt oder an geführten Touren teilnimmt. Aber dann sind Spaß und Abenteuer garantiert.
Angeln	Trips zum **Hochseeangeln** – halb- oder ganztägig – werden von mehreren Agenturen am Hafen in Funchal angeboten. Bei der Suche und der Buchung sind auch Hotels behilflich.
Canyoning, Kajak	**Schluchten und Wasserfälle,** z. B. an den Flussoberläufen der Ribeira do Alecrim oder des Ribeiro do Poço do Bezerro, bieten sich für Canyoning an. Bei Ribeiro Frio liegt einer der Canyoning-Spots der Insel (sechsmal Abseilen; höchste Distanz 20 m). Die Ponta de São Lourenço ist wunderbar geeignet für kombinierte Wander-/Kajaktouren, verschiedene Outdoor-Anbieter haben inzwischen auch Kajaktouren im Programm.
Paragliding	Mutige können bei Arco da Calheta an der Südküste den Sprung aus der Höhe wagen. **20 bis 30 Minuten** dauert das herrliche Schweben über dem Atlantik und der Küste.
Vogelbeobachtung	Wer sich für Seevögel interessiert, kommt auf Madeira voll auf seine Kosten: Tageskreuzfahrten mit Landgang und Erkundung der **Ilhas Desertas,** die einst Piraten als Versteck dienten, werden angeboten. In die neuen **Seeschutzgebiete** des Naturparks Madeira, zu denen

ERLEBEN & GENIESSEN
BEWEGEN UND ENTSPANNEN

die Ilhas Desertas, Garajau, Rocha do Navio/Santana und das Schutzgebiet Porto Santo gehören, führen Bootsexkursionen.

Die Madeirer sind absolut begeisterte Fußballfans. Das **Estádio dos Barreiros** liegt nördlich der Hotelzone an der Rua do Dr. Pita, das Estádio da Madeira oberhalb von Funchal in den Bergen von Choupana. Die beiden Madeirer Clubs **Marítimo Funchal** und **Nacional Funchal** spielen in der portugiesischen Primeira Liga. Spieltermine finden Sie bei Touristeninformationen, Hotelrezeptionen oder unter www.weltfussball.de. Fußball

SPORTANGEBOTE

CANYONING/PARAGLIDING

HARMONY IN NATURE
Geführte Abseil- und Canyoning-Touren für jeden Schwierigkeitsgrad. Hier sind auch Anfänger gut aufgehoben.
Tel. 969 05 29 58
www.madeira-harmonyinnature.com

PARAGLIDING

MADEIRA PARAGLIDING
Hartmut Peters ist der Pionier des Gleitschirmfliegens auf Madeira, von seiner Rampe in Arco de Calheta schweben Sie im Tandemflug hinunter zur Küste.
Rua da Achada
de Santo Antao 212
Arco da Calheta
Tel. 964 13 39 07
www.madeira-paragliding.com

GOLF

PALHEIRO GOLF CLUB
1993 eröffnet, 2003 überarbeitet, liegt dieser Golfplatz hoch in den Bergen auf dem Areal der gleichnamigen Quinta (18 Loch).
Rua do Balancal 29
São Gonçalo
Tel. 291 79 01 20
www.palheironatureestate.com

SANTO DA SERRA GOLF CLUB
Ältester Golfplatz der Insel ist der Santo da Serra Golf Club; die ersten Löcher wurden 1933 eröffnet. Auf dem neu designten 27-Loch-Platz werden inzwischen auch die Madeira Open der PGA European Tour ausgetragen.
Santo António da Serra
Tel. 291 55 01 00
www.santodaserragolf.com

PORTO SANTO GOLFE
Nahezu 6,5 km lang ist der 2004 eröffnete Porto-Santo-Golfplatz (18 Loch).
Sítio das Marinhas, Porto Santo
Tel. 291 98 37 78
www.portosantogolfe.com

MOUNTAINBIKEN

MADEIRA-BERGZIEGEN
Zweiradmechaniker und Ex-Rennfahrer Rainer Waschkewitz bietet mit Unterstützung von Mountainbike-Guide Marcel MTB- und Rennradtouren an.
Basis: Four Views Oásis Hotel
Caniço, Tel. 917 24 44 46
www.madeira-bergziegen.de

ERLEBEN & GENIESSEN
ESSEN UND TRINKEN

BIKESTATION
Albano Lopes bietet geführte Touren oder eine individuellen Radverleih – es gibt sogar E-Mountainbikes zu mieten!
Caminho Cais da Oliveira 11a
Tel. 291 09 94 60
www.bikestation-madeira.com

TAUCHEN

PORTO SANTO SUB
Dies ist die beste Wahl für geführte Tauchgänge (auch zu den Wracks) vor der Küste Porto Santos.
Estrada Jorge de Freitas
Penedo Porto Santo
Tel. 916 03 39 97
www.portosantosub.com

VOGELBEOBACHTUNG

MADEIRAWINDBIRDS
Catarina Fagundes und Hugo Romano, zwei einheimische Biologen, bieten zu Lande und zu Wasser Exkursionen mit ornithologischen Schwerpunkten an. Eines der Highlights ist dabei das Beobachten der Seevögel und Meeressäuger von einem motorisierten Schlauchboot aus.
Tel. 917 77 74 41
www.madeirawindbirds.com

WANDERN

MADEIRA EXPLORERS
Madeira Explorers haben geführte Levada-, Berg- und Höhenrückenwanderungen im Programm. Die Wanderungen werden von zertifizierten einheimischen Guides geführt. Die Auswahl ist dabei groß: Es gibt einfache und anspruchsvolle, lange und kürzere Wanderungen, außerdem Beratung zur Ausrüstung und Verleih von Rucksäcken und Wanderstöcken.
Centro Comercial Monumental Lido, 1º Andar, Shop 23
Funchal, Tel. 291 76 37 01
www.madeira-levada-walks.com

MADEIRA WANDERN
▶ S. 10 ff.

ESSEN UND TRINKEN

Madeiras Küche ist ganz wesentlich von der portugiesischen Küche geprägt, sie zeichnet sich weniger durch kulinarische Experimente als durch bodenständige und nahrhafte Gerichte aus. Wenn es ein Grundprinzip der madeirischen Küche gibt, dann das, das Beste aus den zur Verfügung stehenden Inselprodukten zu machen, die es in Hülle und Fülle in der Markthalle der Hauptstadt gibt.

Markthalle in Funchal Das Paradies öffnet morgens um sieben. Nur sonntags hält es seine Pforten geschlossen, hinter denen Auge, Nase und Gaumen sonst eine ungeheure **Fülle von Köstlichkeiten** aus dem Reich von Mutter Natur erwartet. Süßkartoffeln, Taro (Inhame), Tomatillos, die stacheliggrünen Pimpinelas (auch Chuchu genannt), gesprenkelte Bohnen und rotweiße Rübchen türmen sich in grob geflochtenen Stulpenkörben; Mango, Papaya, Guaven, Bananen, Feigen, Zitronen, Orangen,

ERLEBEN & GENIESSEN
ESSEN UND TRINKEN

Genau hinschauen: Fisch dominiert die Speisekarten vieler madeirischer Restaurants.

Anonas, Philodendron-Kolben, Maracujas und Dutzende anderer exotischer Früchte, hübsch aufgeschichtet zu Pyramiden oder arrangiert zu flachen Reliefs, erfreuen in Funchals **Mercado dos Lavradores** das Herz eines jeden, der gern kocht und/oder isst – ebenso wie das silbrig und schwarz glitzernde Angebot in der Fischhalle.

Madeiras Küche ist wie die festlandportugiesische eine bäuerliche: ursprünglich, einfach, basierend auf den Produkten der örtlichen Landwirtschaft, oft mit Kräutern angereichert. Raffinesse bei der Zubereitung fehlt, es wird geschmort, gebraten, gegrillt; die Portionen sind üppig, zumindest in den Dorfkneipen und in privater Runde. Einige **junge, ambitionierte Küchenchefs** interpretieren Madeiras kulinarische Traditionen inzwischen neu, kreuzen sie mit den Aromen anderer Länder, entwickeln fantasiereiche neue Verwendungen für die Produkte der Insel: Streusel vom »bolo de mel« auf dem Fenchelcappuccino; in Zuckerrohrhonig mariniertes Hühnchen für den Saison-Salat; die typischen »cubos de porco«, Schweinefleischwürfel, aromatisiert mit Bienenhonig – denn auch den produzieren Madeiras Bauern.

Traditionell – modern

Die Madeirer kochen und essen normalerweise nur einmal am Tag ausführlich, mittags oder abends. Dann gibt es oft ein Drei-Gänge-Menü: gern mit einer **Suppe zum Auftakt,** »frango«, »bife« oder »porco« (Huhn, Rind oder Schweinefleisch) als **Hauptgericht** und manchmal noch mit »milho frito«, einer Art gebackener Polenta, als Beilage, ansonsten meist mit Süßkartoffeln oder Fritten und Gemüse.

So essen die Insulaner

ERLEBEN & GENIESSEN
ESSEN UND TRINKEN

Fisch kommt zu Hause eher zu besonderen Anlässen auf den Tisch. Zum **Nachtisch** (»sobremesa«) gibt es traditionell Früchte oder einen Pudding, bei besonderen Festlichkeiten auch Kuchen, vor allem den lange haltbaren, gewürzreichen »bolo de mel«, Honigkuchen, der statt mit Honig allerdings mit Zuckerrohrmelasse gebacken wird.

Frühstück und Zweitmahlzeit fallen eher karg aus, doch genehmigt man sich mehrmals am Tag eine Tasse Kaffee. Die Varianten reichen dabei vom kleinen Schwarzen, der »bica«, über den mit Milch aufgehellten, ebenfalls winzigen »garoto« bis hin zum »galão« (Milchkaffee im Glas) und zur »chinesa«. Die beiden Letztgenannten bieten eine größere Menge an Flüssigkeit bei einem hohen Milchanteil. Ein »chinês« ist ein doppelter Schwarzer, beim »pingado« kommt ein kleiner Schuss Milch in die Tasse.

Ein Kaffee zwischendurch

Zum **»Septemberkaffee«** – also dem jungen Tafelwein –, zum einheimischen Bier, zur »cidra«, dem lokalen Apfelwein, aber auch zur »poncha« (▶ Magischer Moment S. 206) werden in einfachen Lokalen mitunter »dentinhos« gereicht – wörtlich: Zähnchen. Die Palette dieser deftigen Knabbereien umfasst eingelegte Lupinenkerne (»tremoços«) ebenso wie Schweinsohren-Ragout.

»Dentinhos«

▍ Gut zu wissen

Wie in anderen südlichen Ländern fällt das **Frühstück** hier eher einfach aus, nur in den großen Touristenhotels gibt es Frühstücksbuffets, wo auch Wurst, Käse, gekochte bzw. gebratene Eier und Früchte angeboten werden. Wer in einem Café frühstückt – wie viele Madeirer, die zum Frühstück nur eben eine »bica« nehmen –, kann einen Buttertoast (»torrada«), einen Toast mit Schinken und Käse (»tosta mista«) oder ein Brötchen mit Käse (»sanduíche de queijo«) oder Schinken (»sanduíche de fiambre«) bestellen.

Frühstück

Restaurants öffnen in der Regel zwischen 12 und 15 und wieder ab 19 Uhr; warme Mahlzeiten gibt es abends meist bis 22 Uhr. Beim **Zahlen** gilt das Motto »einer für alle«; geteilt wird erst im Nachhinein oder man revanchiert sich beim nächsten Mal. **Trinkgeld,** etwa 5–10 %, lässt man nach Begleichen der Rechnung zurück.

Im Restaurant

Als **Kleinigkeiten vorab** werden auf Wunsch Brot, Butter, Oliven, Käse und Pasteten o. Ä. auf den Tisch gestellt, die zusätzlich berechnet werden. Gelegentlich werden auch teurere Meeresfrüchte ange-

Vor der Vorspeise

So üppig ist das Frühstück meist nur in Luxushotels, aber tolle Aussichten gibt es auch in einfacheren Häusern.

TYPISCHE GERICHTE

Wer nach Madeira reist, lernt eine sehr ursprüngliche Küche kennen, die erst in letzter Zeit eine gewisse Verfeinerung erfährt – und das auch nur in wenigen Restaurants, in denen junge Köche offen für neue Geschmackserfahrungen sind. Aber auch die traditionellen Inselgerichte sind keineswegs zu verachten.

Espada com banana: Schwierigste Aufgabe bei der Zubereitung des Schwarzen Degenfisches ist das Entfernen seiner Haut. Meist übernehmen die Verkäufer das Abrubbeln. Die »sauberen« Espada-Filets werden leicht paniert, mit Zitronensaft und Knoblauch gewürzt und in heißem Olivenöl auf beiden Seiten goldbraun gebraten. Im gleichen Öl wird pro Filet eine halbierte (Madeira-)Banane angebraten und der Fisch damit garniert.

Lapas: Wenig Aufwand ist für die Zubereitungen der Napfschnecken nötig, die man nur als kleine Vorspeise isst. Die auf Klippen und Mauern in der Gezeitenzone lebenden Schalentiere, deren »Ernte« inzwischen limitiert ist, werden gesäubert und auf einer geriffelten Eisenpfanne stark erhitzt – mit etwas Olivenöl und Zitronensaft, damit sie nicht verbrennen. Das Muskelfleisch schlürft man dann aus den Schalen.

Carne de Vinho e Alhos: Ein festliches Schmorgericht auf der Basis von Schweinefleisch, das in großen Würfeln geschnitten und eingelegt wird – zunächst einen Tag in Salz, dann mindestens drei Tage in einer Marinade aus Essig, Wein, Knoblauch, Lorbeer, Pfeffer, Thymian und Majoran. Als Variante zum Schmoren brät man das marinierte

Fleisch in Öl und köchelt es danach kurz in dem Gemüse, Zwiebeln und Brotscheiben ergänzten Sud.

Sopa de Trigo: Die deftige Weizensuppe eignet sich eher für kühlere Tage. Besonders üppig fällt sie in der Region Santana aus, wo sich zum namengebenden Korn im Topf zunächst schwarze Bohnen und gewürfeltes Schweinefleisch gesellen und am nächsten Morgen oder Mittag dann überdies Kürbis, Kartoffeln, Chayote (die auf Madeira Pimpinela heißen), Süßkartoffeln und Zwiebeln.

Espetada: Madeiras Nationalgericht fehlt auf keinem Dorffest. Aus frisch geschlachteten Rinderhälften säbeln kundige Hände an Ständen Fleischportionen, die zu großen Würfeln geschnitten – gewürzt mit grobem Salz, Knoblauch und dem Abrieb eines Lorbeerblatts – auf einen Lorbeerstecken (bzw. heute auch oft auf einen Metallspieß) gesteckt werden, der auf einen Holzkohlegrill kommt. Wie lange, entscheidet jeder Espetada-Liebhaber selbst.

Bolo do Caco: Kaum ein Restaurant und kein Fest auf der Atlantikinsel kommt ohne die kleinen Weizenbrote aus; vor allem zum traditionellen Rindfleischspieß sind sie der ideale Begleiter. Früher backte man den fermentierten Teig auf erhitzten Basaltsteinen (»cacos«), heute tun es auch spezielle Backsteine. Noch warm werden die bemehlten Fladen oft auch aufgeschnitten und mit Kräuter- oder einer kräftigen Knoblauchbutter bestrichen.

ERLEBEN & GENIESSEN
ESSEN UND TRINKEN

boten, die natürlich bezahlt werden müssen, wenn man davon nimmt. Inzwischen sind die Kellner jedoch verpflichtet, den Gast zu fragen, ob er ein »couvert« wünscht. Besonders lecker ist das nach traditionellem Rezept im Steinofen gebackene »pão caseiro« oder auch »bolo do caco« (▶ S. 201).

Madeirische Speisen

Suppen
Für Madeira typisch ist Tomatensuppe, in die Zwiebeln sowie – kurz vor dem Servieren – ein Ei gegeben werden. Eine andere Suppe ist der berühmte **»caldo verde«,** eine Kartoffelsuppe mit fein geschnittenem grünem Kohl (»couve portuguesa«) und einer Scheibe Paprikawurst (»chouriço«). Traditionell madeirisch sind auch die »sopa de trigo« (▶ S. 201), »açorda« (klare Brühe mit Ei, Knoblauch und Brot) und die »sopa de agrião« auf der Basis von Wasserkresse.

Fleischgerichte
Schweine- und Rindfleischgerichte stehen ebenfalls auf dem Speiseplan der Madeirer, außerdem findet man sie auf den Menükarten aller Restaurants. Eine typische Spezialität ist die **»espetada da Madeira«** (▶ S. 201). Außerdem gibt es Schnitzel (»escalope«) und Steaks (»bife«) in verschiedenen Varianten, Letzteres auch als »bife à portuguesa« mit Bacon und Spiegelei. Grillhähnchen (»frango assado«) ist ein beliebtes und preisgünstiges Essen.

Fisch
Fischgerichte sind auf Madeira sehr vielfältig, auch sonstige Meerestiere wie »caramujos« (Langostinos), »caracóis« (Meeresschnecken) und »lapas« (Napfschnecken; ▶ S. 200) sind meist frisch zu haben. Unter den Fischen ist die »espada preta« oder einfach **»espada«** (Degenfisch; ▶ S. 20) eine ausgesprochene madeirische Spezialität. Andere Spezialitäten sind »bife de atum« (Thunfischsteak) und »bacalhau« (Stockfisch), der meist mit Zwiebeln, Knoblauch, Oliven und Kartoffeln zubereitet wird. Außerdem stehen »pargo« (Sackbrasse), »espadarte« (Schwertfisch), »garoupa« (Zackenbarsch) und »dourada« (Goldbrasse) auf der Speisekarte. Seltener findet man »bodião«, den knallroten Papageienfisch, die Langustenart »cavaco«, Meeresschnecken (»caramujos«) oder die sardinenartigen »castanhetas«. Fischsuppenliebhaber werden mit dem Eintopf »caldeirada« glücklich; saftig-würzig ist der im geschlossenen Topf gekochte »arroz de marisco« (Meeresfrüchtereis).

Beilagen
Zu den Gerichten werden normalerweise Reis, Kartoffeln oder Pommes frites serviert, andere Beilagen sind selten. Meist empfiehlt es sich, zusätzlich einen Salat zu bestellen, den Sie dann noch selbst mit Essig und Öl würzen können. In Restaurants, die auf Touristen eingestellt sind, ist ein Salat – mitunter auch Gemüse – oft schon dabei.

ERLEBEN & GENIESSEN
ESSEN UND TRINKEN

Wer es gern süß mag, kann als Nachtisch »leite creme«, eine leicht karamellisierte Masse aus Zucker, Ei und Milch, oder »arroz doce«, einen mit Zimt bestäubten Eier-Reis-Pudding, probieren. Häufig angeboten werden auch »pudim flan« und »pudim de maracuja«, Puddings mit Karamell bzw. Maracuja-Geschmack. Oft gibt es schlicht »bolo« (Kuchen) oder »fruta(s)«, frische Früchte. Eine madeirische Spezialität ist der **»bolo de mel«**, ein Honigkuchen, der auch als Souvenir verkauft wird. Das köstliche »pastel de nata« schließlich ist ein rundes Blätterteigtörtchen mit einer cremigen Sahnepuddingmasse.

Süßspeisen und kleine Törtchen

Früchte sind beliebt. Die auf Madeira angebaute Mango (»Mangifera indica«) ist recht klein, gelb und faserig, aber sehr aromatisch. Die langen **Zapfen des Philodendron** (»Monstera deliciosa«), der nicht nur in Gärten und Parks, sondern auch wild gedeiht, sind im Inneren von feinem, süßem Geschmack, sofern sie wirklich reif sind. Die Passionsfrucht oder Maracuja wird als Tafelobst und zur Saftherstellung geschätzt. Ein köstliches Aroma besitzt die Anona (spanisch: »Cherimoya«), die wie ein grüner, rundlicher Tannenzapfen aussieht. Man kann sie nach dem Kauf einige Tage lang zum Nachreifen lagern. Ist sie unansehlich braun, schmeckt sie am süßesten.

Früchte

Getränke

Mineralwasser (»água mineral«) ist in der Regel mit oder ohne Kohlensäure erhältlich (»com/sem gás«).

Mineralwasser

Bier (»cerveja«) ist ein sehr beliebtes Getränk. Bestellt man »cerveja«, bekommt man Flaschenbier, »imperial« ist ein kleines Bier vom Fass, »balão« nennt man ein mittleres und »caneca« ein großes Bier. Besonders beliebt ist die Biersorte »Coral«, die auf der Insel hergestellt wird. Vom portugiesischen Festland kommen die Biere »Sagres« und »Superbock«.

Bier

Wein ist auf Madeira noch immer das traditionelle Tischgetränk; die meisten Weine stammen allerdings vom portugiesischen Festland. Eine Besonderheit ist der **»vinho verde«,** ein leichter, säurereicher Wein aus Nordportugal, der früh geerntet und nur kurz vergoren wird, in der Flasche noch etwas weiter fermentiert und eine frische, leicht moussierende Art entwickelt.

Wein

Der Madeirawein, der die Insel **in aller Welt berühmt** gemacht hat, wird nicht zum Essen, sondern als Aperitif oder Digestif getrunken (▶ S. 12 ff., 204). Einfachere Sorten finden auch in der Küche und dort insbesondere bei der Zubereitung von Saucen Verwendung.

Madeirawein

JE ÄLTER, DESTO BESSER

Selten erfährt Wein eine solche Behandlung wie auf Madeira. Und jeder Weinkenner würde darüber den Kopf schütteln, wüsste er nicht um den außergewöhnlichen Geschmack des Sercial, Verdelho oder Malvasier.

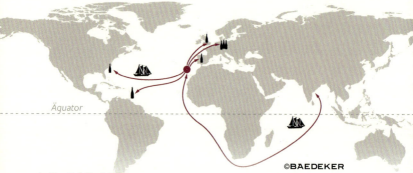

Äquator

©BAEDEKER

▶ **Der Zufall spielt mit**
Ursprünglich besaß Madeirawein eine leicht säuerliche und daher gewöhnungsbedürftige Note. Seeleute, die auf der ersten Etappe ihrer Entdeckungsreisen Madeira anliefen und Wein luden, berichteten von einer erstaunlichen Geschmacksveränderung, wenn die Fässer der tropischen Hitze ausgesetzt gewesen waren und erst recht, nachdem sie ihm noch ein Quantum Brandy zugesetzt hatten, um die alkoholische Gärung zu stoppen. Um nun mehr Wein mit dem einzigartigen »gebrannten, karamellähnlichen« Aroma zu bekommen, nahmen Schiffe in die portugiesischen Kolonien regelmäßig Weinfässer zur »Torna viagem« mit. Später simulierte man die tropische Hitze durch Erhitzen des Weins: Die »Madeirisierung« war erfunden.

▶ **Herstellungsverfahren**
1. Vermostung
2. Gärung und Verstärkung (Spritten)
3. Erhitzung
4. Reifung und Verschneiden
5. Lagerung und weitere Reifung

① Traubenmost wird unter Zusatz von Schwefeldioxid in Gärtanks gepumpt.

② Die Dauer des Gärprozesses liegt bei einem Sercial zwischen fünf und sechs Tagen, bei einem Malvasia (Malmsey) zwischen acht und 24 Stunden. Danach wird Alkohol zugesetzt.

③ **Estufagem-Methode:**
Der Wein wird mind. drei Monate Edelstahlbehältern auf 45°–55° erhitzt. Danach folgt eine Ruhe- u Abkühlungsphase von 90 Tagen.

Canteiro-Verfahren:
natürliche Erhitzung durch Fasslagerung in Speichern

Rezepte

Madeirasauce

Zutaten:
- Schalotten
- Butter
- Madeirawein
- brauner Kalbsfond
- Pfeffer, Salz

Zubereitung: Die Schalotten schälen und feinschneiden. Butter in einem Topf erhitzen und die Schalotten einige Minuten anschwitzen lassen. Mit Madeira ablöschen und Flüssigkeit auf ca. 1 EL reduzieren lassen. Mit dem Fond aufgießen und einige Minuten durchkochen lassen. Die Sauce mit Salz und Pfeffer abschmecken.

Madeira Flip

Zutaten:
- 6 cl Madeira
- 2 Bar-Löffel Zuckersirup
- 1 Eigelb

Zubereitung:
Die Zutaten mit Eiswürfeln shaken und in ein Cocktailglas abseihen. Zum Verfeinern Muskat darüberreiben.

Export heute

2018 wurden ca. 3,6 Millionen Liter produziert. Die Hauptabnehmerländer sind EU-Staaten. Und natürlich trinken die Madeirenser ihren Wein.

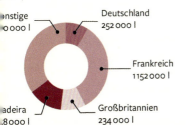

- Sonstige
- Deutschland 252 000 l
- Frankreich 1 152 000 l
- Madeira 8 000 l
- Großbritannien 234 000 l

▶ **Edle Sorten**
Malmsey: Dessertwein aus der Malvasia-Traube, dickflüssig, samtig und süß
Bual: Dessertwein, elegant, duftig, aber nicht so füllig wie Malmsey
Verdelho: Aperitif, weich, trocken, rauchiger Nachgeschmack
Sercial: leichter, feiner Aperitif, sehr trocken

Die Reifung geschieht nach dem Soleraverfahren: Der Wein wird in Fassreihen gefüllt, wobei Weine ähnlichen Charakters nebeneinander stehen. Aus der untersten Reihe mit dem ältesten Wein wird eine gewisse Menge entnommen und durch Wein aus der darüberliegenden Reihe aufgefüllt. Dieses Verfahren wird bis in die oberste Fassreihe fortgesetzt.

5 Drei Jahre Reifezeit ergeben einen leichten Wein, Vintage-Weine reifen 20 Jahre im Fass und mindestens 2 Jahre in der Flasche. Madeiraflaschen werden stehend gelagert: Er muss keinen Sauerstoff mehr aufnehmen

ERLEBEN & GENIESSEN
FEIERN

GESUND ... UND SCHMACKHAFT

Oh ja, eine Poncha, von Fischern aus Câmara de Lobos zum Aufwärmen nach kalten Fangnächten erfunden, ist die beste Medizin, nicht zuletzt dann, wenn man beim Wandern nass geworden ist und eine Erkältung fürchtet. Am besten trinken Sie eine »Poncha Regional« – natürlich ohne Eis! – in einer traditionellen Ponchabar wie der Taberna da Poncha in Serra d Água: Zuckerrohrschnaps, Honig, frisch gepresster Zitronen- und Orangensaft, schaumig gequirlt – was kann es Gesünderes geben? Und das Tolle daran: Die Medizin schmeckt auch noch!

Spirituosen Nach opulenten Mahlzeiten gilt ein Gläschen **»aguardente«**, der typische madeirische Zuckerrohrschnaps, als beliebter und die Verdauung fördernder Abschluss. Anders als bei uns werden im Lokal die Gläser meist randvoll gefüllt. Aguardente ist übrigens ebenfalls Bestandteil der **»Poncha«**.

FEIERN

»É tempo da festa – es ist Zeit zum Feiern!« Auf Madeira gilt dieser Satz beinahe das ganze Jahr über. Fast jeder Monat bringt einen Anlass zum Feiern: Schutzheilige, eine bestimmte Frucht, der Wein, der Karneval, die Frühlingsblüte – für alles gibt es eine »festa«.

Mit Musik, Speis und Trank Zu den fröhlichen Festen gehören in der Regel eine **banda**, die für musikalische Unterhaltung sorgt, reichlich Speis und Trank und oftmals die Aufführung von **Wechselgesängen**. Ansonsten aber werden die religiösen und traditionellen Feste von Ort zu Ort sehr unterschiedlich gefeiert. Einige Hotels und Restaurants veranstalten zudem regelmäßig – eher touristische – Darbietungen madeirischer Folklore.

BAEDEKER ÜBERRASCHENDES

6x GUTE LAUNE

Das hebt die Stimmung!

1.
BUNT
Von wegen triste Hauptstadt: In der Rua Santa Maria in Funchals Altstadt bieten herrlich bunt bemalte Türen und Wände **tolle Fotomotive** – und machen beim Anschauen einfach gute Laune!
(▶ **Funchal, S. 80**)

2.
RASANT
Die **Korbschlittenfahrer** sausen mit ihren glatten Holzkufenschlitten die Straße von Monte nach Livramento hinunter – ein rasantes wie unterhaltsames Madeira-Erlebnis!
(▶ **Monte, S. 103**)

3.
GEERNTET
Zu Ehren aller möglicher Ernten gibt es rauschende Feste: von der »Festa da Cebola« (Zwiebelfest) bis zur »Festa da Castanha« (Kastanienfest) – **jedes Dorf** findet so mindestens einmal im Jahr einen Grund zu feiern. (▶ **Curral das Freiras, S. 68**)

4.
BESCHWINGT
Regelmäßig spielt das **Mandolinenorchester** Madeiras im Stadttheater und in der Englischen Kirche von Funchal fröhliche Weisen.
(▶ **Funchal, S. 79**)

5.
JECK
Funchal ist eine der **Karnevalshochburgen** Portugals. Die bunten Umzüge und die fröhlichen Kostümpartys gehören für so manche Jecken zu den Höhepunkten des Jahres.
(▶ **S. 208**)

6.
BESINNLICH
Am 23. Dezember wird in der Markthalle von Funchal alljährlich die **»Noite do Mercado«** gefeiert: u. a. mit Weihnachtsliedern, die gemeinsam gesungen werden. Die Nacht wird zum Tag!
(▶ **Funchal, S. 80**)

ERLEBEN & GENIESSEN
FEIERN

Religiöse Prozessionen
Besonders inbrünstig begehen die Madeirer ihre kirchlichen Feste, von denen nicht wenige wie eine Wallfahrt begangen werden. Straßen und Plätze erhalten einen bunten Schmuck aus Blumen und Girlanden und bilden die prächtige Kulisse für Prozessionen, bei denen die Gläubigen mit Priester und Heiligenstatue durch den Ort ziehen – besonders stimmungsvoll ist das nachts. Auch auf dem Wasser werden die Gottesmutter oder andere Heilige feierlich geleitet, etwa bei der **Bootsprozession von Caniçal.**

Die größten Feste
Voller Stolz arbeiten die Einheimischen zudem an den aufwendigen Vorbereitungen für den **Karneval** und das **Blumenfest.** Und schließlich wäre da noch das **Silvesterfeuerwerk**, zu dem die Insulaner aus allen Ecken Madeiras alljährlich nach Funchal strömen.

Gesetzliche Feiertage
Neben den großen und kleinen Festen gibt es die gesetzlichen Feiertage, an denen das öffentliche Leben weitgehend ruht. Einige Feiertage sind **ortsgebunden,** der 21. August z. B. wird nur in Funchal gefeiert, andernorts auf der Insel findet ein normaler Alltag statt.

FESTKALENDER

FEIERTAGE
1. Januar: Neujahr
Februar/März: Karnevalsdienstag, Aschermittwoch
März/April: Karfreitag
25. April: Nationalfeiertag, Jahrestag der Nelkenrevolution am 25. April 1974
1. Mai: Tag der Arbeit
Mai/Juni: Fronleichnam
10. Juni: Dia de Portugal bzw. Camões-Tag; Nationalfeiertag in Erinnerung an den portugiesischen Nationaldichter Luís de Camões (Autor der Lusiaden), der am 10. Juni 1580 starb.
1. Juli: Tag der Entdeckung von Madeira
15. August: Mariä Himmelfahrt
5. Oktober: Tag der Republik
1. November: Allerheiligen
1. Dezember: Tag der Restauration
8. Dezember: Fest der Unbefleckten Empfängnis Mariä
25. Dezember: Weihnachten

EVENTS IM FEBRUAR/MÄRZ

KARNEVAL
Im Februar oder März steht die Inselhauptstadt vier Tage lang Kopf. Das ausgelassene Karnevalsspektakel gipfelt am Samstagabend in der großen Samba-Parade in Funchal und endet am Dienstag mit dem Trapalhão-Umzug, bei dem sich die Madeirer in besonders ausgefallenen Kostümen zeigen.

MAI

BLUMENFEST
Anfang Mai läutet die farbenprächtige Festa da Flor feierlich den Frühling auf der Insel ein. Festwagen mit herrlichem Blütenschmuck fahren beim Korso durch die Hauptstraßen im Zentrum von Funchal. Blütenteppiche und Blumenausstellungen zählen ebenfalls zum Programm.

ERLEBEN & GENIESSEN
FEIERN

JUNI

ATLANTIK-FESTIVAL
Klassische Musik von Orchestern und Interpreten aus aller Welt sowie ihren Kollegen und Kolleginnen von der Insel erklingen u. a. im Palácio de São Lourenço, im Teatro Municipal, in einigen Kirchen Funchals sowie im Mudas in Calheta. An den vier Samstagen gibt es abends musikalisch untermalte Feuerwerke.

JULI

FUNCHAL JAZZ FESTIVAL
Im Parque de Santa Catarina treten an drei Tagen einheimische wie auch internationale Jazzer auf; zudem werden Workshops und Meisterklassen angeboten.

24 HORAS A BAILAR
Folkloregruppen aus allen Teilen Madeiras sowie aus anderen Ländern

FEUERWERK DER REKORDE

Gebannt blicken Sie in den Nachthimmel von Funchal, der sich einmal im Jahr in ein Spektakel aus Girlanden, Palmen, Kreisen und Spiralen verwandelt. Dabei ist es fast egal, ob Sie auf einer Dachterrasse, einem öffentlichen Platz oder auf einem der synchron tutenden Kreuzfahrtschiffe stehen – das Silvesterfeuerwerk von Funchal gehört schlicht zu den grandiosesten Erlebnissen, die Madeira zu bieten hat. Kein Wunder, hat es doch die minutiös ausgetüftelte Lichtshow sogar schon ins Guinness-Buch der Rekorde geschafft.

ERLEBEN & GENIESSEN
SHOPPEN

unterhalten die Besucher in Santana 24 Stunden lang mit Tanz und Gesang.

MEERESWOCHE
Vier Tage dauert die Semana do Mar in Porto Moniz, bei der Bootsausfahrten, Wettbewerbe und die verschiedensten Wasserspiele veranstaltet werden.

MOSTRA REGIONAL DE BANANA
Kostproben der namengebenden Frucht, aber auch viele andere kulinarische Inselspezialitäten werden reichlich an einem Sommerwochenende in Madalena do Mar, Heimat der größten Bananenplantage Madeiras, dargeboten.

AUGUST

MONTE WALLFAHRT
Madeira ehrt am 15. August, dem Tag von Mariä Himmelfahrt, auch die Schutzpatronin der Insel: Nossa Senhora do Monte. Aus allen Ecken der Insel strömen die Pilger zu diesem Anlass in einer feierlichen Prozession hinauf zur Kirche von Monte.

AUGUST/SEPTEMBER

MADEIRA-WEINFEST
Pflückerumzug und Traubentreten in Estreito de Câmara de Lobos; in Funchal Licht-, Klang- und Folklore-Shows und Weinverkostungen.

SEPTEMBER

KOLUMBUS-FESTIVAL
Vila Baleira auf Porto Santo feiert den berühmten Pionier aus Genua u. a. mit einer großen Parade, die seine Entdeckungen zum Thema hat, und mit Theateraufführungen zu seiner Ankunft auf der Insel.

NOVEMBER

FESTA DA CASTANHA
Das Kastanienfest wird am 1. November in Curral das Freiras gefeiert.

DEZEMBER

SILVESTER
Das mitternächtliche Feuerwerkspektakel über Funchal ist einmalig (▶ S. 209).

SHOPPEN

Wein und Stickereien – diese beiden wunderbaren Produkte verbindet man wohl als Erstes mit Madeira. Doch Sie finden auch blühende Andenken oder typische Korbwaren.

Shoppen in Funchal — Wein und Stickereien (▶ S. 24) – nicht nur den berühmten **Madeirawein** (▶ S. 12 und 204), sondern auch weiße und rote Tafelweine – gibt es in kleinen Spezialgeschäften, vorwiegend in Funchal. Ansonsten steht die Hauptstadt inzwischen auch kräftig im Zeichen der **Mode.** Dies beweist ein Bummel durch die Rua Dr. Fernão de Ornelas und ihre Umgebung, durch die Avenida Arriaga und die Rua do Aljube, in der auch das kleine alte Kaufhaus Bazar do Povo (Volksbasar) steht, sowie durch die umliegenden Gassen. Designerin Lúcia Sousa bietet in der

ERLEBEN & GENIESSEN
SHOPPEN

In der Markthalle von Funchal gibt es Strelitzien in Hülle und Fülle – in einem Pappkarton verpackt sollten die Blumen den Heimflug gut überstehen.

Rua da Conceição ihre farbenfrohen, modernen Kreationen an. Die Schwester des Fußballstars **Cristiano Ronaldo** betreibt im Marina Shopping die Mode-Boutique CR7. Apropos Shoppingcenter: Das La Vie beispielsweise verspricht trendiges Shoppen unweit des Parque Santa Catarina. Der herrliche Markt im Mercado dos Lavradores ist Bezugsquelle von **Pflanzen,** Samen und Blumenzwiebeln jeglicher Art, von Strelitzien über Orchideen bis hin zur Protea. In einem Eckchen werden zudem handgemachte **Trachtenstiefel** verkauft.

Im Kreuzfahrtterminal der Hauptstadt bieten verschiedene Souvenirshops z. B. **Bolo de Mel, Maracuja-Likör, Zuckerrohrschnaps** und sonstige Andenkenartikel an, wie man sie u. a. auch in Porto Moniz und anderen touristischen Inselorten findet. Weitere hübsche und für Madeira typische Mitbringsel sind die grob gestrickten **Ohrenklappenmützen, Schellenbäumchen** mit Trachtenfigürchen oder **Marmeladen** aus exotischen Früchten. Zudem gibt es **Parfüm** aus Madeira sowie Naturkosmetik aus Aloe Vera.

Souvenirs

Im Café Relógio in **Camacha** füllen diverse Objekte aus Weidengeflecht Dutzende von Regalen, sie hängen von der Decke, an Treppengeländern und an den Wänden. Auch in **Funchal** gibt es – u. a. im Mercado dos Lavradores – ein kleines Angebot von »Vimes«.

Korbwaren

ERLEBEN & GENIESSEN
ÜBERNACHTEN

ÜBERNACHTEN

Grün, wohin das Auge schaut. In den Ausläufern des Lorbeerwalds versteckt sich das spitzdachige Häuschen, den Zugangsweg säumen dichte Wälle afrikanischer Liebesblumen. Die Dreiecksform und die Baumaterialien erinnern an die Casas de Colmo, die berühmten Strohhütten von Santana.

Sehr einfach und sehr luxuriös	Von solchen ruhig gelegenen **Landhäusern mit eigenem Garten** und schlichter Ausstattung für maximal vier Personen über **Bed-&-Breakfast-Zimmer** bei Einheimischen (oder Wahl-Insulanern) und Pensionen (»pensão«), familiären Hotels (»residencial«, »estalagem«) bis zu komfortablen und **luxuriösen Großherbergen** mit Wellness-, Beauty- und Sportangeboten reicht das Unterkunftsangebot auf Madeira. Ganz am anderen Ende der Skala liegt der Campingplatz von Porto Moniz an der Mündung der Ribeira da Janela – schon für 6 € kann hier eine Person im eigenen kleinen Zelt nächtigen.
Quintas	Eine ganz **besondere Art von Gastlichkeit** bieten die Quintas. Zuckerbarone und englische Weinhändler ließen sich diese vornehmen Landsitze erbauen, die schon früh auch als **Gästehäuser** dienten. Kolumbus logierte in einer solchen Quinta ebenso wie Kaiserin Elisabeth und Karl I., die zwei tragischen Figuren aus den letzten Tagen der Habsburger Monarchie, die es nach Madeira verschlug. William Reid, Erbauer des legendären Reid's Hotels, legte den Grundstein für sein Vermögen zunächst mit der Vermittlung solcher Landsitze an betuchte **Langzeitbesucher** der portugiesischen Atlantikinsel. Einige Quintas wurden inzwischen restauriert und in noble kleine Hotels umgewandelt – oder um moderne Anbauten erweitert, sodass das historische Gebäude nur noch Rezeption, Salon, Speisesaal und eine Handvoll Suiten birgt. Das Gros dieser **historischen Herrenhäuser** liegt an den Rändern der Hauptstadt bis hinauf ins Bergstädtchen Monte. Aber auch an den Hängen von Santo da Serra oder Jardim da Serra, bei Estreito de Câmara de Lobos, Ponta do Sol und Santa Cruz findet man die heute mit **modernem Verwöhnkomfort** ausgestatteten Gebäude (www.quintasdamadeira.com).
Planung, Reservierung und Preise	Zu Beginn der Urlaubsplanung stellt sich die Frage: Wo übernachten? In der pulsierenden Inselhauptstadt, in einem der ruhigen Küstenorte oder fernab allen Trubels in den Bergen? Vielleicht mit einem Unterkunftswechsel, um verschiedene Ecken der Insel kennenzulernen? Wer Ruhe und Entspannung sucht oder gerne und viel wandern möchte, sollte ein paar Tage an die Nordküste oder in eines der Berghotels, wer am Abend noch durch die Altstadt oder über die lebhafte Uferpromenade schlendern möchte, ist in Funchal besser aufgehoben.

AUSGEWÄHLTE UNTERKÜNFTE

Preiskategorien
für ein Doppelzimmer (Hochsaison)
€€€€ über 150 €
€€€   100 – 150 €
€€   50 – 100 €
€   bis 50 €

CALHETA

ATRIO €€€
Wer Entspannung inmitten üppiger Natur sucht, ist hier im ruhigen Westen der Insel goldrichtig. Lassen Sie am beheizten Pool die Seele baumeln oder belohnen Sie sich nach einer Wanderung mit einer Aromaöl-Massage. Frühstück und Dinner werden aus frischen lokalen Produkten zubereitet, Obst, Gemüse und Kräuter kommen aus dem eigenen Bio-Garten und werden zu zahlreichen (vegetarischen) Gerichten verarbeitet. Das gemütliche Landhaushotel hat 22 individuell gestaltete Zimmer und steht unter deutschsprachiger Leitung.
Caminho dos Moinhos 218, Estreito da Calheta, Tel. 291 82 04 00
www.atrio-madeira.com

Überall gilt: In der **Hauptreisezeit** sollte man möglichst vorab eine Unterkunft reservieren. Die Preise für Doppelzimmer können je nach Saison erheblich differieren. In der Zeit um Weihnachten und Silvester steigen die Preise teilweise sprunghaft an.

Ein Pool mit Aussicht im Hotel Atrio in Estreito de Calheta – genau das Richtige nach einer anstrengenden Wanderung.

ERLEBEN & GENIESSEN
ÜBERNACHTEN

CÂMARA DO LOBOS

PESTANA CHURCHILL BAY €€–€€€

Die jüngste Hotelanlage der Pestanagruppe auf Madeira fügt sich schön in das historische Ensemble von Câmara de Lobos ein – die Umwandlung der einstigen Fischmarkthalle und des alten Rathauses in eine angenehme Pousada ist gelungen. Von der Poolterrasse auf dem Dach schweift der Blick über die pittoreske Bucht. Die Dekoration der 57 Zimmer ist inspiriert von den Gemälden des Hobbymalers Winston Churchill. Beste regionale Küche bietet das Restaurant.
Rua da Nossa Senhora da Conceição 17, Câmara de Lobos
Tel. 291 14 64 40
www.pousadas.pt/en/hotel/pestana-churchill-bay

CANIÇO

QUINTA SPLENDIDA €€€

Sie mögen bunte Blumen, tropische Palmen und aromatische Pflanzen und würden am liebsten in einem botanischen Garten wohnen? Dann gönnen Sie sich einen Urlaub in diesem Wellnesshotel: Um zu Ihrem Apartment, zum Restaurant im historischen Herrenhaus, zum Pool oder zum edlen Spa zu kommen, durchqueren Sie prächtige Gärten mit mehr als 1000 Pflanzenarten.
Estrada da Ponta da Oliveira 11, Caniço, Tel. 291 93 04 00
www.quintasplendida.com

VILLA OPUNTIA €€€

In der kleinen Villa am ruhigen Westende von Caniço de Baixo bekommen Sie jeden Morgen ein köstliches Frühstück aufs Zimmer gebracht, das Sie sich bei schönem Wetter auf der Terrasse schmecken lassen können. Dazu gibt es immer einen »Gedanken zum Tag«. Das herzliche, deutschsprachige Personal versorgt Sie mit persönlichen Tipps zu Wanderungen, Restaurants und Ausflugszielen.
Rua Miradouro da Falésia 8
Caniço de Baixo
Tel. 291 93 96 00
www.villaopuntia.com

CURRAL DAS FREIRAS

ESTALAGEM EIRA DO SERRADO €€

Eine Herberge in einzigartiger Landschaft: Fast 500 m tief schauen Sie hinunter ins Tal von Curral das Freiras, um Sie herum reihen sich die Bergspitzen Zentralmadeiras und über Ihnen funkeln nachts die Sterne. Hier herrscht Einsamkeit, spätestens dann, wenn der letzte Ausflugsbus abgefahren ist.
Beim Aussichtspunkt Eira do Serrado, Tel. 291 71 00 60
www.eiradoserrado.com

FUNCHAL (STADTPLAN ▶ S. 74)

❶ QUINTA JARDINS DO LAGO €€€€

Das wunderschöne Herrenhaus oberhalb des Zentrums von Funchal stammt aus dem 18. Jh., es wurde schon zu Zeiten der napoleonischen Kriege vom Kommandeur der britischen Armee bewohnt. Heute sind die altehrwürdigen Säle Teil des eleganten und charmanten Luxushotels. Streifen Sie durch die weitläufige Gartenanlage mit See und Pool – ein paradiesischer Ort der Entspannung.
Rua Dr. João Lemos Gomes 29
Tel. 291 75 01 00
www.jardins-lago.pt

❷ CASTANHEIRO €€€

Welch eine Aussicht! Vom Infinity-Pool auf der Dachterrasse überblicken Sie die Innenstadt Funchals – das Boutiquehotel liegt mittendrin. Fünf Gebäude aus drei Jahrhunderten, darunter eine ehemalige Drucke-

ERLEBEN & GENIESSEN
ÜBERNACHTEN

rei und ein historisches Herrenhaus, wurden zu diesem liebevoll designten Stadthotel umgestaltet; viele Gegenstände, Bilder und Dekorationen erinnern an die früheren Nutzungen.
Rua do Castanheiro 31
Tel. 291 20 01 00, www.castan
heiroboutiquehotel.com

❸ RESIDENCIAL MARIAZINHA €€

Sie schlendern gerne noch am Abend durch die lebhafte Altstadt von Funchal? Dann ist dieses kleine Gästehaus im Herzen der Zona Velha genau das Richtige für Sie. Trotz der zentralen Lage sind die Zimmer überraschend ruhig. Zur Meeresbadeanlage Barreirinha gehen Sie fünf Minuten, ebenso wie zur Seilbahn nach Monte.
Rua de Santa Maria 155
Tel. 291 22 02 39
www.residencialmariazinha.com

MACHICO (STADTPLAN ▶ S. 96)

❶ WHITE WATERS HOTEL €€

Das moderne Gebäude mit den hellen Zimmern liegt mitten in Machico: In wenigen Gehminuten sind Sie am Sandstrand und an der Marina, von der Dachterrasse haben Sie einen Rundumblick über die erste Siedlung Madeiras und auf die von steilen Hügeln gesäumte Bucht. Das freundliche Stadthotel ist auch ideal, wenn Sie früh zum Flughafen müssen, die Fahrzeit beträgt etwa fünf Minuten.
Praceta 25 de Abril 34
Tel. 291 96 93 80
www.whitewaters-madeira.com

MONTE

QUINTA DO MONTE €€€
Die prächtige und komfortable Quinta liegt inmitten eines schönen

Viel Grün und Klassisches umgibt die würde- und stilvolle Quinta do Monte.

ERLEBEN & GENIESSEN
ÜBERNACHTEN

Parks oberhalb der Seilbahnstation von Monte. Von allen Zimmern gibt es tolle Panoramablicke über Funchal. Das dazugehörige Café-Restaurant serviert tagsüber köstliche Kuchen, Baguettes und Salate. Abends kommt Erlesenes auf den Tisch, darunter Foie Gras und Hummer. Serviert werden aber auch einfachere Gerichte wie gegrillter Ziegenkäse mit wilden Beeren.
Caminho do Monte 192
Tel. 291 78 01 00
www.hotelquintadomonte.pt

PONTA DELGADA

CASA DA CAPELINHA €
Sie möchten einen ruhigen Wanderurlaub an der ursprünglichen Nordseite Madeiras verbringen? Das historische »Haus der Kapelle«, auf dessen Gelände sich tatsächlich eine Kapelle aus dem 16. Jh. befindet, wurde um ein moderneres Haus erweitert. Alle zwölf Zimmer haben Balkon, Terrasse oder einen Gartenanteil und eine tolle Aussicht auf die Steilküste und das Meer. Es gibt einen Pool und ein eigenes Restaurant, in dem schmackhafte regionale Gerichte serviert werden.
Rua Eng. João Fidélio de Canha 24
Tel. 966 00 21 98
www.casadacapelinha.com

PONTA DO SOL

ESTALAGEM PONTA DO SOL €€€
Das lichtdurchflutete, moderne Hotel liegt auf einem Felsen oberhalb von Ponta do Sol. Alle 54 Zimmer haben einen Balkon, teilweise mit fantastischem Meerblick. Relaxen Sie im Infinity-Pool, im Wellnessbereich mit Sauna und Whirlpool oder bei einer Massage. Im Restaurant speist man mit tollem Atlantikpanorama. Im Sommer finden im lauschigen Garten des Hotels wöchentlich kleine Konzerte statt, die auch bei der lokalen Bevölkerung sehr beliebt sind.
Caminho do Passo 6
Tel. 291 97 02 00
www.pontadosol.com

PORTO MONIZ

AQUA NATURA €€€
Näher können Sie dem Atlantik kaum kommen: Das ganz auf Nachhaltigkeit ausgerichtete, moderne Hotel liegt direkt am Meer, auf einem der Lavafelsen von Porto Moniz. Unterhalb der Zimmerterrassen brechen sich die weiß schäumenden Wellen – wem das manchmal gewaltige Tosen der Brandung zu laut ist, kann die schalldämmenden Fenster schließen. Die Meereswasserschwimmbecken nebenan nutzen Hotelgäste kostenlos.
Rotunda da Piscina 3
Tel. 291 64 01 00
www.aquanaturamadeira.com

PORTO SANTO

PESTANA COLOMBOS ALL INCLUSIVE €€€€
Sie möchten einmal richtig luxuriösen Strandurlaub machen, sich wie in der Karibik fühlen und sich um nichts kümmern müssen? Dann ist dieses All-Inclusive-Strandresort mit mehreren Restaurants, Cocktailbars und Sonnenschirmen am Strand genau das Richtige für Sie. Entspannung pur gibt es auch im Innen- oder Außenpool, im Jacuzzi, in der Sauna und im Dampfbad.
Estrada Regional 171, Sítio do Campo de Baixo, Tel. 291 14 40 50
www.pestana.com

QUINTA DO SERRADO €€
Das aus Natursteinen gebaute Landhaus liegt fernab der touristischen Strandhotels und bietet jede Menge Ruhe und Erholung in fast familiärer Atmosphäre. Dank eines hoteleigenen Fahrservice kommen Sie den-

ERLEBEN & GENIESSEN
ÜBERNACHTEN

noch problemlos in die Stadt oder zum Strand. Die Quinta ist ein guter Standort, um Wanderungen zu unternehmen oder zu nahe gelegenen Naturbadestellen zu fahren. Am Haus haben Sie ebenfalls einen kleinen Pool- und Spabereich.
ER120, Sítio do Pedregal
Tel. 291 98 02 70
www.quintadoserrado.com

HOTEL TORRE PRAIA €€–€€€
Den Strand erreichen Sie von diesem Hotel aus in wenigen Minuten, die Frühstücksterrasse liegt in unmittelbarer Nähe der »praia«. Am Abend können Sie durch die Gassen des nahen Vila Baleira spazieren.
Rua Goulart Medeiros, Vila Baleira, Tel. 291 98 04 50
www.portosantohotels.com

RIBEIRA BRAVA

QUINTA DO CABOUCO €€
Die warmherzige Gastgeberin Filomena heißt Sie willkommen in ihrem urigen, behutsam restaurierten und mit viel Liebe zum Detail dekorierten Herrenhaus aus dem 18. Jahrhundert. Es hat nur drei Gästezimmer und liegt inmitten eines gepflegten Gartens in ruhiger Panoramalage oberhalb von Ribeira Brava. Der Blick aufs Meer beim üppig bestückten Frühstück ist überwältigend! Sie dürfen sich an den Obstbäumen und Gemüsebeeten im Garten bedienen, wenn Sie sich in der gut ausgestatteten Gästeküche ein Abendessen zubereiten wollen.
Caminho do Cabouco
Tel. 918 69 69 96
www.quintadocabouco.com

SANTA CRUZ

QUINTA DOS ARTISTAS €€€
Die österreichische Künstler- und Wanderfamilie Bretterbauer hat sich hoch oben über Santa Cruz ein Paradies geschaffen: Nachhaltig, gemütlich und hell präsentieren sich die 5 Häuser und das aussichtsreiche Restaurant, alles ist umgeben von biologisch bewirtschafteten Obstwiesen und Gemüsefeldern. Wer mit Christa Dornfeld-Bretterbauer und ihrem Team wandern gehen möchte, ist hier bestens aufgehoben, für die Yoga- und Wanderwochen gibt es einen herrlichen Yogaraum.
Rua Nossa Senhora
dos Remédios, Santa Cruz
Tel. 915 69 32 04
http://quintadosartistas.com

SANTANA

QUINTA DO FURÃO €€€
Das vor allem bei Wanderern beliebte Hotel liegt idyllisch zwischen Weinhängen und Gemüsegärten auf einer Klippe nördlich von Santana. Es bietet einen idealen Ausgangspunkt für Wanderungen im Inselnorden, zumal Sie danach im Pool oder in der Sauna entspannen können. Die Aussichten entlang der felsigen Nordküste sind phänomenal, ebenso wie die Sonnenauf- und -untergänge. Im Gourmetrestaurant werden typische Inselgerichte neu interpretiert, im Weinkeller Madeira-Weine verkostet.
Estrada Quinta do Furão 6
Tel. 291 57 01 00
www.quintadofurao.com

SÃO VICENTE

SOLAR DA BICA €€
Das kleine Landhotel ist eine Oase der Ruhe, mit Blick auf die Berglandschaft, den Atlantik und das Dorf São Vicente. Jeden Morgen gibt es für die Gäste einen anderen Kuchen zum reichhaltigen Frühstück. Wunderbar entspannen können Sie im Garten, im beheizten Pool, in der Sauna oder in der Lounge mit Sofas und Kamin.
Rua da Bica 17, Sítio dos Lameiros, Tel. 291 84 20 18
www.solardabica.pt

PRAKTISCHE INFOS

Wichtig, hilfreich, präzise

Unsere Praktischen Infos
helfen in (fast) allen Situationen
auf Madeira weiter.

Reger Verkehr i Hafen von Funchal ▶

KURZ & BÜNDIG

ELEKTRIZITÄT
220 Volt/50 Hz; Adapter sind nicht notwendig.

GELD
Madeira gehört zur Eurozone; Wechselkurs für den Schweizer Franken: 1 € = 1,10 SFr, 1 SFr = 0,91 € (Stand Ende 2019).

BANKEN & GELDAUTOMATEN
Schalterstunden sind Mo.–Fr. 8.30–15 Uhr. Das Limit für Abhebungen an Geldautomaten **(Multibanco)** mit Bankkarte beträgt täglich 2x 200 € (Ausnahme: Geldautomaten von ATM Euronet Worldwide).

BARGELDLOSES ZAHLEN
Weit verbreitet. Gängiger sind Visa und Maestro, seltener Amex und Diners Club.

SPERRNOTRUF
Unter folgender Nummer kann man Bank- und Kreditkarten, Handys und Krankenkassenkarten sperren lassen.
Tel. 116 116 (aus dem Ausland mit Vorwahl +49)
www.sperr-notruf.de

NOTRUFE

ALLGEMEINER NOTRUF
Polizei, Feuerwehr, Ambulanz (gebührenfreie Nummer)
Tel. 112

SEENOTRETTUNG
Tel. 291 23 01 12

PANNENHILFE (FÜR VIA RÁPIDA)
Tel. 800 29 02 90

POLIZEI/ÖFFENTLICHE SICHERHEIT
Tel. 291 20 84 00

ZIVILSCHUTZ (U. A. BERGRETTUNG)
Tel. 291 70 01 12

ACE-NOTRUFZENTRALE STUTTGART
(Krankenrückholdienst)
Tel. +49 711 5 30 34 35 36

ADAC NOTRUFZENTRALE MÜNCHEN
Tel. +49 89 22 22 22

DEUTSCHE RETTUNGSFLUGWACHT STUTTGART
Tel. +49 711 7 00 70

DRK-FLUGDIENST
Tel. +49 211 91 74 99 39

WAS KOSTET WIE VIEL?
Einfaches Doppelzimmer: ab 60 €
3-Gänge-Menü: ab 18 €
Einfache Mahlzeit: 8 €
Glas Bier: ab 1 €
Espresso: ab 0,70 €
Busfahrt: ab 1,25 €

ZEIT

WESTEUROPÄISCHE ZEIT
WEZ = MEZ −1 Stunde

SOMMERZEIT
Ende März–Ende Oktober

PRAKTISCHE INFORMATIONEN
ANREISE · REISEPLANUNG

ANREISE · REISEPLANUNG

Anreisemöglichkeiten

Nonstop-Flüge nach Madeira haben Lufthansa, Condor, Tuifly, Edelweiss, Easyjet und Eurowings im Programm, allerdings nur an ausgewählten Wochentagen und von bestimmten deutschen, österreichischen und schweizerischen Flughäfen aus. Die Flugzeit von Frankfurt/Main nach Madeira beträgt ca. vier Stunden. Mit einer Kombination aus Lufthansa bzw. Swiss oder Austrian Airlines und der portugiesischen Fluggesellschaft TAP erreichen Sie die Insel täglich mit Zwischenstop in Lissabon. Die Anreise nach Porto Santo erfolgt über Lissabon oder über Madeira.

Mit dem Flugzeug

Madeira ist das ganze Jahr über Ziel von Kreuzfahrtschiffen, die aber meist nur ein oder zwei Tage im Hafen von Funchal bleiben.

Kreuzfahrtschiffe

ANREISE MIT DEM FLUGZEUG

FLUGGESELLSCHAFTEN

TAP – AIR PORTUGAL
In Deutschland:
Tel. *01806 00 03 41

Auf Madeira: Tel. *705 205 700
(Flughäfen Funchal und Porto Santo)
www.flytap.com

AUSTRIAN AIRLINES
Tel. +43 5 17 66 31 00
www.austrian.com

LUFTHANSA
Tel. 069 86 79 97 99
www.lufthansa.com

CONDOR
Tel. *01806 76 77 67
www.condor.com

AEROPORTO »CRISTIANO RONALDO«

LAGE
ca. 18 km nordöstlich von Funchal

FLUGHAFENBUS
Vom/zum Flughafen verkehrt der Aerobus (einfache Fahrt 5 €, hin und zurück 8 €). Seine 20 Haltepunkte liegen überwiegend in Funchal und in der dortigen Hotelzone bis/ab Praia Formosa.
Tel. 2 91 20 11 51
www.sam.pt/informacoes-aerobus.html

TAXI NACH FUNCHAL
Dauer ca. 30 Minuten, die Fahrtkosten liegen je nach Ziel zwischen 30 und 40 €.

PRAKTISCHE INFORMATIONEN
ANREISE · REISEPLANUNG

AUSKUNFT

AUSKUNFT IN DEUTSCHLAND

TURISMO DE PORTUGAL
Der Berliner Standort des portugiesischen Fremdenverkehrsamts ist auch für Interessierte aus Österreich und aus der Schweiz zuständig.
Zimmerstr. 56, D-10117 Berlin
Tel. 030 25 41 06-0
www.visitportugal.com

AUF MADEIRA

DIRECÇÃO REGIONAL DO TURISMO DA MADEIRA
Avenida Arriaga, 16
P-9004-519 Funchal
Tel. +351 2 91 21 19 02
www.visitmadeira.pt

INTERNET

WWW.ACONTECEMADEIRA.PT
Website mit aktuellen Terminen und Veranstaltungen auf der Insel

WWW.DNOTICIAS.PT, WWW.JM-MADEIRA.PT/
Online-Version der beiden Tageszeitungen »Diário de Notícias« und »Jornal da Madeira« (jeweils auf Portugiesisch)

WWW.FORUM-MADEIRA.EU
Deutschsprachiges Forum von und für Wahlinsulaner und Gäste

HTTP://DANISHOME.CH
Ausführliches Levada-Verzeichnis mit sämtlichen denkbaren Informationen über alle Levadas der Insel, angelegt vom Schweizer Madeirafan Daniel Köhl

WWW.MADEIRA-WEB.COM
Alles rund um den Madeira-Urlaub auch auf Deutsch: Hotels, Wetter, Wandern und Bilder aus Live-Webcams an mehreren Standorten

WWW.MADEIRA-ZEITUNG.DE
Regelmäßige Berichte und Artikel zu aktuellen Themen rund um Madeira (deutschsprachig)

WWW.VISITMADEIRA.PT
Offizielle Website der Tourismusbehörde von Madeira, die u. a. auch auf Deutsch zur Verfügung steht. Die recht informative Seite enthält allgemeine Informationen zu Madeiras Sehenswürdigkeiten und Unterkünften.

WWW.WALKMEGUIDE.COM
Eine Gruppe wanderbegeisterter Informatiker der Universität von Madeira hat diese Website bzw. App für iOS und Android entwickelt, die Wegbeschreibungen zahlreicher Wanderrouten Madeiras (inkl. Schwierigkeitsgrad, Länge und Dauer) zur Verfügung stellt.

BOTSCHAFT DER REPUBLIK PORTUGAL

IN DEUTSCHLAND
Zimmerstr. 56
D-10117 Berlin
Tel. 030 5 90 06 35 00
www.berlin.embaixadaportugal.mne.pt

IN ÖSTERREICH
Opernring 3
A-1010 Wien
Tel. 01 5 86 75 36, www.viena.embaixadaportugal.mne.pt

IN DER SCHWEIZ (KONSULAT)
Weltpoststr. 20
CH-3015 Bern
Tel. 031 3 51 17 73

PRAKTISCHE INFORMATIONEN
ANREISE · REISEPLANUNG

KONSULATE AUF MADEIRA
Auf Madeira gibt es seit 2017 kein deutsches Konsulat mehr, für alle konsularischen Anliegen ist nun die Botschaft in Lissabon zuständig.
Campo dos Mártires da Pátria 38
1169-043 Lisboa
Tel. 218 81 02 10
www.lissabon.diplo.de

ÖSTERREICHISCHES HONORARKONSULAT
Rua Imperatriz Dona Amélia
Edifício Princesa, Loja 0/4
P-9000-018 Funchal
Tel. 291 62 75 41
www.bmeia.gv.at

Ein- und Ausreisebestimmungen

Reisende aus Deutschland, Österreich und der Schweiz benötigen einen gültigen Reisepass oder Personalausweis. Das **gilt auch für Kinder** unter 16 Jahren.
Reisedokumente

Zum Mieten eines Autos genügt der **nationale** Führerschein.
Führerschein

Der **EU-Heimtierausweis** ist das verbindliche Einreisedokument für Hunde. Angegeben sein muss u. a. das Datum der letzten Tollwutimpfung, die bei der Einreise 30 Tage bis höchstens zwölf Monate alt sein darf. Außerdem muss der Kenncode des Mikrochips bzw. die Tätowierungsnummer des Tieres eingetragen sein.
Haustiere

EU-Bürger können Waren **für den persönlichen Bedarf** weitgehend zollfrei ein- und ausführen; es sind jedoch bestimmte Höchstmengen zu beachten, z. B. 800 Zigaretten, 400 Zigarillos, 10 l Spirituosen, 20 l sogenannte Zwischenerzeugnisse (z. B. Sherry, Wermut). Für Wein aus anderen EU-Mitgliedstaaten wurde in Deutschland keine Höchstmenge festgelegt. Bargeld über 10 000 € muss deklariert werden. Für Bürger der Schweiz gelten folgenden Mengen: 200 Zigaretten oder 50 Zigarren; 2 l alkoholhaltige Getränke (bis 15 Vol.-%) und 1 l über 15 Vol.-%. Nähere Auskünfte erhält man auf www.zoll.de, www.bmf.gv.at/zoll und www.zoll.ch.
Zollbestimmungen

Krankenversicherung

Voraussetzung für eine ärztliche Leistung am Urlaubsort ist, dass dem staatlichen Krankenhaus oder Gesundheitszentrum die von der Krankenkasse ausgestellte **Europäische Krankenversicherungskarte** (European Health Insurance Card, EHIC) vorgelegt wird. Auch mit der Karte sind in vielen Fällen ein Teil der Behandlungskosten bzw. Ausgaben für Medikamente selbst zu tragen. Gegen Vorlage der Quittungen übernimmt die Krankenkasse zu Hause dann die Kosten – allerdings nicht für jede Behandlung.
Gesetzliche Krankenkassen

PRAKTISCHE INFORMATIONEN
MIT BEHINDERUNG UNTERWEGS

Private Reisekrankenversicherung

Da die **Kosten** für ärztliche Behandlungen und Medikamente teilweise vom Patienten zu tragen sind und die Kosten für einen eventuell notwendigen Rücktransport von den Krankenkassen grundsätzlich nicht erstattet werden, ist der Abschluss einer eigenen Reisekrankenversicherung empfehlenswert.

Generell gilt für Portugal, dass die Behandlung **in einer privaten Klinik** einem staatlichen Krankenhaus oder Gesundheitszentrum vorzuziehen ist. Es geht schneller und in der Regel ist die Ausstattung um einiges besser.

MIT BEHINDERUNG UNTERWEGS

Barrierefreiheit

Madeira ist für Menschen mit Körperbehinderungen aufgrund der **Topografie** kein leichtes Terrain. Die steilen Straßen und Wege und auch das vielerorts beliebte **Kopfsteinpflaster** sind nicht nur für Rollstuhlfahrer sehr mühsam. Gut für Rollstühle geeignet sind aber z. B. die neue Uferpromenade von Funchal sowie Teile der Innenstadt, zumal alle Bürgersteige abgesenkt sind. Auch manche Hotels und Restaurants sind inzwischen gut auf Rollstuhlfahrer eingestellt. Am Flughafen hilft »MyWay«, über die Insel kommt man mit Linienbussen oder Spezialtaxis. Ein fast 2 km langer Wanderweg durch den Laurazeenwald vom Pico das Pedras nach Queimadas wurde als Blindenpfad zugänglich gemacht.

ETIKETTE

Korrekte Kleidung

Wie alle Südländer legen die Madeirer einigen Wert auf korrekte Bekleidung. Das gilt **nicht nur beim Restaurantbesuch am Abend,** sondern auch für den Shopping- oder Sightseeing-Bummel. Beim Besuch von Kirchen ist knapper Freizeitlook auf jeden Fall verpönt. Außer am Strand sollten sich Männer nirgends mit nacktem Oberkörper zeigen. Frauen können allenfalls am Hotelpool das Bikinioberteil weglassen, nicht aber am Strand oder in öffentlichen Bädern.

Homosexualität

Schwule und lesbische Ehen sind in Portugal erlaubt. Auch ist die **Akzeptanz** von schwulen und lesbischen Reisenden und Einheimischen definitiv gewachsen. Die »Regenbogen-Community« ist tatsächlich viel größer, als es auf den ersten Blick erscheint. Es gibt zwar keine speziellen Schwulen- und Lesbenbars oder -klubs, doch die meisten größeren Nachtklubs und etablierten Bars stehen Homosexuellen aufgeschlossen gegenüber.

Selbst wenn man in einer größeren Gruppe essen geht, bekommt man fast immer eine **Gemeinschaftsrechnung** für den ganzen Tisch. Portugiesen teilen diese immer ganz unkompliziert durch alle. Wer unbedingt auf einer getrennte Rechnung besteht, sollte dies möglichst schon bei der Bestellung sagen: »Contas separadas, se faz favor.« — Bezahlen im Restaurant

In Cafés und Bars lässt man ein paar Münzen auf dem Tisch bzw. Tresen liegen, im Restaurant sind **zwischen 5 und 10 %** des Rechnungsbetrags angemessen. Bei den Taxifahrten rundet man den Betrag entsprechend auf. Zimmermädchen, Gepäckträger oder Reiseführer bei Besichtigungstouren freuen sich über ein Trinkgeld zwischen 1 und 3 €. — Trinkgeld

GESUNDHEIT

In Funchal gibt es mehrere gute Privatkliniken, das große öffentliche Krankenhaus und kleinere Gesundheitszentren. Diese **»Centros de Saúde«** finden Sie auch in anderen größeren Ortschaften, zuweilen mit Notfallstation; meist spricht das Personal dort aber nur Portugiesisch. Ärztliche Konsultationen müssen in der Regel sofort bezahlt werden (vor allem in den privaten Einrichtungen), die Kosten können bei der Krankenkasse in Deutschland eingereicht werden. — Medizinische Versorgung

Apotheken (»Farmácias«) erkennt man an einem **grün-weißen Schild** mit einem Kreuz oder einer Aeskulapnatter. Man erhält dort alle in Portugal hergestellten Arzneimittel, aber auch sehr viele ausländische Präparate. Nur spezielle Medikamente sollte man im Bedarfsfall mit sich führen.
In der Regel sind Apotheken Mo. bis Fr. von 9 bis 13 und von 15 bis 18 Uhr, Sa. von 9 bis 13 Uhr geöffnet. Außerhalb dieser **Öffnungszeiten** weist normalerweise ein Aushang auf die Anschrift der nächstgelegenen Apotheke hin, die Bereitschaftsdienst hat. In Orten mit nur einer Apotheke hängt mitunter auch eine Telefonnummer aus, über die man in dringenden Fällen den diensthabenden Apotheker erreichen kann. — Apotheken

PRAKTISCHE INFORMATIONEN
LESETIPPS

MEDIZINISCHE HILFE

NOTRUF

ALLGEMEINER NOTRUF
Tel. 112 (gebührenfrei)

**KRANKENHÄUSER
IN FUNCHAL**

**HOSPITAL
DR. NÉLIO MENDONÇA**
Av. Luís de Camões 57
(nahe der Hotelzone)
Tel. 291 70 56 00
www.sesaram.pt

**CLÍNICA DE SANTA LUZIA
(PRIVATKLINIK)**
Rua da Torrinha 5
Tel. 291 20 00 00
www.clinicadesantaluzia.com

**CLÍNICA DA SÉ
(PRIVATKLINIK)**
Rua dos Murças 42
Tel. 291 20 76 76
www.clinicadase.pt

**HOSPITAL DA LUZ
(PRIVATKLINIK)**
Rua 5 de Outubro 115
Tel. 291 700 000
www.hospitaldaluz.pt/funchal

**MMC – MADEIRA MEDICAL
CENTER (PRIVATKLINIK)**
Rua do Hospital Velho 23 A
Tel. 291 00 33 00
www.grupohpa.com

IN CANIÇO

**HOSPITAL DA LUZ
(PRIVATKLINIK)**
Rua Doutor Francisco Peres
Edifício Alfa-r/c
Tel. 291 93 45 04
www.hospitaldaluz.pt/canico

AUF PORTO SANTO

**CENTRO DE SAÚDE PORTO
SANTO**
Rua Dr. José Diamantino Lima
Tel. 291 98 00 60

LESETIPPS

Belletristik **Rita Henss:** Blütenwolken, Wein und ewiger Frühling. Picus Verlag, Wien 2012. Ein Porträt der »Vulkantochter« in 18 Erzählungen.

Christiane Lind: Das Haus auf der Blumeninsel. Knaur, 2013. Ein Familienroman über mehrere Generationen und von Deutschland über Madeira bis nach England – mit spannenden Verwicklungen und schönen Beschreibungen des Lebens auf Madeira früher und heute.

Joyce Summer: Mord auf der Levada. Books on Demand, 2019. Die Hamburger Café-Besitzerin Pauline wird in ihrem Madeira-Urlaub in eine spannende Mordermittlung und Familiengeschichte hineingezogen. Gemeinsam mit Comissário Avila begibt sie sich auf Spurensuche – bis in die Zeit des letzten Habsburger Kaisers.

Susanne Lipps: Madeira: Was hier alles wächst! Die Flora am Wegesrand: Blumen, Kräuter, Kulturpflanzen, Bäume. Oliver Breda Verlag, Duisburg 2017. Nach Höhenstufen und Landschaften sortiert finden Sie in diesem Buch die wichtigsten Pflanzen Madeiras beschrieben. Sie erfahren etwas über die eigentliche Herkunft und wo und zu welcher Zeit sie auf Madeira zu bewundern sind. Pflanzenführer

Susanne Lipps, Harald Pittracher: Wanderführer Madeira. DuMont Reiseverlag, Ostfildern 2012. 35 Touren mit exakten Karten und Höhenprofilen, zwei davon auf Porto Santo. Einleitend werden allgemeine Informationen zu Levadas und zur Landwirtschaft auf Madeira gegeben. Den Touren sind jeweils übersichtliche Kurzinformationen zu Länge, Schwierigkeitsgrad, Ausrüstung, Anfahrt und Einkehrmöglichkeiten vorangestellt. Wanderführer

DuMont Bildatlas: Madeira. DuMont Reiseverlag, Ostfildern 2019. Sara Lier führt ihre Leser mit den wunderschönen Fotos von Georg Knoll über die Blumeninsel im Atlantik. Bildmagazin

REISEZEIT

Dank ihres günstigen Klimas und der **milden Temperaturen** ist die Insel das ganze Jahr über einen Besuch wert. Selbst im Winter sinken die Temperaturen nur in den höheren Insellagen auf mitteleuropäische Werte, während das Thermometer z. B. in Funchal normalerweise bei wenigstens 18 °C stehen bleibt (Klimadiagramm ▶ S. 165). Wer wissen möchte, wie warm es auf Madeira gerade ist, kann im Internet auf www.wetteronline.de oder www.ipma.pt nachschauen. Ganzjahresziel Madeira

Da Madeira im **Sommer** ein Reiseziel nicht nur für sonnenhungrige Mitteleuropäer, sondern auch für Portugiesen darstellt, ist die Insel vor allem in den portugiesischen Sommerferien zeitweise gut besucht – überlaufen ist sie aber niemals. Die Nachbarinsel Porto Santo mit ihrem langen Sandstrand ist in den Ferienmonaten Juli und August gefragt, da kann es auf der Fähre schon mal voll werden, zumal viele Madeirer ihren Urlaub auf Porto Santo verbringen. Hauptsaison sind auf Madeira auch die Woche von **Weihnachten bis Neujahr** sowie die Tage rund um das Blumenfest im Mai. In dieser Zeit herrscht deutlich mehr Betrieb und die Preise sind relativ hoch.

PRAKTISCHE INFORMATIONEN
SPRACHE

Blühende Insel	In der Zeit vor Ostern und von Ende September bis Ende November, also in der **Nebensaison,** kommen weniger Gäste. Wer wegen der Blütenpracht kommt, wird vor allem im Frühjahr, wenn die Sonneneinstrahlung noch nicht so stark ist, reich belohnt, und auch im Herbst gibt es immer ein paar Blüten zu bewundern. Besonders schön ist Funchal, wenn im Mai/Juni die Jacarandabäume lila blühen. Straßen und einige Levadas werden in den Sommermonaten von blühenden Hortensienbüschen und Agapanthus gesäumt. Liebhaber von Kamelien sollten im Winter nach Madeira reisen (▶ S. 156, 158).

SPRACHE

Portugiesisch und andere Sprachen	Portugiesisch wird außer in Portugal auch in Brasilien und in den ehemaligen Kolonien in Afrika gesprochen, weltweit von **ca. 240 Mio. Menschen.** An Fremdsprachen versteht man auf Madeira neben Englisch am ehesten Spanisch, Französisch und Deutsch, das aufgrund der vielen deutschen Touristen vor allem Angestellte in besseren Hotels und Restaurants oft sprechen. Es empfiehlt sich jedoch, wenigstens einige Wörter der portugiesischen Sprache zu lernen.
Aussprache	Die Mehrzahl der portugiesischen Wörter wird auf der vorletzten Silbe betont. Im Allgemeinen gilt: Wenn ein Wort auf m, s oder mit den Vokalen a, e, o endet, liegt die **Betonung** auf der vorletzten Silbe. Endet ein Wort auf l, r, z oder mit einem ã, i oder u, wird die letzte Silbe betont. Akzente markieren abweichende Betonungen. Durch die Tilde (~) wird die Nasalierung von Vokalen bezeichnet.
Portugiesisch	Portugiesisch ist eine **romanische Sprache** und lateinischen Ursprungs, zudem blieben noch einige Einflüsse aus keltischer, germanischer und arabischer Zeit erhalten. Das geschriebene Portugiesisch lässt sich schnell als romanische Sprache erkennen und mit Kenntnis des Lateinischen oder anderer romanischer Sprachen streckenweise sogar verstehen. Dagegen bereitet das gesprochene Portugiesisch im Allgemeinen Schwierigkeiten: Beim Hören entsteht fast der Eindruck, dass man es mit einer slawischen Sprache zu tun hat. Auffällig sind die weiche Aussprache, das Ineinanderfließen einzelner Silben, viele Zischlaute und die Menge an unterschiedlich ausgesprochenen Vokalen. Ein weiteres Merkmal ist die starke Betonung einzelner Silben, was häufig das Verschlucken einer unbetonten Silbe zur Folge hat. Außerdem sprechen die Madeirer einen starken Inseldialekt, der das Verstehen auch für Festlandportugiesen manchmal erschwert.

PRAKTISCHE INFORMATIONEN
SPRACHE

SPRACHFÜHRER PORTUGIESISCH

AUSSPRACHE

a	unbetont wie geflüstertes e
á	langes a (ah)
c	vor a, o und u wie k; vor e und i wie ss
ç	wie ss
ch	wie sch
e	unbetont wie geflüstertes i, im Anlaut vor s praktisch verschluckt (»escudo« sprich »schkúhdu«; »Estoril«: »Schturíu«)
ê	wie geschlossenes e (eh)
é	wie offenes e (äh)
g	vor a, o und u wie g; vor e und i wie französisch j in »journal«
gu	wie g
h	ist stumm
i	nach u nasaliert (»muito« sprich »muínto«)
j	wie französisch j in »journal«
l	wie englisch Doppel-l in »hall«, im Auslaut wie schwaches u
lh	wie lj
m	im Auslaut nasaliert den voranstehenden Vokal
n	im Auslaut nasaliert den voranstehenden Vokal
nh	wie nj
o	unbetont und im Auslaut wie u
ô	wie geschlossenes o (oh)
ó	wie offenes o in »Osten«
qu	vor e und i wie k, vor a und o wie kw
r	Zungenspitzen-r, am Wortanfang stark gerolltes r
rr	stark gerolltes r
s	vor Vokalen stimmlos wie ss; zwischen Vokalen stimmhaft wie s in »Sense«; vor harten Konsonanten und im Auslaut wie stimmloses sch; vor weichen Konsonanten wie j in französisch »journal«
v	wie w
x	wie sch
z	wie stimmhaftes s in »Sense«; im Auslaut wie sch

AUF EINEN BLICK

Ja	**Sim**
Nein	**Não**
Frau	**Senhora**
Herr	**Senhor**
Vielleicht	**Talvez**
Bitte	**Faz favor, se faz favor**
Danke	**Obrigado (m.)/Obrigada (f.)**
Bitte sehr/Gern geschehen	**De nada/Não tem de quê**
Entschuldigen Sie!/Entschuldige!	**Desculpe!/Desculpa!**
In Ordnung!/Einverstanden!	**Está bem**
Wann?	**Quando?**
Wo?	**Onde?**
Was?	**Que?**

PRAKTISCHE INFORMATIONEN
SPRACHE

Wer?	**Quem?**
Wie bitte?	**Como?**
Wie viel?	**Quanto?**
Wohin?	**Aonde? Para onde?**
Woher?	**Donde?**
Wie spät ist es?	**Que horas são?**
Ich verstehe Sie nicht.	**Não compreendo.**
Das habe ich nicht verstanden	**Não percebi.**
Sprechen Sie Deutsch, Englisch?	**Fala alemão, inglês?**
Können Sie mir bitte helfen?	**Pode ajudar-me, se faz favor?**
Ich möchte ...	**Queria ...**
Das gefällt mir (nicht).	**(Não) Gosto disto.**
Haben Sie ...?	**Tem ...?**
Was kostet ...?	**Quanto custa ...?**

KENNENLERNEN

Guten Morgen/Tag!	**Bom dia!/Boa tarde!**
Guten Abend!	**Boa tarde!/Boa noite!**
Hallo! Grüß dich!	**Olá!**
Alles klar?	**Tudo bem? (Antwort: Tudo.)**
Wie geht es Ihnen?	**Como está?**
Wie geht's?	**Como vai?**
Danke, und Ihnen/dir?	**Bem, obrigado/obrigada, e o senhor/a senhora/você/tu?**
Auf Wiedersehen!/Tschüss!/ Bis später! Bis zum nächsten Mal!	**Adeus!/Até logo!/Até à próxima!**

UNTERWEGS

links	**à esquerda**
rechts	**à direita**
geradeaus	**em frente**
nah/weit	**perto/longe**
Bitte, wo ist ...?	**Se faz favor, onde está ...?**
Wie weit ist das?	**Quantos quilómetros são?**
Volltanken, bitte.	**Cheio, se faz favor.**

UNFALL

Hilfe!	**Socorro!**
Achtung! Vorsicht!	**Atenção!!**
Vorsicht!	**Cuidado!**
Rufen Sie schnell ...	**Chame depressa ...**
... einen Krankenwagen.	**... uma ambulância.**
... die Polizei.	**... a polícia.**
... die Feuerwehr.	**... os bombeiros.**
Es war meine/Ihre Schuld.	**A culpa foi minha/sua.**
Geben Sie mir bitte Ihren Namen und Ihre Anschrift.	**Pode dizer-me o seu nome e o seu endereço, se faz favor?**

PRAKTISCHE INFORMATIONEN
SPRACHE

PANNE

Ich habe eine Panne.	Tenho uma avaria.
Würden Sie mich bis zur nächsten Werkstatt abschleppen?	Pode rebocar-me até à oficina mais próxima?
Gibt es hier in der Nähe eine Werkstatt?	Há alguma oficina aqui perto?

TANKSTELLE

Wo ist bitte die nächste Tankstelle?	Se faz favor, onde ésta a bomba de gasolina mais próxima?
Ich möchte ... Liter ...	Se faz favor ... litros de ...
... Normalbenzin.	... gasolina normal.
... Super.	... súper.
... Diesel.	... gasóleo.

ESSEN

Wo gibt es hier ...	Pode dizer-me, se faz favor, onde há aqui ...
... ein gutes Restaurant?	... um bom restaurante?
... ein nicht zu teures Restaurant?	... um restaurante não muito caro?
... ein typisches Restaurant?	... um restaurante típico?
Gibt es hier eine Bar/ein Café?	Há aqui um bar/um café?
Reservieren Sie uns bitte für heute Abend einen Tisch für vier Personen.	Pode reservar-nos para hoje à noite uma mesa para quatro pessoas, se faz favor?
Können Sie mir bitte ... geben?	Pode-me dar ..., se faz favor?
... Messer ...	... faca ...
... Gabel ...	... garfo ...
... Löffel ...	... colher ...
... Glas ...	... copo ...
... Teller ...	... prato ...
... Serviette ...	... guardanapo ...
... Zahnstocher ...	... palitos ...
... Salz/Pfeffer ...	... sal/pimenta ...
Auf Ihr Wohl!	À sua saúde!
Bezahlen, bitte!	A conta, se faz favor!
Hat es geschmeckt?	Estava bom?
Separado, por favor.	Getrennt, bitte.
Das Essen war ausgezeichnet.	A comida estava excelente.

ÜBERNACHTUNG

Können Sie mir bitte ... empfehlen?	Se faz favor, pode recomendarme ...
... ein gutes Hotel ...	... um bom hotel?
... eine Pension ...	... uma pensão?
Haben Sie noch Zimmer frei?	Ainda tem quartos livres?
... ein Einzelzimmer ...	... um quarto individual
... ein Doppelzimmer ...	... um quarto de casal
... ein Zimmer mit zwei Betten ...	... um quarto con duas camas

231

PRAKTISCHE INFORMATIONEN
SPRACHE

mit Bad	com casa de banho
für eine Nacht	para uma noite
für eine Woche	para uma semana

ARZT

Können Sie mir einen guten Arzt empfehlen?	**Pode indicar-me um bom médico?**
Ich habe hier Schmerzen.	**Dói-me aqui.**

BANK

Wo gibt es hier ...	**Onde há aqui ...**
... eine Bank?	**... um banco?**
... einen Geldautomaten?	**... um multibanco?**

TELEKOMMUNIKATION · POST

Telefon	**telefone**
Handy	**telemóvel**
Guthaben	**saldo**
WLAN	**wifi**
Akku	**bateria**
Aufladegerät	**carregador**
Steckdose	**ficha**
Darf ich Ihre Steckdose nutzen?	**Posso utilizar a sua ficha?**
Kann ich hier Internet nutzen?	**Posso usar a net aqui?**
Haben Sie WLAN?	**Há wifi aqui?**
Briefmarke	**selo**
Was kostet ...	**Quanta custa ...**
... ein Brief ...	**... uma carta ...**
... eine Postkarte ...	**... um postal ...**
... nach Deutschland?	**... para a Alemanha?**
... nach Österreich?	**... para a Austria?**
... in die Schweiz?	**... para a Suiça?**

ZAHLEN

0	**zero**	1	**um, uma**
2	**dois, duas**	3	**três**
4	**quatro**	5	**cinco**
6	**seis**	7	**sete**
8	**oito**	9	**nove**
10	**dez**	11	**onze**
12	**doze**	13	**treze**
14	**catorze**	15	**quinze**
16	**dezasseis**	17	**dezassete**
18	**dezoito**	19	**dezanove**
20	**vinte**	21	**vinte e um**
22	**vinte e dois**	30	**trinta**
40	**quarenta**	50	**cinquenta**

PRAKTISCHE INFORMATIONEN
SPRACHE

60	sessenta	70	setenta
80	oitenta	90	noventa
100	cem	101	cento e um
200	duzentos	1000	mil
2000	dois mil	10 000	dez mil
½	um meio	⅓	um terço
¼	um quarto		

EMENTA/SPEISEKARTE

Sopas/Suppen

Açorda	Brot-und-Knoblauch-Suppe
Caldo verde	Kohlsuppe mit Wurstscheibe
Sopa de legumes	Gemüsesuppe
Sopa de peixe	Fischsuppe
Sopa de tomate	Tomatensuppe (mit Ei)

Entradas/Vorspeisen

Amêijoas	Herzmuscheln
Azeitonas	Oliven
Bolo do Caco	Fladenbrot mit Kräuterbutter
Caracóis	Schnecken
Espargos frios	kalter Spargel
Lapas grelhadas	gegrillte Napfschnecken
Melão com presunto	Melone mit Schinken
Pão com manteiga	Brot und Butter
Salada de atum	Thunfischsalat
Salada mista	gemischter Salat
Sardinhas em azeite	Sardinen in Olivenöl

Peixe e mariscos/Fisch und Meeresfrüchte

Atum	Thunfisch
Bacalhau à Bráz	Stockfisch, Bratkartoffeln, Rührei
Caldeirada	Fischeintopf
Camarão grelhado	gegrillte Krabbe
Cataplana	Eintopf aus Muscheln, Fisch bzw. Fleisch, Paprika, Zwiebeln, Kartoffeln
Dourada	Goldbrasse
Espadarte	Schwertfisch
Filetes de cherne	Silberbarschfilets
Gambas na grelha	gegrillte Garnelen
Lagosta cozida	gekochte Languste
Lampreia	Aal
Linguado	Seezunge
Lulas	Tintenfisch
Mexilhões de cebolada	Miesmuscheln mit Zwiebeln
Pargo	Seebrasse
Peixe espada preto	Schwarzer Degenfisch
Perca	Barsch
Pescada à portuguesa	Schellfisch auf portugiesische Art
Polvo	Oktopus

PRAKTISCHE INFORMATIONEN
SPRACHE

Salmão	**Lachs**
Sardinhas assadas	**gebratene Sardinen**

Carne e aves/Fleisch und Geflügel

Bife à portuguesa	**Steak mit Bacon und Spiegelei**
Bife de cebolada	**Zwiebelsteak**
Bife de peru	**Truthahnsteak**
Cabrito	**Zicklein**
Carne de porco à Alentejana	**Schweinefleisch mit Herzmuscheln**
Carne na grelha/Churrasco	**Fleisch vom (Holzkohle-)Grill**
Coelho	**Kaninchen**
Costeleta de cordeiro	**Lammkotelett**
Costeleta de porco	**Schweinekotelett**
Escalope de vitela	**Kalbsschnitzel**
Espetadas de carne	**Fleischspieße**
Frango assado	**gebratenes Hähnchen**
Iscas	**geschmorte Leber**
Leitão assado	**Spanferkelbraten**
Pato	**Ente**
Porco assado	**Schweinebraten**

Acompanhamentos/ Beilagen

Arroz	**Reis**
Batatas	**Kartoffeln**
Batata doce	**Süßkartoffeln**
Batata frita	**Pommes frites**
Massa	**Nudeln**
Milho frito	**gebackene Polenta**

Legumes/Gemüse

Bróculos	**Brokkoli**
Cogumelos	**Pilze**
Espargos	**Spargel**
Espinafres	**Spinat**
Feijão verde	**Schnittbohnen**
Pepinos	**Gurken**
Pimentões recheados	**gefüllte Paprikaschoten**

Sobremesa/Nachtisch

Arroz doce	**Milchreis**
Pudim de Maracujá	**Maracujacreme**
Leite creme	**Karamellpudding**
Maçã assada	**Bratapfel**
Mousse au Chocolat	**Schokoladencreme**
Pudim flan	**Pudding mit Karamellsoße**
Sorvete	**Fruchteis**
Tarte de amêndoa	**Mandelkuchen**

Aguardentes e licores/Schnaps und Liköre

Aguardente (de cana)	**Schnaps (aus Zuckerrohr)**
Bagaço	**Tresterschnaps**
Ginjinha	**Kirschlikör**

Madeira	Madeirawein
Poncha	Zuckerrohrschnaps, Honig und Zitronen-/Orangensaft, frisch gemixt

Cerveja e vinho/Bier und Wein
Cerveja	Bier
Imperial	Bier vom Fass
Balão	mittelgroßes Bier vom Fass
Caneca	großes Bier vom Fass
Vinho branco	Weißwein
Vinho tinto	Rotwein
Vinho verde	leichter Wein mit natürlicher Säure

Bebidas não alcoólicas/alkoholfreie Getränke
Água mineral (com/sem gás)	Mineralwasser (mit/ohne Kohlensäure)
Bica	Espresso
Chinesa	Kaffee (mit Milch)
Chá com leite/limão	Tee mit Milch/Zitrone
Galão	Milchkaffee im Glas
Garoto	Espresso mit Milch
Sumo de laranja	Orangensaft
Brisa de Maracujá	Maracuja-Limonade

WOCHENTAGE
Segunda-feira	Montag
Terça-feira	Dienstag
Quarta-feira	Mittwoch
Quinta-feira	Donnerstag
Sexta-feira	Freitag
Sábado	Sonnabend
Domingo	Sonntag
Feriado	Feiertag

TELEKOMMUNIKATION · POST

Im Anschluss an die Landesvorwahl folgt die **neunstellige Rufnummer,** die auf Madeira und Porto Santo immer mit 291 beginnt (Festnetz). Handynummern beginnen immer mit einer 9 und sind ebenfalls neunstellig.

Telefonnummern

Mobiltelefone (»Telemóvel«) wählen sich in das entsprechende Partnernetz ein. Nach der EU-Roaming-Verordnung vom 15. Juni 2017 fallen auch auf Madeira **keine Roaming-Gebühren** mehr an.

Mobiltelefone

PRAKTISCHE INFORMATIONEN
VERKEHR

LANDESVORWAHLEN

VON MADEIRA & PORTO SANTO	NACH MADEIRA & PORTO SANTO
NACH DEUTSCHLAND Tel. 0049	AUS DEUTSCHLAND, ÖSTERREICH UND DER SCHWEIZ
NACH ÖSTERREICH Tel. 0043	Tel. 00351
IN DIE SCHWEIZ Tel. 0041	

WLAN — WLAN gibt es inzwischen **in fast allen Hotels, Restaurants und Cafés**. Auch in vielen öffentlichen Zonen Funchals sowie in anderen Ortschaften gibt es gratis Hotspots.

Postämter — Postämter erkennt man an der Aufschrift **»correio«** (port. für Post). Sie haben meist Mo. bis Fr. zwischen 9 und 12 und zwischen 14 und 18 Uhr geöffnet. Das Postamt in der Avenida Zarco im Zentrum von Funchal hat durchgehend Mo. bis Fr. 9 bis 19 Uhr offen.

Porto — Das Porto für Briefe (»cartas«) und **Postkarten** (»postais«) nach Deutschland, Österreich und in die Schweiz beträgt 0,86 €. Briefmarken (»selos«) erhält man in Postämtern oder in Geschäften mit dem Schild »CTT Selos«. Briefe und Postkarten sind normalerweise eine bis drei Wochen unterwegs. Etwas schneller geht es mit der teureren Expresspost »correio azul«.

VERKEHR

▌Straßenverkehr

Verkehrsvorschriften — Auf Madeira herrscht – wie im übrigen Portugal auch – grundsätzlich Rechtsverkehr. Innerhalb geschlossener Ortschaften gilt die Höchstgeschwindigkeit von 50 km/h, für die Schnellstraßen (Via Expresso/VE) gilt eine maximale **Geschwindigkeit** von 80 km/h. Auf der Via Rápida (VR1) zwischen Caniçal und Ribeira Brava darf bei schönem Wetter maximal 100 km/h gefahren werden, ansonsten gilt 90 km/h. Es besteht **Anschnallpflicht;** Kinder bis zwölf Jahre müssen hinten sitzen. Motorradfahrer müssen einen Helm tragen. Telefonieren während der Fahrt ist nur mit einer **Freisprecheinrichtung** erlaubt. Maximal 0,5 Promille sind zulässig. Außer der Signalweste muss ein Warndreieck im Auto vorhanden sein.

Straßennetz

Madeira hat inzwischen ein weites Schnellstraßennetz, in dem zahlreiche Tunnel und einige Brücken anstelle früherer Kurven und Engpässe für ein entspannteres Fortkommen sorgen; außerdem wurden einige alte Straßen als Einbahnstraßen ausgewiesen. Dennoch empfiehlt sich für ortsunkundige Autofahrer nach wie vor eine **vorsichtige Fahrweise.** Zum einen nutzen die Einheimischen die neuen, geraden Strecken gern zum Rasen und riskanten Überholen, zum anderen gibt es abseits der großen Trassen immer noch schmale Dorf- und Bergsträßchen, die oft steil und unübersichtlich sind. Besonders nach Dorffesten ist Vorsicht geboten. Auch Erdrutsche infolge starker Regenfälle können auf Nebenstraßen unerwartete Hindernisse darstellen. Wenn Sie mit einem **Navigationsprogramm** unterwegs sind, beachten Sie, dass Sie oftmals über den kürzesten, damit aber auch steilsten und furchteinflößendsten Weg geleitet werden – besser mit einer echten Karte vergleichen!

Benzin

In und um Funchal gibt es viele Tankstellen, schwieriger ist es im Inselinneren. Viele Tankstellen haben bis 22, manche bis 24 Uhr offen. Bleifreies Benzin gibt es als »gasolina sem chumbo 95« und »gasolina sem chumbo 98«; Diesel heißt auf Portugiesisch »gasóleo«.

Mietwagen

Die **Preise** für einen Mietwagen liegen je nach Mietdauer, Saison, Modell und Anbieter zwischen 10 und 95 € pro Tag. Lokale Anbieter sind oft etwas günstiger; auch wer online bucht, kann sparen. Soll das Auto an einem Ort abgeholt und an einem anderen zurückgegeben werden, wird in der Regel ein Zuschlag erhoben. Erforderlich sind neben einer Kreditkarte ein Mindestalter von 21 Jahren und ein gülti-

MIETWAGEN

AVIS
Tel. 069 500 700 20 (Reservierungen), 291 52 43 92 (Flughafen Funchal)
www.avis.de

EUROPCAR
Tel. 040 5 20 18 80 00, 291 52 46 33 (Flughafen Funchal)
www.europcar.de

HERTZ
Tel. *01806 33 35 35, 291 42 63 00 (Flughafen Funchal)
www.hertz.de

MAGOSCAR
Rua Dom Francisco Santana, Edifício Ventur, Loja E, Caniço de Baixo, Tel. 291 93 48 18
www.magoscar.com

PRAKTISCHE INFORMATIONEN
VERKEHR

BUSLINIEN (AUSWAHL)

HORÁRIOS DO FUNCHAL
www.horariosdofunchal.pt

LINIEN 1, 2, 4 – ECO LINIE (LINHA VERDE)
Innerstädtische Linien inkl. Hotelzone

LINIE 56
Funchal – Santana

LINIE 77
Funchal – Santo da Serra

LINIE 81
Funchal – Curral das Freiras

LINIE 103
Funchal – Arco S. Jorge

LINIE 113
Funchal – Camacha/Santa Cruz

LINIE 138
Funchal – São Jorge

SAM
www.sam.pt

LINIE 113
Funchal – Santa Cruz – Machico – Baia d'Abra

LINIE 208
Funchal – Santa Cruz – Machico – Porto da Cruz

EMPRESA DE AUTOCARROS DO CANIÇO
www.eacl.pt

LINIE 155
Funchal – Ponta da Oliveira (Caniço de Baixo)

RODOESTE
www.rodoeste.pt

LINIE 4
Funchal – Ponta do Sol

LINIE 6
Funchal – Arco de São Jorge

LINIE 7
Funchal – Ribeira Brava

LINIE 8
Funchal – Madalena do Mar

LINIE 80
Funchal – Porto Moniz via Calheta

LINIE 96
Funchal – Corrida, Jardim da Serra

LINIE 115
Funchal – Estreito da Calheta

LINIE 123
Funchal – Campanário

---

ger Führerschein; gelegentlich wird ein Jahr Fahrpraxis verlangt. Eine Haftpflichtversicherung ist obligatorisch, die **Vollkaskoversicherung** empfehlenswert. Bei Problemen mit dem Mietwagen wendet man sich an die Verleihfirma, bei Unfällen immer an die Polizei.

Taxi Madeiras Taxis sind gelb. Taxifahren ist nicht allzu teuer, man sollte jedoch vor allem in Funchal und Monte auf der Hut sein vor den Fantasiepreisen mancher Fahrer. **Taxistände** findet man u. a. am Platz vor dem Rathaus und am Jardim Municipal an der Avenida Arriaga.

PRAKTISCHE INFORMATIONEN
VERKEHR

Überlandfahrten haben feste Preise, die man auf einer Liste einsehen kann. Eventuell sind größere Ausflüge per Taxi interessant. Beispielsweise kann man sich an den Ausgangspunkt von Levada-Wanderungen fahren und am Endpunkt wieder abholen lassen.

Öffentlicher Nahverkehr

Der öffentliche Nahverkehr auf Madeira ist ganz gut ausgebaut, das System allerdings recht kompliziert. Der innerstädtische Busverkehr Funchals funktioniert normalerweise gut. Busse (»autocarros«) fahren so gut wie alle besiedelte Orte auf der Insel, nicht jedoch die Wandergebiete in den Bergen an. Allerdings brauchen sie mitunter sehr lange und fahren zu abgelegenen Dörfern teilweise nur einmal am Tag. Insgesamt fahren vier Busunternehmen, die alle in Funchal von unterschiedlichen Haltestellen starten – die meisten an der Avenida do Mar. Es gibt **keinen zentralen Busbahnhof.** Innerstädtische Busse und Überlandbusse haben teilweise dieselben Liniennummern – also immer auch auf das angegebene Fahrtziel achten! Am 25. Dezember, 1. Januar und teils auch am 31. Dezember ruht der Busverkehr auf fast allen Strecken! Auskünfte über Busse, Abfahrts- und Fahrpläne erhält man bei den Touristeninformationen. Im Fahrplan für Funchal sind u. a. die Linien zu den wichtigsten Sehenswürdigkeiten angegeben. Auf **Porto Santo** fahren vier Buslinien mehrmals täglich von Vila Baleira aus die umliegenden Ortschaften an.
Bushaltestellen sind meist mit dem Wort »paragem« gekennzeichnet – in abgelegenen Orten muss man aber auch nach anderen Indizien suchen. An den Haltestellen hängen Buspläne mit den Abfahrtszeiten, je nach Busunternehmen sind nur Abfahrtszeiten am Startpunkt der Linie angegeben. Man muss dem kommenden Bus anzeigen, dass man mitfahren möchte, sonst hält er eventuell nicht an.

In Funchal und über Land

Für die gelben Stadtbusse von Funchal lohnt sich eventuell ein Mehr-Tages-Ticket (falls der Eco-Bus nicht zum gewünschten Ziel fährt); für 3 Tage kostet das Ticket 11,50 €, für 5 Tage 16,50 €. Kaufen kann man sie an den Verkaufsstellen **an der Avenida do Mar.** Achtung: Auch die vorab dort gekauften Einzelfahrscheine sind bereits deutlich günstiger als jene, die beim Busfahrer erworben werden (1,35 € statt 1,95 €). Die Karten im Vorverkauf sind wiederaufladbar.

Mehr-Tages-Ticket

Im Stadtgebiet von Funchal verkehrt der »Eco-Bus«. Die Linie fährt drei Schleifen zwischen den beiden äußeren Flussbetten, u. a. durch die Rua da Carreira, die Rua Aljube (nördlich der Kathedrale) und die Rua Ornelas (zur Markthalle). Es gelten die **Fahrkarten der Stadtbusse.** Betriebszeiten: Mo.–Fr. 8.50–17.25 Uhr, man kann jederzeit zu- oder aussteigen (Infos auf www.horariosdofunchal.pt).

Eco-Bus

ANHANG
REGISTER

REGISTER

A

Achadas da Cruz **118**
Adlerfelsen **122, 123**
Aguardente **206**
Angeln **194**
Anreise **221**
Apotheken **225**
Architektur **176**
Arco de São Jorge **142**
Ausflüge **32**
Auskunft **222**
Aussprache **229**
Autonome Region Madeira **173**
Azulejos **176**

B

Baden **190**
Balcões **135**
Bananen **119, 166**
Banken **220**
Bargeld **220**
Barock **174**
Barrierefreiheit **224**
Benzin **237**
Bevölkerung **163**
Blandy, John **180**
Blumenfest **208**
Blütezeit **156**
Boaventura **113**
Botschaften **222**
Brandrodung **155, 168**
Briefmarken **236**
Brinquinho **178**
Buslinien **238**
Busverkehr **239**

C

Cabanas **142**
Cabo Girão **61**
Calheta **50**
Camacha **53**
Câmara de Lobos **55**
Camping **212**
Caniçal **62**
Caniço **64**
Caniço de Baixo **65**
Canyoning **194**
Casa das Queimadas **140**
Christusstatue **64, 66**
Churchill, Winston **56**
Curral das Freiras **67**

D

Dachfiguren **177**
Desfaio **178**
Diktatur **172**
Dorset, Anne **96, 99**
Dos Passos, John **120**
Drachenbaum **161**

E

Eco-Bus **239**
Einkaufen **210**
Elektrizität **220**
Elisabeth I. (Sisi) **89, 181**
Encumeada-Pass **39, 44, 109**
Espada **20**
Espetada **201**
Essen und Trinken **196**
Estreito de Câmara de Lobos **61**
Etikette **224**
Europäische Union **173**
Events **208**

F

Fado **178**
Faial **123**
Fajã dos Padres **61**
Fauna **161**
Feiertage **208**
Fenchel **161**
Feste **206**
Fischerei **23**
Flora **17, 155**
Flugverbindungen **221**
Flugzeug **221**
Folkloretänze **177**
Fortaleza de São Lourenço **71**
Führerschein **223**
Funchal 69
– Altstadt (Zona Velha) **80**
– Avenida Arriaga **78**
– Avenida do Mar **71**
– Blandy's Garden **91**
– British Cemetry **87**
– Câmara Municipal **84**
– Casa dos Azulejos **86**
– Casino **89**
– Convento de Santa Clara **86**
– Estrada Monumental **91**

ANHANG
REGISTER

- Felsbadeanlage Barreirinha **83**
- Fortaleza de São Tiago **83**
- Fortaleza do Pico **87**
- Forte de São José **88**
- Geschichte **70**
- Hafenmole Pontinha **88**
- Igreja de São Pedro **85**
- Igreja do Colégio **85**
- Igreja do Socorro **83**
- Instituto do Vinho, do Bordado e do Artesanato da Madeira (IVBAM) **83**
- Jardim Botânico **91**
- Jardim Municipal **79**
- Jardim Orquídea **93**
- Kathedrale (Sé) **76**
- Madeira Story Centre **81**
- Madeira Wine Company **79**
- Marina **70**
- Markthalle (Mercado dos Lavradores) **80**
- Museu Cidade do Açucar **78**
- Museu CR7 **88**
- Museu da Electricidade **80**
- Museu de Arte Sacra **85**
- Museu Henrique e Francisco Franco **83**
- Museu Universo de Memórias **87**
- Naturkundliches Museum **85**
- Parque de Santa Catarina **88**
- Praça da Autonomia **80**
- Praça do Colombo (Kolumbusplatz) **76**
- Praça do Município **84**
- Quinta das Cruzes **86**
- Quinta do Palheiro (Blandy's Garden) **91**
- Quinta Vigia **89**
- Rathaus (Câmara Municipal) **84**
- Reid's Palace **90**
- Rua Santa Maria **80**
- Sammlungen Frederico de Freitas **86**
- Sé **76**
- Stadtwappen **78**
- Stickereimuseum **83**
- Teatro Municipal **79**
- Teleférico **81**
- Touristeninformation **72**
- Uferpromenade **70**, **91**

Fußball **195**

G

Galomar **191**
Garajau **67**
Geld **220**
Geldautomaten **220**
Geschichte **168**
Gesundheit **225**
Golf **193**

H

Hauptsaison **227**
Haustiere **223**
Heinrich der Deutsche **53**
Heinrich der Seefahrer **79**, **168**
Hotels **212**

I

Ilhas Desertas **150**, **195**
Ilhas Selvagens **150**
Industrie **166**
Insekten **162**
Internetadressen **222**

J

Jardim, Alberto João **173**
Jardim do Mar **94**
Jardim Tropical Monte Palace **103**

K

Karl I. **105**, **182**
Kirche **166**
Kleidung **224**
Klima **154**
Kolumbus, Christoph **126**, **169**, **182**
Konsulate **223**
Korbflechterei **53, 166**, **178**
Korbschlitten **103**, **167**
Korbwaren **211**

ANHANG
REGISTER

Krankenhäuser **226**
Krankenversicherung **223**

L

Landwirtschaft **166**
Langerhans, Paul **183**
Lapas **200**
Laurazeenwald **161**
Lavapools **124**
Levadas **10**, **109**
Levadawanderungen **10**, **109**, **140**, **188**
Literaturtipps **226**

M

Machico **96**
Machyn, Robert **96**, **99**
Madalena do Mar **53**
Madeirawein **13**, **203**
Malerei **175**
Manuel I. **134**, **169**, **174**
Manuelinik **174**
Medizinische Versorgung **225**
Meeresnationalpark **67**
Meeresschwimmbecken **191**
Menschen mit Behinderungen **224**
Mietwagen **32**, **237**
Miradouro dos Ingleses **141**
Mobiltelefone **235**
Mönchsrobbe **58**, **162**
Monte **101**
Mountainbiken **194**
Mudejarstil **174**
Musik **177**

N

Naturschutzgebiete **162**
Nebensaison **228**
Nelkenrevolution **173**
Niemeyer, Oscar **89**, **176**
Nordküste **31**
Notrufe **220**

O

Obst **203**
Öffentlicher Nahverkehr **239**

P

Palanquim **167**
Paragliding **194**
Parque Florestal **135**
Parque Temático da Madeira **138**
Paúl da Serra **105**
Paúl do Mar **94**
Pflastermosaiken **176**
Phelps, Elizabeth **26**
Pico das Torres **61**
Pico de Ana Ferreira (Porto Santo) **131**
Pico do Arieiro **110**
Pico do Facho **100**
Pico Ruivo **110**, **140**
Piraten **170**
Politik **164**
Poncha **206**
Ponta Delgada **112**
Ponta de São Lourenço **114**
Ponta do Garajau **66**
Ponta do Pargo **117**
Ponta do Sol **119**
Porto da Cruz **121**
Porto Moniz **123**
Porto Santo **32**, **126**, **191**
 – Casa Museu Cristóvão Colombo **131**
 – Nossa Senhora da Graça **131**
 – Pico de Ana Ferreira **131**
 – Pico do Castelo **131**
 – Ponta da Calheta **131**
 – Portela **131**
 – Praia do Porto Santo **128**
 – Vila Baleira **129**
Portugal **170**
Portugiesisch **228**
Post **236**
Prazeres **95**
Preise **213**, **220**

Q

Quintas **212**
Quint de João Esmeraldo **121**
Quinta do Arco **142**
Quinta do Palheiro (Blandy's Garden) **91**

R

Radfahren **193**
Rabaçal **109**
Reid, William **183**
Reisedokumente **223**
Reiseplanung **221**, **222**

ANHANG
REGISTER

Reisezeit **227**
Religion **164, 166**
Ribeira Brava **132**
Ribeira da Janela **126**
Ribeiro Frio **135**
Risco-Wasserfällen **110**
Rocamar 191
Rocha do Navio **139**
Ronaldo, Cristiano **88, 183**

S

Salazar, António de Oliveira **172**
Sandstrände **50, 63, 64, 97, 128**
Santa Cruz **136**
Santana **137**
Santo da Serra **140**
São Jorge **142**
São Vicente **143**
Schiffsausflüge **32**
Schwarzer Degenfisch **20, 162**
Segeln **193**
Seixal **146**
Souvenirs **211**
Sperrnotruf **220**
Sprache **228**
Stickerei **25, 166, 178**
Strände **191**
Straßennetz **237**
Straßenzustand **33**
Strelitzie **18, 161**

Südküste **30**
Surfen **193**

T

Tauchen **192**
Taxi **238**
Teixeira, Tristão Vaz **96, 97, 127, 98**
Telefonnummern **235**
Telekommunikation **235**
Terrassenfelder **166**
Themenpark zur Geschichte und Kultur Madeiras **138**
Topografie **167**
Tourismus **167**
Tracht **177**
Trinkgeld **199, 225**

U

Übernachten **212**
Universität **166**

V

Verkehr **167, 236**
Verkehrsvorschriften **236**

Vogelarten **161**
Vogelbeobachtung **195**
Vorwahlen **236**
Vulkanismus **144, 150**

W

Währung **220**
Walfang **62**
Wandern **9, 30, 188**
Wassersport **193**
Wein **204**
Weltnaturerbe **135, 161**
Wirtschaft **166**
Wladislaw III. **53**
WLAN **236**

Z

Zarco, João Gonçalves **55, 79, 86, 127, 98**
Zeit **220**
Zollbestimmungen **223**
Zucker **78, 168**
Zuckerfabrik **122**
Zuckerrohrschnaps **206**

ANHANG
BILDNACHWEIS

BILDNACHWEIS

akg-images S. 172
AWL Images S. 122 (Peter Adams), 132 (Mauricio Abreu)
Baedeker-Archiv S. 170, U 5
DuMont Bildarchiv/Georg Knoll S. 41
DuMont Bildarchiv/Holger Leue S. 3 u., 14 o., 27, 63, 81, 89, 114/115, 163, 189, 190, 197, 207, 211, 219
Getty Images S. 3 o. (Images Etc), 26 (Danita Delimont), 49 (Images Etc), 209 (AFP/Gregorio Cunha)
glowimages S. 98 (Chameleons Eye/Rafael Ben-Ari), 99 (imagebroker/Siepmann), 181 (Prisma/Budi), 198 (PhotoCuisine/Fleurent), 201 o. (robertharding/Stuart Forster)
Görg S. 179 u.
Gstaltmayr S. 158/159
Hackenberg, Rainer S. 12/13
huber-images S. 5 (L. Da Ros), 16/17 (Debelkova), 57 (Debelkova), 60 (Justin Foulkes), 66 (Gräfenhain), 77 (Debelkova), 102 (Justin Foulkes), 117 (L. Da Ros), 119 (Debelkova), 129 und 143 (L. Da Ros), 175 (Olimpio Fantuz), 179 o. und 200 (Debelkova)
Karl Baedeker Verlag U 7
laif S. 11 o. (hemis.fr/Franck Guiziou), 20/21 (Günter Standl), 22 (Miquel Gonzalez), 50 (Redux/NYT/Andrew Testa), 59 (Sylvain Cordier), 82 (hemis.fr/Ludovic Maisant), 95 (Georg Knoll), 104 (Günter Standl), 125 (Michael Amme), 134 (hemis.fr/Franck Guiziou), 187 (Günter Standl), 194 (Michael Amme), 213 (Günter Standl)
Lookphotos S. 19 l. u. (Travel Collection), 90 (Martin Kreuzer), 151 (Rainer Mirau), 201 u. (Holger Leue)
mauritius images S. 2 (John Warburton-Lee/Cahir Davitt), 11 u. (age fotostock/Carles Soler), 14 u. (age fotostock/Kevin O´Hara), 19 r. (imagebroker/Christian Handl), 24/25 (Udo Bernhart), 29 (Johnér), 31 (age fotostock/Jan Wlodarczyk), 78 (age fotostock/Douglas Houghton), 84 (age fotostock/Kevin O´Hara), 93 (Alamy/allOver images), 108 (imagebroker/Stefan Huwiler), 145 (Alamy/Sebastian Wasek), 149 (John Warburton-Lee/Cahir Davitt), 215 (Alamy/Graham Mulrooney)
picture-alliance S. 7 (CTK Photo/Jiri Castka), 8/9 (Westend61), 139 (CTK Photo/Jiri Castka), 184 o. (kolbert-press/Christian Kolbert), 192 (WaterFrame)
Reid's Hotel S. 184 u.
vario images S. 19 l. o. (allOver images/Karl Thomas), 52 (RHPL), 71 (Naturbild)
Visum S. 47 (Stefan Kiefer)
Widmann, Thomas Peter S. 160
Wrba, Ernst S. 111

Titelbild: Getty Images/Gallo Images

VERZEICHNIS DER KARTEN UND GRAFIKEN

Baedeker-Sterneziele	U 3/U 4
Tourenübersicht	32
Tour 1	34
Tour 2	36
Tour 3	38
Tour 4	42/43
Funchal (Cityplan)	74/75
Qinta do Palheiro (Übersichtsplan)	92
Machico (Cityplan)	96
Madeiras Levadas (Infografik)	106/107
Porto Santo (Übersichtskarte)	130
Inseltopografie (3 D)	152/153
Archipel von Madeira (Übersichtskarte)	155
Insel des ewigen Frühlings (Infografik)	156/157
Riva del Garda (Cityplan)	143
Salò (Cityplan)	159
Sirmione (Cityplan)	165
Madeira auf einen Blick (Infografik)	164/165
Madeirawein (Infografik)	204/205
Übersichtskarte	250

ANHANG
ATMOSFAIR

ATMOSFAIR

nachdenken • klimabewusst reisen

atmosfair

Reisen verbindet Menschen und Kulturen. Doch wer reist, erzeugt auch CO_2. Der Flugverkehr trägt mit bis zu 10 % zur globalen Erwärmung bei. Wer das Klima schützen will, sollte sich nach Möglichkeit für die schonendere Reiseform entscheiden (wie z.B. die Bahn). Gibt es keine Alternative zum Fliegen, kann man mit atmosfair klimafördernde Projekte unterstützen.

atmosfair ist eine gemeinnützige Klimaschutzorganisation unter der Schirmherrschaft von Klaus Töpfer. Flugpassagiere spenden einen kilometerabhängigen Betrag und finanzieren damit Projekte in Entwicklungsländern, die den Ausstoß von Klimagasen verringern helfen. Dazu berechnet man mit dem Emissionsrechner auf **www.atmosfair.de** wieviel CO_2 der Flug produziert und was es kostet, eine vergleichbare Menge Klimagase einzusparen (z.B. Berlin – London – Berlin 13 €). atmosfair garantiert die sorgfältige Verwendung Ihres Beitrags. Alle Informationen dazu auf www.atmosfair.de. Auch der Karl Baedeker Verlag fliegt mit atmosfair.

IMPRESSUM

Ausstattung:
95 Abbildungen, 20 Karten und Grafiken, eine große Reisekarte

Text:
Sara Lier

Bearbeitung:
Baedeker-Redaktion
(Isolde Bacher)

Kartografie:
Klaus-Peter Lawall, Unterensingen
MAIRDUMONT Ostfildern
(Reisekarte)

3D-Illustrationen:
jangled nerves, Stuttgart

Infografiken:
Golden Section Graphics GmbH, Berlin

Gestalterisches Konzept:
RUPA GbR, München

Chefredaktion:
Rainer Eisenschmid,
Baedeker Ostfildern

14. Auflage 2020

© MAIRDUMONT GmbH & Co KG, Ostfildern

Der Name Baedeker ist als Warenzeichen geschützt. Alle Rechte im In- und Ausland sind vorbehalten. Jegliche – auch auszugsweise – Verwertung, Wiedergabe, Vervielfältigung, Übersetzung, Adaption, Mikroverfilmung, Einspeicherung oder Verarbeitung in EDV-Systemen ausnahmslos aller Teile des Werkes bedarf der ausdrücklichen Genehmigung durch den Verlag.

Anzeigenvermarktung:
MAIRDUMONT MEDIA
Tel. +49 711 450 20
Fax +49 711 450 23 55
media@mairdumont.com
http://media.mairdumont.com

Trotz aller Sorgfalt von Redaktion und Autoren zeigt die Erfahrung, dass Fehler und Änderungen nach Drucklegung nicht ausgeschlossen werden können. Dafür kann der Verlag leider keine Haftung übernehmen. Jede Karte wird stets nach neuesten Unterlagen und unter Berücksichtigung der aktuellen politischen De-facto-Administrationen (oder Zugehörigkeiten) überarbeitet. Dies kann dazu führen, dass die Angaben von der völkerrechtlichen Lage abweichen. Irrtümer können trotzdem nie ganz ausgeschlossen werden. Kritik, Berichtigungen und Verbesserungsvorschläge sind jederzeit willkommen. Schreiben Sie uns, mailen Sie oder rufen Sie an:

Printed in China

Baedeker-Redaktion
Postfach 3162, D-73751 Ostfildern
Tel. 0711 4502-262
www.baedeker.com
baedeker@mairdumont.com

ANHANG
VERLAGSPROGRAMM

BAEDEKER VERLAGSPROGRAMM

Viele Baedeker-Titel sind als E-Book erhältlich:
shop.baedeker.com

A
Algarve
Allgäu
Amsterdam
Andalusien
Australien

B
Bali
Barcelona

Belgien
Berlin · Potsdam
Bodensee
Böhmen
Bretagne
Brüssel
Budapest
Burgund

C
China

D
Dänemark
Deutsche
  Nordseeküste
Deutschland
Dresden
Dubai · VAE

E
Elba
Elsass · Vogesen
England

F
Finnland
Florenz
Florida
Frankreich
Fuerteventura

G
Gardasee

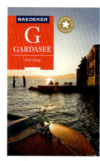

Golf von Neapel
Gomera

Gran Canaria
Griechenland

H
Hamburg
Harz
Hongkong · Macao

I
Indien
Irland
Island
Israel · Palästina

Istanbul
Istrien · Kvarner Bucht
Italien

J
Japan

K
Kalifornien
Kanada · Osten

ANHANG
VERLAGSPROGRAMM

Kanada · Westen
Kanalinseln
Kapstadt ·
  Garden Route
Kopenhagen
Korfu · Ionische Inseln
Korsika
Kos
Kreta
Kroatische Adriaküste ·
  Dalmatien
Kuba

L
La Palma
Lanzarote
Lissabon
London

M
Madeira
Madrid
Mallorca
Malta · Gozo · Comino
Marrokko
Mecklenburg-
  Vorpommern
Menorca
Mexiko
München

N
Namibia
Neuseeland

New York
Niederlande
Norwegen

O
Oberbayern
Österreich

P
Paris
Polen
Polnische Ostseeküste ·
  Danzig · Masuren
Portugal
Prag
Provence · Côte d'Azur

R
Rhodos
Rom
Rügen · Hiddensee
Rumänien

S
Sachsen
Salzburger Land
Sankt Petersburg
Sardinien
Schottland
Schwarzwald
Schweden
Schweiz
Sizilien
Skandinavien

Slowenien
Spanien
Sri Lanka
Südafrika
Südengland
Südschweden ·
  Stockholm
Südtirol
Sylt

T
Teneriffa
Thailand
Thüringen
Toskana

U
USA
USA · Nordosten
USA · Südwesten

V
Venedig
Vietnam

W
Wien

Z
Zypern

ANHANG
NOTIZEN

Meine persönlichen Notizen

… **ANHANG**

Meine persönlichen Notizen